Tercera edición

BEBÉS con SÍNDROME DE DOWN

Tercera edición

BEBÉS con
SÍNDROME DE DOWN

Nueva guía para padres

Compilado por Susan J. Skallerup

Woodbine House ▪▪ 2008

Titulo original: *Babies with Down Syndrome: A New Parents' Guide.*
Tercera edición ©2008 por Woodbine House.
Traducción al español ©2009 por Woodbine House.

Reservados todos los derechos de acuerdo con los convenios internacionales y panamericanos referentes a los derechos de propiedad literaria. Publicado en los Estados Unidos de América por Woodbine House, Inc., 6510 Bells Mill Rd., Bethesda, MD 20817. 800-843-7323. www.woodbinehouse.com

Traducción de Lexicon Communications, Inc., P.O. Box 260403, Littleton, CO 80163-0403. 303-741-9368.

Foto de la cubierta: Cortesía de la familia Yanar

Library of Congress Cataloging-in-Publication Data

Babies with Down syndrome. Spanish.
 Bebés con síndrome de Down : Guía para padres / Compilado por Susan J. Skallerup.
-- 3rd ed.
 p. cm.
Includes bibliographical references and index.
ISBN 978-1-890627-99-7
1. Down syndrome--Popular works. 2. Children with mental disabilities--Care.
I. Skallerup, Susan J. II. Title.
RJ506.D68B3318 2009
618.92'858842--dc22

                                                                    2009015162

Impreso en Estados Unidos

10   9   8   7   6   5   4   3   2

CONTENIDO

PRÓLOGO

Mitchell Levitz

Me llamo Mitchell Levitz y tengo síndrome de Down. Cuando nací, mis padres deben haberse encariñado conmigo, ya que le dijeron a los médicos que querían llevarme a casa con mi familia. He tenido 37 años de una vida plena y rica porque me brindaron mucho amor, atención, apoyo y guía. Cuando examino mi pasado, me siento muy afortunado por haber tenido éxito en todo lo que me propuse.

Felicitaciones a todos los padres, nuevos y futuros, que estén empezando a leer este libro sobre el síndrome de Down. Estoy seguro de que su bebé va a tener una vida llena de felicidad y alegría, y que va a lograr sus sueños y deseos… igual que yo. La vida es preciosa y debemos vivir cada día plenamente. Cuando uno tiene una familia que lo ama y cuida, se logran lazos estrechos para toda la vida.

He forjado vínculos sólidos con mi familia, amigos, colegas y miembros en mi comunidad. Me gusta salir con mi familia para pasar momentos juntos, como ir al parque, a fiestas, a reuniones familiares, de viaje y de feriados.

Crecer con síndrome de Down me dio oportunidades para integrarme en mi comunidad. Creo que es importante que los jóvenes se aventuren a participar en las actividades que ofrece su comunidad. Es así como se descubren intereses, pasatiempos, y lo que uno prefiere hacer en el lugar donde vive. Una de muchas maneras es hacerse miembro de clubes con personas que compartan los mismos intereses, como los niños exploradores. De chico, me divertí mucho con esta experiencia e hice buenos amigos. Cuando fui niño explorador, aprendí a obtener insignias haciendo proyectos, a veces con mi papá, y nos divertimos mucho trabajando juntos. Otra gran manera para explorar la naturaleza al aire libre y mantenerse activo es juntarse con amigos a jugar al fútbol, o cualquier otro deporte. Para mi, esto era muy emocionante. ¿Qué mejor manera de estar con los amigos que hacer deporte con ellos? ¡Y, de paso, se hace ejercicio! Pero lo mejor de todo es la oportunidad de hacer nuevos amigos y pasar el rato con otros chicos, con discapacidades o sin ellas.

A las personas con síndrome de Down, como yo, les agrada tener amigos y pasar el rato juntos. Nos gusta hacer nuevos amigos. Una manera de conocer personas y hacer amigos es ir a reuniones sociales. Participar en grupos sociales y turísticos es algo que hacía mientras crecía, y que sigo haciendo ahora. Salgo en grupo al cine, a eventos deportivos, a bailar, comer y viajar. ¡Vaya! Para mi y otras personas con discapacidades del desarrollo, es una gran manera de conocer nuevas personas que podamos llamar amigos.

Recibí bastante apoyo de mi familia inmediata. Sobre todo, me ayudaron a superar algunos momentos difíciles en mi vida cuando no encajaba debido a mi discapacidad. Es porque la gente no me conocía bien. Pero cuando me llegaban a conocer, me trataban igual que a cualquier otro. Hice amigos en la escuela, campamentos y durante las actividades comunitarias; y cuando empecé a trabajar, formé buenas relaciones laborales.

Básicamente, lo que estoy diciendo es que la gente debería primero ver y hablar sobre la persona, y después sobre su discapacidad, porque cada individuo es único a su manera. Este es el concepto de "primero la persona". Creo que necesitamos educar a los demás para que cuando piensen y hablen sobre las personas con síndrome de Down lo hagan con respeto y dignidad. Cada uno de nosotros tiene distintas capacidades, habilidades, conocimientos, intereses y logros. He aprendido que todos nosotros deberíamos poder tomar decisiones sobre nuestra vida y ser tratados todo el tiempo como iguales, ya que merecemos los mismos derechos y oportunidades que los demás para una vida plena y exitosa.

Mediante la educación, he obtenido conocimientos, experiencias, oportunidades y dirección. Fui a las mismas escuelas que mis hermanos y amigos, y pasamos juntos momentos valiosos. Es por eso que disfruté tomar las mismas clases que ellos. Tomé los cursos requeridos para capacitarme y determinar el tipo de educación que necesitaba.

Al principio, de pequeño recibí intervención temprana y luego fui al jardín infantil. Mis maestros me enseñaron a dar los primeros pasos para aprender a contar, caminar y decir mis primeras palabras. La guía y apoyo de mis maestros de escuela primaria, y de mi familia, me encaminaron a ser una persona más hábil, inteligente y amigable. En mis clases del habla y lenguaje, aprendí a expresarme pausada y claramente para que la gente entendiera mis ideas y pensamientos.

Durante mis años escolares tomé varios cursos para prepararme a ser buen estudiante. En la escuela intermedia tomé cursos de computación, administración, inglés, estudios sociales y matemáticas para ser independiente. En mi clases de computación aprendí a digitar y operar computadoras. Aprendí de todo sobre administración y adquirí habilidades para poder desempeñarme en el mundo de los negocios. También tomé una clase de teatro que disfruté mucho y fue una experiencia inolvidable. Aprendí cómo funciona el teatro y cómo actúan los artistas. Fue algo que me entusiasmó mucho.

Creo que es importante que todos los alumnos asistan a las reuniones de su Programa Educativo Individualizado (IEP). Estas reuniones me dieron la oportunidad de hablar por mi mismo y de abogar por los cursos que yo quería tomar. Allí pude conversar sobre cómo manejar las burlas y la presión de los compañeros, ya que otras personas pueden ofrecer buenos consejos para manejar esas situaciones y sugerir estrategias. Por ejemplo, aprendí que podía alejarme, no hacer caso, o conversar con algún consejero, maestro o miembro de mi familia. Es importante que usted, como padre de un hijo o una hija con discapacidades, participe en esas reuniones de planificación y exprese su opinión sobre el tipo de educación que su hijo debiera recibir.

Me siento muy afortunado por haber tenido oportunidades para ampliar mi educación. Eso me permitió adquirir las habilidades que necesitaba para lograr una vida independiente, que es como vivo ahora. Además, me ayudó a fijarme una dirección para mis otras metas en el futuro. Capacitarme en política pública, tener educación y tener empleo me han dado la oportunidad de enfocarme en el campo de las discapacidades y de tener un trabajo con sueldo. Tener empleo me permite sentirme más autónomo y me da la oportunidad de hacer más en mi comunidad. Me permite abogar por mi causa, enseñarle a otros a decir lo que piensan, y darle algo que pensar a los profesionales que trabajan con personas con discapacidades.

¡Mi vida es fantástica! Tengo una familia estupenda que apoya mis decisiones. En conclusión, como verán, todos nosotros, yo incluido, debemos tratar a todas las personas con esperanza, amor, consideración y el corazón abierto. Debemos apreciarnos mutuamente. Recuerde, mantenga una actitud positiva y tenga mucha fe en su persona y en su bebé con síndrome de Down.

RECONOCIMIENTOS

La base de este excelente libro la forman las dos ediciones anteriores de *Babies with Down Syndrome*. Es por este motivo que deseamos agradecerles a todos aquéllos que han contribuido con su diseño o contenido, y expresarles nuestra gratitud por habernos ayudado a convertir este libro en la norma que emplean otras guías para padres de niños con discapacidades. Sobre todo, queremos reconocer los generosos aportes de Jake y su familia, que son la razón de ser de esta obra.

Además, queremos manifestar nuestra más sincera apreciación a todos los padres, profesionales y padres-profesionales que colaboraron con los capítulos de este libro. Cuatro autoras participaron desde su concepción hace ya más de dos décadas: Marian Jarrett, Dra. Chahira Kozma, Joan B. Riley y Marilyn Trainer. Les estamos muy agradecidos porque, a principios de los años ochenta, aceptaron embarcarse con nosotros en esta empresa, entonces de rumbo incierto, y porque tuvieron la amabilidad de revisar sus manuscritos originales para nuevas ediciones. Cinco de los autores han prestado su colaboración por primera vez: Sue Buckley, Jean Nelson Farley, Dr. Len Leshin, Jo Ann Simons y Mary Wilt. Les agradecemos su voluntad para compartir sus conocimientos y experiencias con una nueva generación de padres y por la adición de puntos de vista originales.

No podemos dejar de mencionar a Mitchell Levitz por su elocuente descripción de lo que significa vivir con síndrome de Down, así como por sus excelentes consejos a nuevos padres. Emily Kingsley, autora de Bienvenidos a Holanda, uno de los artículos más difundidos y amados sobre el síndrome de Down, tuvo la cortesía de permitir su reimpresión.

También apreciamos la información y consejos que nos proporcionaron el Dr. George Capone y Pat Winders, así como las autorizaciones para reimpresión de material otorgadas por Vanessa Quick de la National Down Syndrome Society, Greg Richards y J. K. Morris.

Por último, pero no por eso menos importantes, queremos reconocer las sugerencias de muchos padres y familiares que permitirán que otras familias de niños con síndrome de Down encuentren este libro de utilidad y fácil lectura. Quedarán sin nombrar muchos padres y grupos de padres, pero queremos que sepan que sus opiniones sobre las ediciones anteriores han sido invalorables. De manera especial, queremos resaltar la gentileza de todas las familias que nos dieron la autorización para imprimir sus impresiones y las fotografías de los lindos niños que realzan las páginas de este libro. En nombre de las innumerables familias que se beneficiarán de su generosidad, les damos las gracias a todos ustedes.

INTRODUCCIÓN

Susan J. Skallerup

Mi hija sueña con tener una máquina del tiempo; específicamente, una con un "capacitador de flujo" como las que Marty McFly pilotea en las películas de la serie *Volver al futuro*. Ella las ha visto muchas veces tomando conciencia de las consecuencias que se derivan de intentar corregir los errores del pasado o entrever el futuro propio. Creo que, de manera subconsciente, ha estado escogiendo los años que visitaría si tuviese esa oportunidad. "¿En qué año empezaste la secundaria?" —me ha preguntado. "¿Y papá?" "¿Habías nacido en 1885?". Y debajo de su cama me la paso encontrando papelitos con años misteriosos escritos con plumón rosado: 2027, 1971, 1998.

Mi motivo para mencionar esa fascinación de mi hija por los viajes a través del tiempo es que hace catorce años, cuando yo me sentía como ustedes, habría deseado una máquina del tiempo. Estaba luchando con el diagnóstico de síndrome de Down de mi hija y esa situación no me agradaba.

Por una parte, anhelaba de alguna manera poder deshacer lo que había ocurrido. Si sólo me hubiera casado antes o tenido mis hijos más joven quizás entonces hubiera tenido un bebé con el número normal de cromosomas. Por otra, deseaba sobrepasar la confusión e incertidumbre del presente, y salir rápido del engorroso proceso de aceptación y adaptación. De poder ver nuestras vidas en el futuro, ya no me preocuparían los pequeños detalles que hice o no hice pensando en que iban a afectar al bienestar de mi hija de manera profunda e irreversible.

Hubiera usado la máquina del tiempo para darme cuenta de cuáles inquietudes eran válidas, y cuáles eran risibles. Por ejemplo, recuerdo el día en que mi esposo y yo manejábamos en la autopista con nuestra recién nacida de cabecita pelona dormidita en su asiento. Para llenar el agobiador silencio que nos invadía, sintonizamos una estación de música clásica. De pronto, un vivaz pasaje de cornos franceses provocó que se me llenaran los ojos de lágrimas al pensar que quizás mi hija nunca compartiría mi apreciación por la buena música. Si me hubiera podido adelantar unos años, me hubiera dado cuenta de la ridiculez de mi preocupación.

Sin duda alguna, mi hija aprecia la buena música, pero felizmente su idea de buena música no es igual a la mía. "¡Tu música es aburrida, mamá!" —protesta cuando pongo alguno de mis anticuados cedés de música clásica. "No tienen letra". Tiene un apetito voraz y juvenil por las canciones populares que ella misma carga expertamente a su iPod. Se deleita con su habilidad para identificar canciones que yo no reconozco y devora revistas juveniles para enterarse sobre sus cantantes favoritos. Como cualquier adolescente, quiere y necesita escuchar canciones con letra como *You're beautiful, you're beautiful, it's true* y también *I'll stop the world and melt to you.*

Por supuesto que aún hay ocasiones en las que desearía regresar al pasado para cambiar y mejorar todo. Por ejemplo, a veces deseo cambiar las decisiones que tomamos sobre la educación de nuestra hija, haber sido más asertivos, o haber sabido entonces lo que sabemos ahora. Pero ya no puedo imaginarme la vida sin mi hija: ocurrente, creativa y toda corazón. Ya hace muchos años que dejé de preocuparme tanto por el futuro.

La verdad es que he descubierto que el destino final de mi hija (y el de mi familia) no es inevitable sino que, hasta cierto punto, está bajo nuestro control. Resulta que mucho de lo que mi esposo y yo hacemos puede realmente influir en el futuro de mi hija, y ahora eso me alegra. Con nuestra ayuda, ha dominado miles de habilidades que nos propusimos enseñarle intencionalmente: a caminar y montar bicicleta, a comer con cuchara y ponerse los zapatos, a decir los colores y escribir esquelas de agradecimiento. También domina muchas otras destrezas que aprendió sin darnos cuenta: a prepararse sándwiches de mantequilla de maní con crema batida, a encontrar clubes en la Internet de admiradores de sus cantantes y actores favoritos, a recitar los nombres y poderes únicos de los 151 Pokemones originales, a evitar clases de matemáticas alegando dolor de cabeza o de muelas...

En muchos aspectos, criar a nuestra hija ha sido semejante a diseminar un gran puñado de semillas de flores silvestres sobre terreno fértil. Puede que no siempre sepamos lo que va a florecer y en qué momento, pero todo lo que ha surgido ha sido exquisito y la espera valió la pena.

A estas alturas, les puede tranquilizar saber que muchos padres, como yo, llegan a encariñarse con su bebé con síndrome de Down y descubren que no tienen palabras para describir el placer que ha sido criarlos. También es posible que en este momento su estado emocional no les permita interesarse por las experiencias de otros padres. O quizás ustedes ya han escogido deliberadamente este camino para su familia y estén impacientes por empezar su nueva vida.

En todo caso, pienso que a ustedes y a su familia les sería útil un libro de referencia con información confiable que los oriente durante la exploración de los efectos del síndrome de Down. Este es el propósito de *Babies with Down Syndrome*. Desde su publicación original en 1985, ha proporcionado información y guía que han permitido a miles de padres atender las necesidades especiales, y no tan especiales, de sus niños. (Que conste que no fui la editora de las dos ediciones previas, por lo que no me estoy vanagloriando, sólo estoy enunciando un hecho.)

No hay manera de mostrarles cómo será exactamente la vida de su niño de acá a uno, cinco o doce años. Pero hoy existe más información para ayudarlos a imaginar el futuro que deseen para su niño y para mostrarles cómo hacer realidad esa imagen, paso a paso. Esa información les podrá dar la confianza que necesiten para tomar las decisiones o escoger las alternativas que sean las mejores para ustedes y su familia, y para evitar decisiones o pasos indebidos que lamentar más adelante.

La información de este libro debería serle muy útil a las familias con niños desde recién nacidos hasta los cinco años de edad. Algunos autores son padres que han criado a niños con síndrome de Down, así como profesionales que han dedicado su vida a los niños con síndrome de Down y a sus familias. (En efecto, seis de los autores tienen hijos con síndrome de Down de varias edades.) Como en las dos ediciones anteriores, toda la información ha sido cuidadosamente seleccionada para presentar las mejores opciones con respecto a la crianza y el cuidado del niño con síndrome de Down.

Quizás estén ustedes preguntándose para qué leer un libro sobre el síndrome de Down cuando se puede obtener tanta información fácil y rápida en la Internet. Una razón es que hay tanta información que puede resultar abrumador leer tantas páginas, sin saber en cuáles confiar y a menudo contradictorias. Tristemente, otra razón es que aún existe mucha información obsoleta y en exceso negativa que es difundida por algunos genetistas, obstetras, educadores y otros profesionales que tienen poco conocimiento del síndrome de Down y del potencial de las personas que nacen con esa condición.

Es bueno que ustedes sepan que cuando se escribió **Babies with Down Syndrome** hace un cuarto de siglo fue porque los padres de familia contaban con muy poca información positiva y actualizada. Es más, Woodbine House se fundó para remediar esa situación. No tengan la menor duda de que la motivación de los colaboradores de ésta y la primera edición ha sido la misma: empatía hacia los nuevos padres y pasión por ayudar al niño con síndrome de Down a realizar su potencial.

Babies with Down Syndrome ha sido diseñado para ofrecerles a los padres de bebés y niños con síndrome de Down una visión integral de los asuntos más importantes que deberán atender. Por esto, explora a fondo varios problemas médicos y del desarrollo que no todos los padres quieren encarar inicialmente. Sin embargo, por el bien de su niño, es necesario que ustedes se eduquen en estos temas, sobre todo si los profesionales trabajando con ustedes no son expertos en este campo. Estimamos que no sería ético dejar de cubrir esta información. No se sientan obligados a leer de corrido todo el libro si todavía no tienen el ánimo para hacerlo. Tomen las cosas con calma.

Den una mirada al índice y escojan los temas que más llamen su atención. Quizás en este momento no les importen mucho las causas del síndrome de Down, pero más bien quieran leer el capítulo sobre el cuidado diario para cerciorarse si le están dando de comer o bañando bien a su bebé. Quizás no les preocupe el tema del cuidado diario, pero quieran leer sobre la intervención temprana para enterarse de cómo la instrucción y las terapias contribuyen al desarrollo del bebé.

Una vez que estén familiarizados con el contenido de este libro, y cuando lo deseen, podrán regresar a leer la información específica que necesiten.

Desde la primera edición de **Babies with Down Syndrome**, el final de cada capítulo incluye la sección Impresiones de los Padres, una innovación de los creadores del formato de la Guía para padres. Estas Impresiones fueron ideadas para ayudar a los nuevos padres a compartir sus sentimientos, preguntas e inquietudes, y para que se beneficien de los padres con experiencia. La lectura de estos comentarios es similar a lo que se escucharía en grupos de apoyo. No siempre estarán de acuerdo con los pensamientos y opiniones expuestos, pero de hecho les darán una idea más clara de lo que es criar al niño con síndrome de Down.

Al final del libro encontrarán listas de libros, organizaciones y páginas web con información sobre el síndrome de Down, la educación especial y temas afines. Nuevamente, podrán encontrar mucha información en la Internet. Sin embargo, sabemos que los recursos que hemos incluido en este libro son confiables, por lo que son un buen punto de partida para cuando decidan ampliar su búsqueda de información y apoyo. Por supuesto que existen muchos otros excelentes recursos además de los que hemos incluido. La Guía de Recursos intenta solamente iniciarlos en su búsqueda de conocimientos y apoyo.

Quizás aún no tengan el ánimo para emprender esa búsqueda, y quizás sea algo que nunca imaginaron tener que hacer. Después de todo, cuando llegamos a la edad para ser padres de familia, la mayoría de nosotros tiene una idea bastante clara de quiénes somos y de cómo queremos vivir. No queremos cambios súbitos que nos obliguen a cambiar de rumbo. Pero ya que se encuentran en esa búsqueda, traten de mantener la mente abierta a las sugerencias y a los consejos de guías que han recorrido antes ese camino, ya sea que los encuentren en persona, en la Internet o en libros como éste.

No voy a jactarme de predecir cómo será su viaje por el mundo del síndrome de Down o qué le depara el futuro a su niño. Voy a dejar que los autores de este libro expongan la naturaleza del síndrome de Down, las mejores maneras de manejar sus efectos, las asombrosas capacidades y talentos del niño con síndrome de Down, y las muchas personas que ayudarán a su niño a realizar su potencial. Creo que lo que leerán, les levantará el espíritu.

Con el tiempo, podrán fijar su visión en el futuro que deseen para su niño y trabajar en el presente para hacer realidad ese futuro. Con optimismo, se les presentarán muchas ocasiones para saborear el momento sin sentir la presión de lo que el futuro pueda depararle a su familia. Mi consejo: tomen muchas fotos y lleven un diario. Si su experiencia resulta como la mía, guardarán como tesoro los recuerdos de los primeros años de vida de su bebé y los querrán revivir a menudo.

Les deseo que el viaje de su familia con su niño les brinde mucho amor, felicidad y sorpresas agradables.

1

EL SÍNDROME DE DOWN

Chahira Kozma, M.D.

La mejor manera de entender el síndrome de Down, lo que significa para su bebé y lo que significa para usted, es informarse. El peor enemigo de los padres del bebé con síndrome de Down es la ignorancia. Antes de actuar o tomar cualquier decisión acerca del futuro de su bebé, infórmese sobre el síndrome de Down.

Este capítulo cubre las preguntas básicas que tienen los padres sobre el síndrome de Down, y cómo afecta al bebé y al niño. También proporciona los conocimientos esenciales que usted necesitará para atender adecuadamente a su bebé.

Nadie le va a decir que es fácil criar al niño con síndrome de Down, o a cualquier niño. Los miles de padres que lo han logrado le dirán que es una tarea ardua y que requiere mucha paciencia. Pero también le dirán que las recompensas para usted, su niño y su familia serán considerables. En la actualidad, los nuevos conocimientos y las mayores expectativas están destruyendo los mitos y estereotipos del pasado que limitaban injustamente las oportunidades del niño con síndrome de Down. Hoy, la familia y el niño con síndrome de Down cuentan con opciones que les permiten convertirse en miembros vitales y valiosos de su comunidad, y vislumbrar futuros plenos y gratificantes.

■■ ¿Qué es el síndrome de Down?

Si usted es como la mayoría de las personas, es probable que conociera muy poco sobre el síndrome de Down antes del diagnóstico de su bebé. En resumen, el síndrome de Down es una condición genética que

produce un cromosoma adicional en algunas o todas las millones de células de su bebé. En lugar de dos copias del cromosoma 21, su bebé tiene tres. Como resultado, sus células tienen un total de 47 cromosomas en lugar de 46. Para mayor información sobre la base genética y las causas del síndrome de Down, vea la sección *"¿Qué causa el síndrome de Down?"*.

Debido a que el material genético de los cromosomas desempeña un papel fundamental en la determinación de las características del individuo, este cromosoma adicional afecta a su bebé. Es posible que su apariencia física sea ligeramente distinta y que tenga problemas médicos especiales, así como algún grado de discapacidad intelectual. Sin embargo, las complicaciones que traen estos problemas varían considerablemente de niño a niño. Por lo general, el niño con síndrome de Down es de estatura más baja, y su desarrollo físico y mental es más lento que el de los demás niños.

El término "síndrome" se refiere a un conjunto de signos y síntomas que tienden a ocurrir conjuntamente y que reflejan la presencia o alta probabilidad de desarrollar una condición médica en particular. El síndrome de Down es un "síndrome" porque produce un patrón identificable de diferencias en distintas zonas del cuerpo. Por ejemplo, a menudo el puente nasal es aplanado y la posición de los ojos es ligeramente oblicua, en lugar de horizontal; la parte posterior de la cabeza es aplanada; a menudo, los dedos son más cortos que lo usual y podría haber un espacio grande entre el primer y segundo dedo del pie. Todas las personas con síndrome de Down no presentan exactamente la misma combinación de diferencias, pero éstas se dan juntas con suficiente frecuencia como para ser consideradas características del síndrome de Down.

Si bien ayudan a diagnosticar el síndrome de Down, los rasgos físicos no son la causa de las discapacidades y no se deben enfatizar. Los individuos con síndrome de Down presentan características físicas distintivas, pero por lo general las similitudes con sus hermanos y la persona promedio en la comunidad son mayores que las diferencias. La sección *"¿Cómo es el bebé con síndrome de Down?"* describe las diferencias más comunes.

Podemos afirmar dos puntos sobre el síndrome de Down. Primero, los padres no causan el síndrome de Down; nada de lo que usted hizo o no hizo, antes o durante el embarazo, ha causado esta condición médica. Segundo, como todos, cada niño con síndrome de Down es único, con personalidad, talentos y pensamientos propios. Si bien hay algunos factores absolutos que gobiernan su destino, al igual que otros bebés, el suyo es un individuo que llegará a tener su propia personalidad.

▪▪ ¿Cuán frecuente es el síndrome de Down?

Según cifras recientes de los Centers for Disease Control / CDC[1], la frecuencia del síndrome de Down en Estados Unidos es de 1 en 733 nacimientos. Esto significa que cada año nacen en EEUU más de seis mil bebés con síndrome de Down y muchos miles más en otros países. Es una de las anomalías congénitas más comunes y se manifiesta en todas las razas, grupos étnicos, clases socioeconómicas y nacionalidades. Le puede suceder a cualquiera, aunque las mujeres mayores de 35 años presentan mayor riesgo de concebir bebés con síndrome de Down (ver a continuación). Este síndrome ocurre un poco más en hombres que en mujeres, con una proporción aproximada de 1.15 a 1.

▪▪ ¿Cómo es el bebé con síndrome de Down?

A menudo, el médico puede reconocer de inmediato si un bebé ha nacido con síndrome de Down. El neonato con esta condición presenta rasgos típicos en el rostro, cuello, manos, pies y tono

---

1 *Centros para el Control de las Enfermedades.*

muscular. El conjunto de estas características alerta al médico y sugiere el diagnóstico. Por lo general, después de examinar a su bebé el médico ordenará un estudio cromosómico, o cariotipo, para confirmar el diagnóstico (como se expone en la sección *"Algunos conceptos genéticos básicos"*). El cariotipo es el perfil cromosómico organizado de la persona, que enumera y clasifica los cromosomas según su tamaño, de mayor a menor. Este ordenamiento le permite al científico identificar las alteraciones cromosómicas que pueden producir una anomalía genética como el síndrome de Down.

Sin embargo, como las diferencias entre los niños con síndrome de Down son muy variadas, no todos presentan todos los rasgos típicos. Es importante que usted sepa que no existe correlación entre la cantidad de estos rasgos y la capacidad cognitiva, u otras. Las siguientes características generalmente acompañan al síndrome de Down.

Tono muscular disminuido

El bebé con síndrome de Down presenta tono muscular disminuido, o hipotonía muscular. Esto significa que sus músculos son relajados y laxos y, por lo general, están comprometidos todos los músculos del cuerpo. Esta es una característica física importante que alerta al médico a buscar otros signos del síndrome de Down. Es importante resaltar que la hipotonía muscular influye en el movimiento, la fortaleza y el desarrollo infantil.

La mayoría de los rasgos físicos vinculados al síndrome de Down no influyen en el crecimiento y el aprendizaje, pero la hipotonía muscular sí complica todas las áreas del desarrollo. Por ejemplo, el tono muscular disminuido afecta al desarrollo de las habilidades motoras gruesas como rodar, sentarse, pararse y caminar. Ya que la hipotonía también afecta a los músculos de la boca, puede verse disminuido el desarrollo de las habilidades para alimentarse y vocalizar. La hipotonía también exagera la movilidad de las articulaciones.

La hipotonía muscular no tiene cura. En otras palabras, el tono muscular de su bebé siempre será menor que el de otros niños. Con frecuencia, se observan mejorías con la edad y sobre todo con la terapia física. Es por esto que la fisioterapia es muy importante para el desarrollo de los niños con hipotonía muscular, sobre todo los de muy corta edad. En el Capítulo 7 se examina la fisioterapia.

Rasgos faciales

Es posible que el rostro de su bebé presente algunas o todas las características físicas del síndrome de Down:

Nariz. Puede que la cara de su bebé sea ligeramente más ancha que la de los demás y que su puente nasal sea más aplanado. A menudo, la nariz es también más pequeña debido a un desarrollo incompleto del

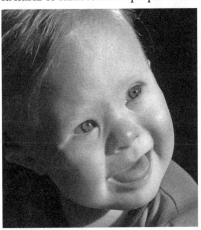

hueso nasal. Puede también que los conductos nasales sean más pequeños y se congestionen con mayor facilidad. En el Capítulo 3 analizamos el problema de las congestiones nasales.

Ojos. Es probable que los ojos de su bebé sean oblicuos. (Por esa apariencia ligeramente oriental antes se llamaba "mongolismo" al síndrome de Down.) El término médico es "fisuras palpebrales oblicuas". Las comisuras internas de los ojos pueden también presentar pequeños pliegues, llamados pliegues epicánticos. Pueden haber manchas claras en la periferia del iris (la parte coloreada) conocidas como manchas de Brushfield. Éstas son más comunes en los niños de ojos azules, pero no afectan a la visión. No obstante, es muy importante hacer examinar la vista de su bebé, ya que los problemas de la vista son más frecuentes en los niños con síndrome de Down que en los demás. Este tema se tratará en detalle en el Capítulo 3.

Boca. La boca de su bebé puede ser pequeña y tener el paladar aplanado. Estos rasgos, sumados a la hipotonía muscular, ocasionan la protrusión de la lengua o que parezca grande en comparación con la boca.

Dientes. Puede que los dientes de su bebé tarden en salir y no lo hagan en el orden usual. Los primeros dientes de la mayoría de los bebés salen en el mismo orden, pero los dientes de los bebés con síndrome de Down parecen tener un orden propio. Además, los dientes pueden ser pequeños, malformados y desubicados, y estos problemas pueden continuar con los dientes permanentes. Se debe iniciar cuanto antes un buen programa de higiene dental que incluya visitas al dentista.

Orejas. Puede que las orejas de su bebé sean pequeñas, con la parte superior caída y con lóbulos pequeños o inexistentes. A veces están ubicadas más abajo que lo usual. Los canales auditivos tienden a ser más pequeños, por lo que es difícil detectar las infecciones en los oídos. El tamaño de los canales auditivos aumenta con la edad, pero como los del bebé son pequeños y estrechos, tienden a obstruirse y esto contribuye a la pérdida auditiva. Por este motivo, es importante incluir exámenes auditivos en las visitas médicas de su bebé. El Capítulo 3 analiza los problemas de los oídos y la audición.

Cabeza

La cabeza del bebé con síndrome de Down es más pequeña que lo normal. En general, su tamaño se ubica por debajo del 3 por ciento inferior en los cuadros normales de crecimiento infantil. El término técnico de esta condición es microcefalia. Sin embargo, generalmente no se nota esta diferencia. Los estudios han determinado que la cabeza del bebé con síndrome de Down guarda proporción con el resto del cuerpo aunque su tamaño sea menor que el promedio. Es posible que la parte posterior de la cabeza sea aplanada y más corta (braquicefalia). El cuello puede parecer corto y el recién nacido puede presentar pliegues en la nuca que tienden a desaparecer con el crecimiento. Los sitios blandos en la cabeza (fontanelas), normales en todos los recién nacidos, pueden ser más grandes y cerrarse más lentamente que lo usual.

Estatura

El bebé con síndrome de Down nace con talla y peso promedio, pero no crece tan rápidamente como los demás bebés. Por este motivo se emplean cuadros de crecimiento especiales para niños y niñas con síndrome de Down. Durante el examen de rutina, el médico medirá a su bebé y graficará su talla y peso en ese cuadro de crecimiento para verificar que su desarrollo sea normal.

Según el último estudio en Estados Unidos, el hombre adulto promedio con síndrome de Down mide 5 pies, 2 pulgadas (156 cm) de altura; y la mujer adulta promedio, 4 pies, 9 pulgadas (144 cm). (Ver los cuadros de crecimiento al final del Capítulo 4.) Sin embargo, según estudios más recientes en Europa, la talla promedio del hombre adulto puede alcanzar 5 pies, 3 ½ pulgadas (161.5 cm); y la de la mujer adulta, 4 pies, 10 pulgadas (147.5 cm).

Manos y pies

Puede que las manos de su niño sean más pequeñas y sus dedos más cortos que los de otros niños. La palma puede tener un solo pliegue (pliegue palmar transverso o pliegue simiesco). Puede que el quinto dedo se presente incurvado y con una sola articulación. Por lo general, la apariencia de los pies es normal, pero con un espacio entre el primer y segundo dedo. A menudo, se inicia un surco plantar profundo en este espacio. Es común el pie plano.

El bebé con síndrome de Down presenta una "dermatoglifia" singular, es decir, sus huellas digitales y palmares son características. No afecta al desarrollo de manera alguna, pero puede mencionarse como uno de los signos para el diagnóstico del síndrome de Down.

Otros rasgos físicos

Pecho. Puede que el pecho de su bebé sea cóncavo (con el esternón hundido) o convexo (con curvatura hacia afuera). Ninguna de estas variantes representa un problema médico.

Piel. Es posible que la tez de su bebé sea clara, con manchas y tendencia a las irritaciones. En el Capítulo 4 se examina el cuidado de la piel.

Cabello. El cabello de los niños con síndrome de Down tiende a ser ralo, fino y delgado. Además, algunos niños pierden el cabello en zonas circunscritas del cuero cabelludo, lo que se denomina alopecia areata. (Ver Capítulo 3.)

La mayoría de los recién nacidos con síndrome de Down no tiene todos los rasgos físicos descritos. Por lo general, los más comunes son: hipotonía muscular, ojos oblicuos, cara aplanada, nariz pequeña y aplanada, orejas pequeñas, dedo meñique corto, y espacio interdigital amplio entre el primer y segundo dedo del pie. Con la única excepción de la hipotonía muscular, los otros rasgos no influyen en la salud o el desarrollo infantil. Algunas condiciones médicas del síndrome de Down sí influyen en la salud de su bebé y las analizaremos en detalle en el Capítulo 3.

Debido a que su bebé con síndrome de Down tiene un cromosoma de más, puede que comparta algunos rasgos físicos con otros bebés que tienen esa misma condición. Sin embargo, como los otros veintidós pares de cromosomas de su bebé son completamente normales, se parecerá a sus padres y hermanos, y tendrá características personales únicas.

❖ ¿Cómo será la inteligencia de mi bebé?

El niño con síndrome de Down casi siempre presenta algún grado de discapacidad intelectual. En otras palabras, aprende más lentamente y tiene dificultad con los razonamientos y juicios complejos. Sin embargo, el grado de discapacidad intelectual varía considerablemente de niño a niño. Su bebé aprenderá, y lo que aprenda no se le olvidará.

Sobre todo, debe recordar que las habilidades sociales e intelectuales del bebé se desarrollan al máximo cuando crece con su familia en un ambiente favorable.

Durante años la inteligencia ha sido medida con tests estandarizados que evalúan la capacidad del individuo para razonar, conceptualizar y pensar. El resultado de estos tests se denomina coeficiente de inteligencia (CI).

El rango de los coeficientes de inteligencia (CI) de la población general es amplio. Según estudios, el 95 por ciento de la población exhibe inteligencia "normal" con un CI entre 70 y 130; dos y medio por ciento, inteligencia superior, con un CI de 130 o más; y el dos y medio por ciento restante, inteligencia inferior al promedio, con un CI de 70 ó menos. En Estados Unidos, se considera que, técnicamente, los individuos con inteligencia inferior al promedio tienen "retraso mental". Sin embargo, debe usted saber que ese término está cayendo en desuso, optándose por otros que seguro escuchará con más frecuencia, como discapacidad intelectual o discapacidad cognitiva.

Así como hay un rango para la inteligencia promedio, también hay otro para la discapacidad intelectual, que se mide en grados. Un CI entre 55 y 70 indica discapacidad intelectual leve; un CI entre 40 y 55, discapacidad moderada; un CI entre 25 y 40, discapacidad intelectual severa. La mayoría de los niños con síndrome de Down presenta discapacidad intelectual entre moderada y leve. En algunos, el grado de discapacidad es marcado y, en otros, su inteligencia se sitúa muy cerca al promedio.

Los científicos aún no entienden cómo el cromosoma adicional del síndrome de Down afecta a la capacidad mental. Las investigaciones indican que el exceso de material genético interfiere o impide el desarrollo normal del cerebro. El tamaño y la complejidad estructural del cerebro son diferentes en el bebé con síndrome de Down, pero aún se desconoce cómo estas diferencias influyen en su funcionamiento. Algunos científicos proponen la existencia de un gen que interfiere con el transporte de un importante compuesto químico a una determinada zona de la parte frontal del cerebro. Otros postulan que uno o más genes en el cromosoma 21 ocasionan anomalías en la estructura y en la función de los espacios intercelulares (sinapsis), lo que altera la comunicación entre las células.

En general, las diferencias cromosómicas, como las del síndrome de Down, afectan al cerebro y al sistema nervioso lo que ocasiona discapacidad intelectual o retrasos en el desarrollo. (Para mayor información acerca de las posibles diferencias en el cerebro, vea la sección "*¿Por qué un cromosoma adicional altera el desarrollo?*".)

La "inteligencia" en el contexto general

Si su niño rinde un test para medir su cociente de inteligencia (CI), no acepte los resultados al pie de la letra. Primero, se considera que estos tests son imprecisos antes de los siete años de edad. Segundo, los tests estandarizados para medir el CI tienden a subestimar la capacidad del niño con síndrome de Down. A menudo, su dificultad con el lenguaje le impide contestar las preguntas. Nunca olvide que el CI de su niño no le impide cuidar de sí mismo, realizar trabajos productivos y, sobre todo, aprender. Uno de los mitos que ha perjudicado al niño con síndrome de Down es que su coeficiente intelectual relativamente bajo le impide aprender. Sencillamente, esto es falso.

La discapacidad intelectual ha sido incomprendida durante siglos. Es así que la sociedad siempre ha subestimado el potencial intelectual del niño con síndrome de Down. Felizmente, gracias a los avances en la medicina, la intervención infantil temprana, una mejor educación y expectativas altas, hoy se aprecia un marcado avance en la habilidad mental de estos niños. Analice con detenimiento los resultados estadísticos y estudios anteriores referentes a la capacidad mental del niño con síndrome de Down (generalmente obtenidos de individuos internados sin el beneficio de la educación especial o la intervención temprana). Estos estudios tienden a indicar niveles de inteligencia inferiores a los de los estudios actuales. En el pasado, las expectativa bajas tendían a producir rendimientos bajos. Hoy, sabemos que este ciclo negativo es perjudicial y evitable. Mediante la intervención infantil temprana, los adelantos médicos, una mejor educación y una mayor aceptación social, el funcionamiento del niño con síndrome de Down va mejorando.

¿Cómo puede la discapacidad intelectual afectar a su bebé? Si bien su efecto es variable, es también probable que atrase el desarrollo de su niño: que adquiera destrezas más lentamente, que tenga más problemas para prestar atención durante períodos prolongados, que su memoria no sea muy buena, y que tenga más dificultad para aplicar lo aprendido de una situación a otra (generalización). Además, le costará más trabajo aprender destrezas avanzadas que requieran juicios rápidos, coordinación intrincada y análisis detallado. Esto no quiere decir que no llegue a dominar destrezas complejas, sino que le demandarán más tiempo y esfuerzo. En el Capítulo 6 examinamos los efectos de la discapacidad intelectual en el desarrollo infantil.

Es frecuente que los padres quieran saber con exactitud las habilidades que dominará su bebé. ¿Podrá leer? ¿Aprenderá a escribir? ¿Cómo será su aprendizaje? No se pueden dar respuestas definitivas para ningún niño. Muchos aprenden a leer y escribir, y algunos bastante bien. El niño con síndrome de Down puede tener dificultad con las matemáticas avanzadas, pero muchos llegan a dominar las habilidades prácticas de cómputo necesarias para la vida cotidiana, sobre todo cuando aprenden a manejar calculadoras. Muchos llevan clases normales durante todos o algunos de sus años escolares. Recuerde que la variación en las habilidades de los niños "normales" es también muy amplia.

▪▪ ¿Cuál es la causa del síndrome de Down?

Para entender su causa, es necesario entender algunos principios básicos de genética: genes y cromosomas, y la división y desarrollo celular. Además, es necesario que usted entienda los tres tipos de mecanismos genéticos que causan el síndrome de Down.

Algunos conceptos básicos de genética
Genes

Todos tenemos genes en todas nuestras células y son el plan ejecutivo para la vida humana. Los genes están constituidos por un material especial denominado ácido desoxirribonucleico (ADN) y proveen las instrucciones para el crecimiento y desarrollo celular. Si el cuerpo humano fuera una computadora, los genes serían los programas con las instrucciones para su operación. Todos tenemos millones de genes y casi todas nuestras características personales, como el color de los ojos, el tamaño de las manos y el tono de la voz están codificadas en ellos.

Los genes se dan en pares. Al concebir, uno proviene del padre y el otro de la madre. Por ejemplo, los genes paternos que controlan el color del cabello tienen su contrapartida en los genes maternos y los hijos heredan esa combinación genética. Las múltiples posibilidades de combinaciones genéticas explican la inmensa diversidad entre las personas.

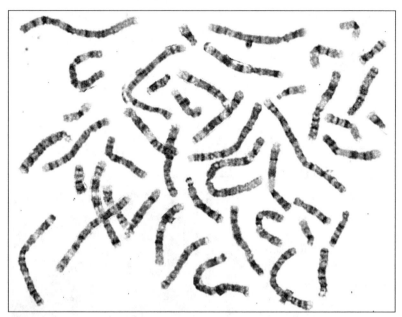

Figura 1: Cromosomas—Extensión cromosómica obtenida a base de un leucocito teñido mediante la técnica de Giemsa o bandeado G. Cortesía: Dra. Jeanne Meck, Directora de Cytogenetic Laboratories, Georgetown University Hospital, Washington, DC.

Cromosomas

Los cromosomas son unas estructuras intracelulares, con apariencia de bastoncillos microscópicos, que contienen los genes. En otras palabras, son como paquetes con genes adentro. (Ver Figura 1.) Por lo general, cada célula de nuestro cuerpo contiene 46 cromosomas dispuestos en 23 pares. Cada progenitor contribuye con un miembro de este par: el espermatozoide (paterno) y el óvulo (materno). De estos 23 pares, sólo uno se forma de manera diferente: los cromosomas X e Y que son los determinantes del sexo.

La Figura 2 es un cariotipo de cromosomas normales. El cariotipo se obtiene cultivando leucocitos en una placa petri y luego aislando los cromosomas para fotografiarlos o examinarlos bajo el microscopio. Cada célula humana normalmente contiene 23 pares de cromosomas, lo que suma 46. Veintidós de esos pares, los llamados autosomas, se numeran del 1 al 22 por orden de tamaño. La apariencia de estos autosomas es igual en hombres y en mujeres. Sin embargo, el vigésimotercer par, los cromosomas del sexo, es diferente: las mujeres tienen dos copias del cromosoma X, y los hombres tienen un cromosoma X y un cromosoma Y.

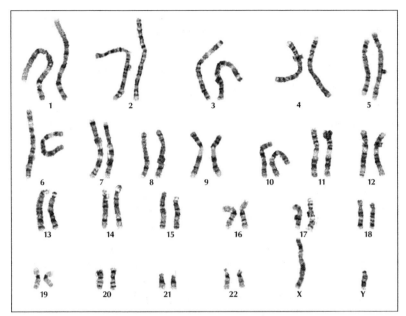

Figura 2. Cariotipo de cromosomas normales—Cariotipo de hombre obtenido empleando la técnica de Giemsa. Los cromosomas se clasifican de manera normal, numerados del 1 al 22 por orden de longitud, y mostrando los cromosomas X e Y por separado (46, XY). (Cortesía: Dra. Jeanne Meck, Directora de Cytogenetic Laboratories, Georgetown University Hospital, Washington, DC.)

El teñido de los cromosomas durante el cariotipo permite identificarlos y detectar pequeñas anomalías estructurales, tales como pérdida o duplicación de material cromosómico. La Hibridación In Situ con Fluorescencia (FISH)[2] es un nuevo procedimiento de microscopía de fluorescencia que tiñe los cromosomas, o parte de ellos, con moléculas fluorescentes a fin de detectar un cromosoma o gen en particular. FISH puede ser útil para ubicar material cromosómico que sobre o que falte.

Cuanto más grande el cromosoma, más genes contiene. Por ejemplo, el cromosoma 1 es el cromosoma de mayor tamaño y contiene aproximadamente el 10 por ciento del genoma humano. Por otra parte, el cromosoma 21 es el más pequeño y contiene sólo el 1 por ciento del genoma, unos 330 genes. (Técnicamente, el cromosoma 21 debería ser el número 22, ya que es el autosoma con la menor cantidad de genes, pero cuando se empezó con la clasificación de los cromosomas se pensó que el cromosoma 22 era el más pequeño de todos.)

---

2 *Fluorescence In Situ Hybridization (FISH).*

Se piensa que los cromosomas operan en conjunto, con cada par perfectamente equilibrado. Si por algún motivo hubiese un cromosoma de más, entonces se rompería este equilibrio genético. Si el cromosoma adicional es uno de los más grandes, el bebé no puede sobrevivir. Pero si el cromosoma adicional es de los más pequeños, como el 21, el bebé tendría más probabilidades de vida. Esto podría explicar porqué el síndrome de Down es la anomalía cromosómica más común en los seres humanos.

División celular

La vida humana comienza como un óvulo fertilizado, denominado zigoto, que se desarrolla hasta formar un organismo complejo que contiene miles de millones de células. Los tejidos crecen aumentando el número de células que los forman. De adultas, la mayoría de las células se reproducen a fin de sustituir las que van muriendo. Es decir, los procesos de desarrollo y sustitución requieren células nuevas. Una célula duplica su contenido y se divide en dos. Dos células se vuelven cuatro, y así sucesivamente.

Mitosis. Las células se reproducen idénticamente mediante el proceso denominado mitosis. Durante este proceso, la célula original (o célula madre) se duplica, incluido su contenido cromosómico, y produce dos células "hijas" idénticas, cada una con copias exactas de sus 46 cromosomas. La división celular es fundamental para la vida y los pasos de la mitosis están estrictamente regulados por varios genes. Cuando se descontrola la mitosis, pueden surgir problemas de salud como el cáncer. La Figura 3 ilustra el proceso de la mitosis.

Meoisis. Con la importante excepción de las células del óvulo y del espermatozoide, todas las células humanas se reproducen mediante mitosis. Estas células reproductivas comienzan como células que contienen 46 cromosomas y, al madurar, se dividen de manera especial para reducir el total de cromosomas a 23.

El proceso de la meiosis consta de dos etapas: meiosis I y meiosis II. Al inicio de la meiosis I, se duplica el contenido celular, incluidos los cromosomas. Sin embargo, cada cromosoma se separa de su pareja de manera que cada célula hija reciba solamente un cromosoma de esa pareja. Es por esto que la meiosis I se denomina división reductora. Durante la meiosis II, las dos células hijas pasan por una división mitótica normal y se dividen en dos células con 23 cromosomas cada una. Por lo tanto, al concebir, el espermatozoide y el óvulo contienen solamente

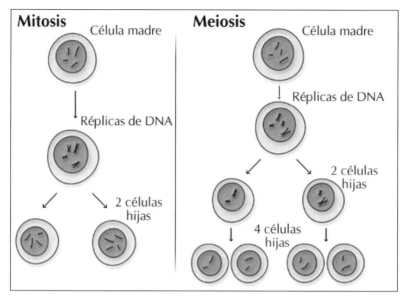

Figura 3. Mitosis y Meiosis (Cortesía: U.S. National Library of Medicine).

23 cromosomas cada uno, la mitad de lo usual. La Figura 3 ilustra el proceso de la meiosis.

La cronología de la meiosis es diferente en el hombre que en la mujer. A partir de la pubertad, el hombre producirá millones de espermatozoides por el resto de su vida. Como los espermatozoides se mueren a diario, es necesario producirlos continuamente. Por lo tanto, los procesos de la meiosis I y la meiosis II masculina continúan toda la vida. En cambio, la mujer nace con todos los óvulos que tendrá en su vida. Estos óvulos iniciaron el proceso de la meiosis I durante su etapa fetal. Sin embargo, el proceso no llega a completarse y permanece suspendido y latente hasta la pubertad. La meiosis I de las adolescentes y de las mujeres se completa durante la ovulación cuando se libera el óvulo a la mitad del ciclo menstrual. El óvulo pasa a la meiosis II sólo si es fertilizado por un espermatozoide.

La meiosis procura asegurar que los humanos heredemos el mismo número de cromosomas en cada generación. Cuando el óvulo y el espermatozoide se unen en la concepción, es usual que cada uno de ellos contribuya con 23 cromosomas y produzcan un embrión con 46. Sin embargo, los errores en la división cromosómica son muy comunes durante la meiosis. Por ejemplo, en los abortos espontáneos durante el primer trimestre de gestación, la proporción de anomalías cromosómicas

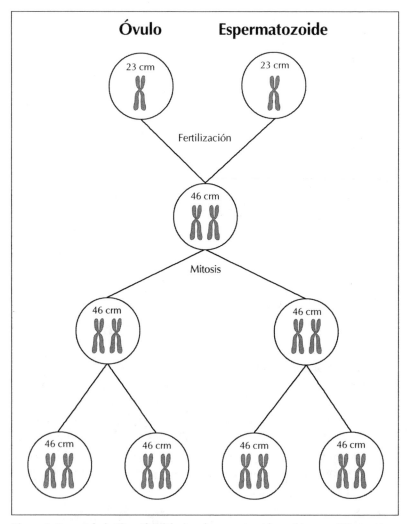

Figura 4. *Durante la fertilización, el óvulo y el espermatozoide combinan sus 23 respectivos cromosomas. El resultado es un óvulo fertilizado, casi siempre con 46 cromosomas.*

es de 50 por ciento. En los bebés que nacen vivos, la incidencia de anomalías cromosómicas es de aproximadamente 7 en 1,000 (0.7%).

Fertilización

Durante la concepción, un espermatozoide y un óvulo se combinan para formar un óvulo fertilizado con un juego completo de 46 cromosomas: 23 maternos y 23 paternos. La Figura 4 ilustra el proceso de la fertilización. Después de la concepción, el óvulo fertilizado crece y se desarrolla mediante mitosis. Primero forma dos nuevas células idénticas y luego continúa hasta formar miles de millones de células. La división celular replica el material genético y cada célula recibe igual cantidad a la del óvulo fertilizado original. Como todas las células heredan la misma estructura genética, ese contenido genético original determina el perfil genético del bebé.

Pueden ocurrir muchas anomalías o errores durante la meiosis que afecten al crecimiento y desarrollo infantil. Algunos de estos errores, como una distribución cromosómica defectuosa, pueden dar lugar al síndrome de Down.

El síndrome de Down puede ser el resultado de:
1. no disyunción,
2. translocación, y
3. mosaicismo.

Como veremos a continuación, estos tipos de anomalías en la división celular u ordenamiento cromosómico producen las variantes reconocidas del síndrome de Down.

Variantes del síndrome de Down
1. No Disyunción

Generalmente, el síndrome de Down es el resultado de la separación deficiente, o no disyunción, de un par de cromosomas durante la meiosis. En la no disyunción una célula hija recibe 24 cromosomas; y la otra, 22. Toda célula que contenga 22 cromosomas (sin un cromosoma completo) no sobrevive y no puede ser fertilizada. En cambio, un óvulo o un espermatozoide con 24 cromosomas puede sobrevivir y

ser fertilizado, pero tendrá 47 cromosomas en lugar de 46, la cantidad usual. Los médicos llaman trisomía a esta condición refiriéndose a las tres copias de uno de los cromosomas. La Figura 5 ilustra el proceso de no disyunción.

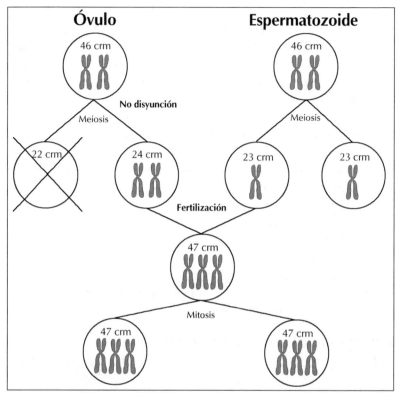

Figura 5. *No disyunción es la separación incompleta de un par de cromosomas durante la meiosis. Por ello, una célula hija recibe los dos cromosomas 21; y la otra, ninguno. Así, el óvulo fertilizado en la concepción tendrá 47 cromosomas y presentará trisomía 21 por no disyunción.*

En el síndrome de Down la separación incompleta ocurre en el cromosoma 21 y por eso se conoce como trisomía 21, término sinónimo del síndrome de Down. En 88 a 90 por ciento de los individuos con este síndrome, el cromosoma adicional viene de la madre. Estos errores maternos ocurren en un 70 por ciento durante la meiosis I, y en el 30 por ciento restante durante la meiosis II.

En la trisomía 21, la división cromosómica deficiente durante la meiosis produce un óvulo fertilizado con tres cromosomas 21 en lugar de dos. A medida que el nuevo embrión divide y duplica sus células, también copia y transmite este cromosoma adicional a cada nueva célula. Como resultado, todas las células del bebé tienen el cromosoma 21 adicional.

La Figura 6 es el cariotipo de los cromosomas de un bebé con síndrome de Down donde se aprecia el cromosoma 21 adicional. En

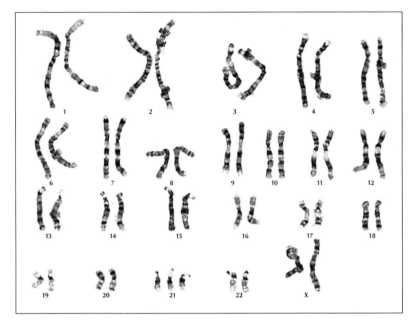

Figura 6. Cariotipo de cromosomas con trisomía 21 por no disyunción—Cariotipo *de mujer con trisomía 21 por no disyunción (47, XX, +21). (Cortesía: Dra. Jeanne Meck, Directora de Cytogenetic Laboratories, Georgetown University Hospital, Washington, DC.)*

un informe genético, el cariotipo se describe de la siguiente manera: 47, XY, +21 para una niña (47 cromosomas, femenino, cromosoma 21 adicional) ó 47, XX, +21 para un niño (47 cromosomas, masculino, cromosoma 21 adicional). Este cariotipo difiere del cariotipo femenino normal: 46, XX; y del masculino normal: 46, XY.

Un 95 por ciento de los recién nacidos con síndrome de Down presenta trisomía 21 por no disyunción.

2. Translocación

Entre 4 y 5 por ciento de los recién nacidos con síndrome de Down tiene trisomía 21 por translocación. Esto se origina cuando un cromosoma, o parte de él, se separa durante la meiosis y se une a otro cromosoma. Cuando el cromosoma 21 se separa y se une a otro cromosoma (se ha translocado), el resultado es un óvulo fertilizado con trisomía 21 por translocación, es decir, síndrome de Down. En esta variante, el cromosoma 21 se une a otro cromosoma (generalmente el 14) para formar un solo cromosoma que se denomina t(14;21). Todas estas células tienen dos copias del cromosoma 21, una del 14, y una del

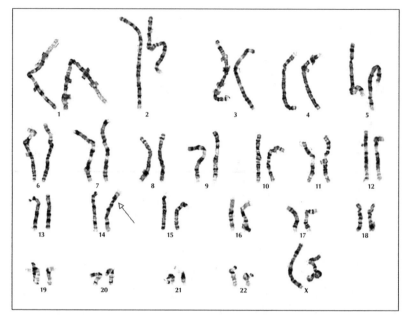

Figura 7. Cariotipo de cromosoma con trisomía 21 por translocación—Cariotipo de mujer con trisomía 21 por translocación t(14;21). (Cortesía: Dra. Jeanne Meck, Directora de Cytogenetic Laboratories, Georgetown University Hospital, Washington, DC.)

t(14;21). Como para todo efecto hay tres copias del cromosoma 21, el resultado es el síndrome de Down (ver Figura 7).

Aproximadamente tres de cada cuatro translocaciones ocurren espontáneamente durante la fertilización. Las restantes son heredadas de uno de los progenitores. Éstas últimas son la única variante del síndrome de Down que es causada por una condición cromosómica materna o paterna. En este caso, el número de cromosomas del "portador" es normal, pero dos de sus cromosomas están pegados. Como resultado, la suma del total de cromosomas es de 45 en lugar de 46. El portador no presenta síndrome de Down porque no tiene deficiencia o exceso de material genético; posee lo normal, pero con dos cromosomas fusionados. Los médicos definen a este progenitor como "portador balanceado".

Generalmente, el bebé con trisomía 21 por translocación tiene un cromosoma adicional en todas sus células aunque parte de ese cromosoma adicional se haya translocado a otra célula. Por lo tanto, los efectos de la trisomía 21 por translocación son los mismos que los de la trisomía 21 por no disyunción, con la excepción de unos pocos casos de trisomía 21 parcial (ver más adelante).

Es importante determinar si su bebé presenta síndrome de Down por translocación porque si usted o su pareja son portadores balanceados, el riesgo de síndrome de Down en embarazos futuros es más elevado que el de la población general. El cariotipo, o censo de cromosomas, de su bebé le revelará si presenta trisomía 21 por translocación. Si es así, sería recomendable que ustedes también se realicen un cariotipo, como se describe en la sección "Su próximo bebé".

3. Mosaicismo

La forma menos frecuente del síndrome de Down es el mosaicismo (o síndrome de Down en mosaico). El mosaicismo cromosómico significa que distintas células tienen distinta conformación cromosómica donde unas células contienen 46 cromosomas y otras varían en cuanto a cantidad o estructura. En el síndrome de Down en mosaico, algunas células contienen el número típico de cromosomas (46) y en otras aparece un cromosoma 21 adicional, lo que suma 47.

Los cariotipos estándar sugieren que solamente el uno por ciento de las personas con síndrome de Down presenta esta variante de la trisomía 21. Sin embargo, según las últimas investigaciones con la moderna prueba genética FISH, es posible que la proporción de niños con mosaicismo sea más alta de lo que se pensaba.

En el mosaicismo, lo usual es una división celular deficiente poco después de la fertilización. Como en la no disyunción, algún factor origina que los cromosomas no se dividan correctamente. Pero si esta división incorrecta ocurre durante la segunda o tercera división celular, sólo algunas de las células del nuevo embrión heredarán el cromosoma adicional. Por lo tanto, como sólo algunas células se ven afectadas, es posible que el bebé tenga menos características físicas y más habilidades intelectuales que lo usual. También se da mosaicismo cuando el feto se forma con un cromosoma 21 de más y luego lo pierde durante la división mitótica. En resumen, el síndrome de Down en mosaico ocurre por una de dos causas:

1. Un óvulo fertilizado que comienza con 46 cromosomas produce una célula con 47 en una de sus primeras divisiones. Todas las células que desciendan de esa célula se formarán con esos 47 cromosomas, y las demás lo harán con los 46 originales. (Ver Figura 8.)

2. Un óvulo fertilizado comienza con 47 cromosomas, pero una de sus células corrige el error durante una división posterior y no transmite el cromosoma adicional. Todas las células que desciendan

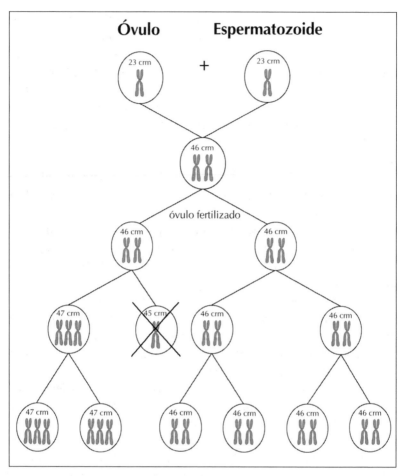

Figura 8. *En el mosaicismo, el óvulo fertilizado empieza a dividirse normalmente, pero una línea celular prosigue bajo no disyunción. Esto genera un organismo con ambas líneas: normal y trisómica.*

de esa célula heredarán 46 cromosomas, y las demás conservarán los 47 originales.

El efecto del mosaicismo sobre el bebé no depende de la cantidad de células "normales" que tenga, sino de su ubicación. Por ejemplo, si sólo una pequeña proporción de sus células contiene el cromosoma adicional, pero se encuentran concentradas en el cerebro, puede que el niño presente las mismas discapacidades neurológicas y del desarrollo que los niños con trisomía 21 por no disyunción o por translocación. Por supuesto que también puede ocurrir lo opuesto. Aunque la proporción de células afectadas sea alta, el síndrome de Down podría afectar al niño menos que lo usual dependiendo de los tejidos en que estuvieran ubicadas.

La proporción de los diferentes cromosomas en un tejido específico (la sangre, por ejemplo) no refleja necesariamente las proporciones presentes en otros tejidos o en el embrión durante las primeras etapas del desarrollo. Esto imposibilita el uso del cariotipo como indicador del efecto del mosaicismo sobre el niño con síndrome de Down. Sin embargo, se puede afirmar que la presencia de algunas células normales, sobre todo en el cerebro, puede moderar los efectos del cromosoma adicional sobre el desarrollo físico y, a veces, el mental.

Trisomía 21 parcial

En muy contados casos nacen bebés con solamente parte del cromosoma 21 adicional en sus células. Por ejemplo, podrían tener dos cromosomas 21 completos y, además, la mitad inferior de un tercer cromosoma 21. Esta condición se da con frecuencia cuando ocurren translocaciones cromosómicas complejas entre el cromosoma 21 y otros cromosomas.

Se están estudiando individuos con trisomía 21 parcial para determinar qué secciones del cromosoma 21 adicional causan cuáles características del síndrome de Down. Por ejemplo, el estudio de las características de las personas que carecen de determinadas secciones del cromosoma 21 adicional llevó a algunos científicos a concluir que existe una "región crítica del síndrome de Down" que está ubicada en la mitad inferior del cromosoma desde la zona 21q22.13 a la zona q22.2. (La "q" indica la mitad inferior o brazo largo del cromosoma.) Dependiendo de la sección del cromosoma adicional que esté presente en el niño con trisomía parcial 21, puede que presente menos rasgos físicos y mayor desarrollo que otros niños con síndrome de Down, o que parezca un niño con la típica trisomía 21.

Uno de los mitos que rodea al síndrome de Down es que se puede tener sólo "un poco" de esta condición médica. Con la excepción del mosaicismo, su bebé tiene síndrome de Down, o no lo tiene. Todo está en los genes.

** ¿Por qué un cromosoma adicional altera el desarrollo?

Si bien el bebé con síndrome de Down posee un cromosoma 21 adicional, sus demás cromosomas son normales. Es más, el

material de los cromosomas 21 es también normal, pero está presente en exceso. Los científicos aún no saben cómo el material cromosómico adicional produce un desequilibrio genético que altera el curso normal del crecimiento y desarrollo. Además, parece que algunos sistemas y órganos son más susceptibles que otros, incluidos el cerebro, los ojos, y los sistemas cardiovasculares y gastrointestinales.

Algunos investigadores afirman que los genes adicionales en una "región crítica" ubicada en la punta de la mitad inferior del cromosoma 21 son los únicos que originan las características del síndrome de Down. Pero es posible que otros genes en otros cromosomas también participen en el proceso.

Algunos científicos sugieren que el exceso de material genético ocasiona crecimiento y desarrollo incompleto, pero no anormal. Por ejemplo, se puede decir que el corazón del individuo con síndrome de Down es básicamente normal, pero que la pared que lo divide no terminó de desarrollarse. O quizás no se completó la separación entre los dedos y quedaron unidos por una membrana.

En el 2000 cuando se completó el mapa genético del cromosoma 21, se calculó que contenía 225 genes. Hoy se conocen casi 330. Actualmente, se están realizando investigaciones para identificar la función de estos genes y su participación en el síndrome de Down. Algunos de los genes que influyen en las características específicas del síndrome de Down son:

1. **Gen de la molécula de adhesión celular (DSCAM)**—se piensa que la sobreexpresión de este gen (es decir, la copia adicional) es fundamental en el desarrollo de las anomalías cardíacas y de algunas de las diferencias en el sistema nervioso frecuentes en el síndrome de Down.

2. **Gen dedicado (SIM2) de la Drosophila**—regula en parte la producción de tejido neural.

3. **Gen de la proteína precursora de amiloide (APP)**— desempeña un papel en el crecimiento y desarrollo

cerebral. Ha sido vinculado a la enfermedad de Alzheimer y otros trastornos neurológicos. La perturbación de este gen puede interferir con uno de los factores de crecimiento necesario para la supervivencia de las células cerebrales.

4. **Gen dismutasa de superóxido (SOD-1)**—Gen dismutasa de superóxido (SOD-1)—según algunos investigadores, la sobreexpresión de este gen causaría el envejecimiento acelerado en las personas con síndrome de Down.

5. **Gen DYRK/Minibrain (MNb)**—cumple funciones durante el desarrollo cerebral y, luego, de adulto. Se cree que interviene en las alteraciones neurobiológicas que causan las discapacidades cognitivas y retrasos motores que acompañan al síndrome de Down.

6. **Gen de la subunidad 5 del receptor de glutamato (GluR5)**—la sobreactividad de este gen puede dañar las neuronas cerebrales.

Existe la esperanza de que algún día los avances en las investigaciones de estos y otros genes del cromosoma 21 puedan aminorar los efectos del síndrome de Down. Para mantenerse al día con los resultados de las últimas investigaciones, consulte nuestra lista de organizaciones y páginas web en la Guía de Recursos al final del libro.

▪▪ ¿Por qué nació con síndrome de Down mi bebé?

Hace varias décadas que los científicos vienen investigando las causas del síndrome de Down. Sin embargo, aún les elude su causa exacta: el mecanismo por el cual los cromosomas 21 permanecen unidos. Se han estudiado muchos factores como posibles causas, pero el único que se ha logrado vincular directamente al riesgo de tener un bebé con síndrome de Down es la edad materna.

Como explicamos anteriormente, la mujer nace con un número fijo de óvulos y no produce más el resto de su vida. El proceso de la meiosis en los óvulos se inicia cuando la mujer aún no ha nacido. Cada óvulo permanece en estado de suspensión hasta que se completa la meiosis poco antes de la ovulación. Es posible que, a medida que los óvulos envejecen y permanecen por muchos años en meiosis suspendida, algún mecanismo ocasione que los cromosomas se vuelvan pegajosos o que no se separen debidamente. De hecho, las pruebas indican que la tendencia a errores en la división celular de los óvulos aumenta con la edad materna.

La Figura 9 ilustra la probabilidad de tener un bebé con síndrome de Down en función de la edad materna al parto. Como se ve, esta probabilidad aumenta con la edad materna. Aún así, muchas mujeres jóvenes sin historia familiar de síndrome de Down tienen bebés con esta condición médica. Esto ocurre porque las mujeres de 35 o menos representan la mayoría de los embarazos y, por consiguiente, son las que tienen la mayoría de los bebés con síndrome de Down. Sin embargo, como está aumentando el número de mujeres que postergan sus embarazos hasta después de los 35, también está aumentando el número de embarazos de bebés con síndrome de Down en este grupo.

Además de la edad materna se han investigado varios factores ambientales y hábitos personales como posibles causas del síndrome de Down para determinar si intervienen en el proceso de la no disyunción. Se han propuesto mecanismos relacionados con el fumar y el uso de anticonceptivos orales. Una teoría sugiere que el fumar disminuye el flujo sanguíneo al óvulo. Esto produce hipoxia (disminución de oxígeno) que, a su vez, podría ocasionar dificultades durante la meiosis.

Los resultados de las investigaciones sobre la relación entre el metabolismo anormal del ácido fólico y la incidencia del síndrome de Down son contradictorios. Un estudio vinculó la mutación materna de un gen relacionado con el metabolismo del ácido fólico (el gen de la enzima metilentetrahidrofolato reductasa o MTHFR) al aumento del riesgo de tener un bebé con síndrome de Down. Sin embargo, no se han podido reproducir estos resultados en estudios posteriores. Asimismo, los estudios que buscan una conexión entre la exposición de la madre a radiación y el riesgo de tener un bebé con síndrome de Down han producido resultados contradictorios.

Se han realizado menos investigaciones sobre las posibles causas vinculadas al padre. Sin embargo, aunque los espermatozoides se

Figura 9. Probabilidad de tener un bebé con síndrome de Down en función a la edad materna

Edad materna (Años)	Riesgo estimado	Edad materna (Años)	Riesgo estimado
20	1:1476	36	1:266
21	1:1461	37	1:199
22	1:1441	38	1:148
23	1:1415	39	1:111
24	1:1381	40	1:85
25	1:1339	41	1:67
26	1:1285	42	1:54
27	1:1219	43	1:45
28	1:1139	44	1:39
29	1:1045	45	1:35
30	1:937	46	1:31
31	1:819	47	1:29
32	1:695	48	1:27
33	1:571	49	1:26
34	1:455	50	1:25
35	1:352	51	1:25

Este cuadro muestra la probabilidad de síndrome de Down en ausencia de exámenes prenatales, basada en datos sobre nacimientos en Inglaterra y Gales entre 1989 y 1998, y recopilados por la National Down Syndrome Cytogenetic Register. Reproducción autorizada por: Morris, J.K., Mutton, D.E., & Alberman, E. (2002). Revised estimates of the maternal age specific live birth prevalence of Down's syndrome. Journal of Medical Screening 9: 2-6.

producen de por vida, algunos científicos proponen que algunos hombres tienen una predisposición genética a producir genes "pegajosos".

Hasta ahora, la realidad es que no conocemos las causas del síndrome de Down, ni tampoco sabemos cómo prevenirlo. Estos aspectos continúan siendo materia de investigación.

■■ ¿Cómo será el futuro de mi bebé?

Lo usual es que el niño con síndrome de Down llegue a ser independiente. El número de adultos con síndrome de Down que permanece en sus hogares es cada vez menor (salvo por elección propia). Esto se debe a la actual tendencia hacia viviendas comunitarias, conjuntos habitacionales y apartamentos que promueven la autonomía y la autosuficiencia, así como a nuevas y mejores alternativas en la educación postsecundaria. En consecuencia, hay cada vez más adultos con síndrome de Down que cuidan de sí mismos, trabajan y disfrutan de actividades con familiares y amigos. En el Capítulo 8 veremos cómo el gobierno federal protege a toda persona discapacitada de la discriminación que antes la privaba de oportunidades para aprender, desarrollarse y ser productiva. Sin embargo, esta independencia y autonomía requiere que durante los primeros años de vida se realicen grandes esfuerzos para sentar las bases fundamentales que le permitan a su niño llegar a ser un adulto capaz.

Es natural que, con el correr de los años, los padres se preocupen por la capacidad reproductiva de sus hijos o hijas. Por lo general, el hombre adulto con síndrome de Down es infértil por tener un número reducido o nulo de espermatozoides. Sin embargo, existen dos casos confirmados de hombres con síndrome de Down que han logrado procrear, por lo que es necesario seguir investigando la frecuencia y las causas de la infertilidad masculina. Es decir, fértiles o no, todos los hombres con síndrome de Down se desarrollan y maduran sexualmente.

La fertilidad de la mujer adulta con síndrome de Down a menudo está algo disminuida, pero puede concebir. Muchas mujeres completan el embarazo y tienen bebés, con y sin síndrome de Down. Es probable que los óvulos de la mujer fértil con síndrome de Down contengan el cromosoma 21 adicional. Por lo tanto, cuando los óvulos se dividen durante la meiosis existe una probabilidad del 50 por ciento de que la célula hija tenga el cromosoma 21 adicional. Es decir, la probabilidad de que el óvulo fertilizado contenga un cromosoma adicional es de 1 en 2. Debido a que la probabilidad de aborto espontáneo es mayor cuando el embrión tiene trisomía 21, la probabilidad de que el bebé nazca con síndrome de Down es menor del 50 por ciento.

Además, la madre con síndrome de Down presenta mayor riesgo de parto prematuro, y el bebé presenta mayor riesgo de bajo peso al nacer y otros desórdenes congénitos además del síndrome de Down. La educación sexual y el control de la natalidad son temas importantes que usted deberá tratar durante el crecimiento de su hijo o hija.

∷ Su próximo bebé

Con frecuencia, los padres de un bebé con síndrome de Down se preguntan si es probable que el siguiente nazca con lo mismo. La respuesta depende de dos factores: el tipo de síndrome de Down del bebé y el historial familiar de los padres.

En general, el riesgo de tener otro bebé con síndrome de Down es de 1 en 100. Esto representa un aumento en el riesgo para las mujeres de 40 años o menos. (El riesgo en la población general no llega a 1 en 100 hasta más o menos los 40 años de edad.) Pasados los 40 años, la probabilidad aumenta de manera considerable para todas las mujeres aun sin haber tenido un bebé con síndrome de Down. Estas cifras son aplicables a las familias de niños con síndrome de Down por no disyunción (trisomía 21), es decir, al 95 por ciento de las familias de niños con síndrome de Down.

No se sabe por qué el riesgo de recurrencia aumenta en las mujeres jóvenes que han tenido un bebé con síndrome de Down. Algunos científicos proponen la existencia de factores genéticos en la madre que la predisponen a la no disyunción. También es posible que la causa sea la presencia de *mosaicismo de línea germinal* en uno de los progenitores. Es decir, es posible que, aunque ninguno de los progenitores tenga síndrome de Down, uno de ellos tenga células reproductivas (óvulo o espermatozoide) normales y otras con trisomía 21. En otras palabras, puede ser que sólo algunas de estas parejas realmente corran mayor riesgo de recurrencia, y que otras corran el mismo riesgo que las demás parejas de su edad.

Si su bebé presenta síndrome de Down por translocación, el riesgo de recurrencia es también de 1 en 100 salvo que, como se explicó anteriormente, uno de los progenitores tuviera translocación balanceada. En ese caso, el riesgo de recurrencia es considerablemente mayor dependiendo del tipo de translocación y del sexo del portador balanceado. Si es la madre, el riesgo es de 1 en 10; si es el padre, el riesgo es de 1 en 20.

Consulte con el genetista para enterarse de la variante exacta de síndrome de Down de su bebé. Él lo determinará mediante examen del cariotipo de su bebé y le hará las recomendaciones del caso. Si fuera necesario, también analizará los cromosomas de los padres a fin de determinar si alguno es portador balanceado. Si usted tiene translocación balanceada, existe la posibilidad de que sus demás hijos también la hayan heredado. Por lo tanto, es aconsejable que ellos también consulten con el genetista cuando comiencen a pensar en tener familia.

Un cariotipo cromosómico de los padres o de los demás hijos sólo sería necesario si el bebé tiene trisomía 21 por translocación. Si uno de los progenitores presenta translocación balanceada, hay procedimientos de reproducción asistida tan avanzados que, si se desea, es posible separar los óvulos fertilizados con síndrome de Down y otros problemas cromosómicos antes de proceder al implante.

▪▪ Pruebas prenatales para el síndrome de Down

Quizás esté leyendo esta sección porque está embarazada, o está pensando en estarlo, y su médico le ha recomendado pruebas prenatales. Quizás una prueba prenatal ha indicado probabilidad alta de síndrome de Down. Quizás ya tiene un bebé con síndrome de Down y desea saber cómo detectar el síndrome de Down en sus siguientes embarazos.

En todo caso, usted necesita conocer las pruebas disponibles, su exactitud y los riesgos que implican. Esta información puede ser muy útil incluso para los padres que han decidido recibir al bebé en su familia sin importar su condición médica. Un diagnóstico prenatal del síndrome de Down le permite a los padres:

- educarse acerca de la naturaleza del síndrome de Down;
- comunicarse con otros padres o grupos de apoyo en su comunidad a fin de educarse sobre el síndrome de Down y aceptar el diagnóstico;
- coordinar la asistencia del personal médico indicado al momento del parto (por ejemplo, en caso de anticiparse un defecto cardíaco en el bebé);
- enterarse acerca de la intervención temprana y otros servicios de apoyo disponibles en su comunidad; y

- prepararse emocionalmente para el nacimiento y, asimismo, a sus amigos y familiares.

Pruebas exploratorias

Las pruebas exploratorias para determinar si el feto presenta riesgo elevado de síndrome de Down, u otros trastornos, son parte de los servicios esenciales que se ofrecen a todas las mujeres gestantes en Estados Unidos. El médico las utiliza para identificar a las pacientes prenatales que deberían someterse a más pruebas diagnósticas ya que los resultados de las pruebas exploratorias son sólo indicativos, mas no determinantes, del síndrome de Down.

Las puebas exploratorias prenatales más comunes son los análisis de sangre y las ecografías. En la actualidad, los American College of Obstetricians and Gynecologists (ACOG)[3] recomiendan que estas pruebas se realicen durante el primer trimestre del embarazo. Sin embargo, la madre tiene el derecho a rehusar toda prueba, o aceptar sólo algunas.

Análisis de sangre

Existen varias pruebas de sangre para detectar si el feto presenta riesgo de ciertos defectos congénitos como el síndrome de Down y las anomalías del conducto neural (espina bífida). La prueba con mayor probabilidad de precisar el riesgo de síndrome de Down es la prueba cuádruple, un análisis de sangre donde se analizan cuatro compuestos: alfafetoproteína (AFP), gonadotropina coriónica humana, estriol sin conjugar e inhibina A. La alfafetoproteína (AFP) es una proteína producida por el feto durante el embarazo, y que pasa a la sangre de la madre y al líquido amniótico. Un bajo contenido de AFP en la sangre materna puede indicar síndrome de Down, y uno alto indicaría espina bífida. Por lo tanto, la AFP se considera marcador. Como son cuatro los compuestos que se miden en la sangre materna, el médico puede determinar con bastante exactitud el riesgo de síndrome de Down u otros trastornos congénitos.

La prueba cuádruple se ofrece entre la décimoquinta y la vigésima semana de gestación, obteniéndose los resultados más precisos entre las semanas 16 y 18. Sin embargo, es importante recalcar que esta prueba no es diagnóstica, sino exploratoria. Ha sido diseñada sólo para calcular la probabilidad de ocurrencia de ciertos desórdenes genéticos en el bebé. La prueba exploratoria puede alertar a la madre y al médico sobre la

---

3 *Asociación Americana de Obstetras y Ginecólogos*

posibilidad de que el bebé tenga alto riesgo de trastornos genéticos, o puede darles la tranquilidad de saber que el riesgo es bajo.

Los cálculos que los médicos realizan cuando examinan los análisis de sangre incluyen muchos otros factores: la edad gestacional, el tabaquismo materno, la edad cronológica y la presencia de dos o más fetos (mellizos, trillizos, etc.). Si los resultados están fuera del intervalo normal, a menudo el médico verificará la edad fetal y buscará anomalías anatómicas mediante ecografías. Si se observa que el riesgo de síndrome de Down es elevado en función a la edad materna, el médico recomendará la amniocentesis (ver a continuación).

Debido a que la prueba cuádruple es exploratoria, sus resultados pueden ser falso-positivos, es decir, indicar la presencia de un defecto congénito que no existe. La probabilidad de obtener resultados falso-positivos aumenta a medida que la mujer se aproxima a los 40. Estos resultados pueden causar angustia y llevar a pruebas invasivas innecesarias como la amniocentesis. A su vez, los resultados falso-negativos podrían estar equivocados y no revelar una condición genética existente. Muchas mujeres que obtuvieron resultados positivos tienen bebés perfectamente saludables, mientras otras que obtuvieron resultados negativos tienen bebés con síndrome de Down.

La precisión de esta prueba es de un 86 por ciento. (Queremos señalar que, al imprimirse este libro en el 2008, recibimos informes de una nueva y más precisa prueba sanguínea. Si está leyendo este libro en el 2009, o después, lo más probable es que su médico ya tenga información de esta nueva prueba.)

Ecografías

La ecografía se emplea para obtener imágenes del feto y de los órganos pélvicos de la gestante. Se considera que es una prueba no invasiva, precisa, económica y segura, muy útil como instrumento de exploración y diagnóstico, por lo que hoy desempeña un papel importante en la obstetricia moderna y en el cuidado de toda mujer gestante. La ecografía se realiza con un equipo que emite ondas de sonido de alta frecuencia hacia las estructuras corporales, y recoge los ecos para proyectarlos como imágenes.

Las ecografías prenatales se utilizan para evaluar el bienestar y el número de fetos, estimar su edad gestacional, observar el corazón, seguir el crecimiento o ubicar anomalías. También se recomiendan ecografías cuando los resultados de la prueba cuádruple están fuera del intervalo normal.

Según investigaciones, el feto con trastornos cromosómicos puede tener un pliegue en la nuca más grueso que lo normal (translucencia nucal) y un puente nasal con desarrollo incompleto. Durante el primer trimestre el médico puede determinar la translucencia nucal mediante ecografía para medir el volumen de líquido subcutáneo en la nuca del bebé. Un resultado que exceda 3 milímetros puede indicar síndrome de Down u otro trastorno cromosómico. Este tipo de pruebas debe ser realizado por ecografistas de experiencia, con equipo emisor y receptor de alta resolución y tecnología avanzada. Se están llevando a cabo investigaciones en ecografía y diagnóstico prenatal para evaluar si la presencia de un puente nasal incompleto en el primer y segundo trimestre serviría de marcador e instrumento exploratorio del síndrome de Down.

La mayoría de las mujeres (un 95 por ciento de las que se toman ecografías) obtiene resultados normales. En caso de duda, la madre tiene la opción de someterse a una de las pruebas que se describen a continuación.

Pruebas prenatales

Además de las pruebas exploratorias básicas para toda mujer gestante, existen otras dos pruebas prenatales que son más invasivas, pero más precisas: la amniocentesis y la biopsia de las vellosidades coriónicas. A veces también se analiza la sangre umbilical percutánea. Estas pruebas prenatales identifican los cromosomas del feto.

Hasta hace poco estas pruebas eran rutinarias sólo para las mujeres de más de 35 años de edad, debido a que el riesgo de tener un bebé con síndrome de Down sobrepasaba el riesgo de aborto espontáneo u otras complicaciones importantes. La American College of Obstetricians and Gynecologists / ACOG recomienda que las mujeres de toda edad tengan la opción de realizarse estas pruebas. Y volvemos a repetir: toda mujer tiene el derecho a rehusar estas pruebas prenatales y el médico tiene la obligación de respetar esa decisión.

Amniocentesis

La amniocentesis se lleva a cabo entre la décimoquinta y la décimosexta semana del embarazo en el consultorio o en el hospital. Antes del procedimiento, el médico toma una ecografía para precisar la ubicación del útero, la placenta, el líquido amniótico y el feto. El procedimiento consiste en insertar una aguja muy fina en el abdomen materno hasta llegar al útero para extraer y analizar muestras de líquido amniótico. Como el líquido amniótico contiene células fetales, el médico puede examinarlas y contar sus cromosomas para determinar si el bebé presenta síndrome de Down u otra anomalía cromosómica. Los resultados de este análisis demoran de doce a catorce días, pero son sumamente precisos.

Desde fines de los sesenta cuando se empezó a usar la amniocentesis, cientos de miles de mujeres gestantes se han realizado esta prueba. Si bien es un procedimiento muy seguro y casi de rutina, se han reportado complicaciones en un porcentaje bajo de mujeres, incluidos abortos (menos de 1 en 200), contracciones y sangrado.

Biopsia de las vellosidades coriónicas

La biopsia de las vellosidades coriónicas es una prueba prenatal que se realiza en el primer trimestre, entre la novena y undécima semana de gestación. Si bien es más reciente que la amniocentesis, se considera segura y precisa cuando la efectúa un médico capacitado y el análisis de las muestras se hace en un laboratorio con experiencia.

Al igual que para la amniocentesis, se comienza con una ecografía que revele la anatomía de la mujer y la ubicación del feto. Luego, se introduce una aguja muy fina por la vagina o el abdomen para obtener muestras de las vellosidades coriónicas (proyecciones del tejido de la placenta). Como las células de las vellosidades son tejido fetal, pueden ser cultivadas de 7 a 10 días para analizar su composición cromosómica. En algunos casos, el diagnóstico con este procedimiento puede ser difícil debido a la presencia de mosaicismo confinado en placenta, es decir, mosaicismo en la placenta pero no en el feto.

El riesgo de aborto u otras complicaciones (infección, sangrado y derrame de líquido amniótico por la vagina) de la biopsia de las vellosidades coriónicas es un poco más alto que el de la amniocentesis. Debido a que la biopsia de las vellosidades coriónicas al inicio de la gestación ha sido vinculada a casos de anomalías en las extremidades, como la carencia de dedos, ya no se realiza antes de la décima semana de gestación.

Muestra de sangre umbilical percutánea

Como su nombre lo indica, se toman muestras de sangre del cordón umbilical *in utero*. Por ser considerada invasiva, no es una prueba de rutina. Se utiliza cuando se desea un análisis rápido de los cromosomas o cuando se desea evaluar el riesgo del feto a ciertos trastornos sanguíneos. Sus resultados son muy precisos, pero el procedimiento implica riesgo de aborto espontáneo. Se realiza ya avanzado el embarazo, generalmente después de las dieciocho semanas.

Los padres y las pruebas prenatales

Las pruebas diagnósticas dependen de las preferencias personales, la tecnología existente y la historia médica. Su médico le podrá indicar los procedimientos más apropiados.

Si bien las pruebas prenatales pueden establecer la composición cromosómica de su bebé al inicio del embarazo, someterse a cualquiera de ellas es una decisión personal. Toda exploración prenatal para detectar síndrome de Down debe ser voluntaria. El médico debe presentar todas las opciones de pruebas prenatales a sus pacientes, pero debe ser imparcial con respecto a las ventajas y desventajas de cada una. El médico deberá manifestar esa misma objetividad si alguna prueba revelara síndrome de Down. Idealmente, su médico lo ayudará a obtener la información necesaria, quizás derivando su caso al genetista o poniéndolo en contacto con alguna familia que haya pasado por su misma situación. En caso contrario, usted mismo deberá buscar información. (Vea la Guía de Recursos para organizaciones y páginas web que ofrecen información y apoyo.)

Es muy importante que los padres comprendan que no están obligados a terminar el embarazo si las pruebas prenatales indican anomalías genéticas como el síndrome de Down. En esta decisión intervienen factores de índole muy personal, y este libro no pretende sugerir o indicar lo que usted deba o no deba hacer en cuanto al diagnóstico o las pruebas prenatales.

:: La historia del síndrome de Down

Mucho antes de establecerse la causa genética del síndrome de Down, el médico inglés John Langdon Down lo describió como un conjunto de manifestaciones físicas características. En 1866 diferenció el síndrome de Down de otras condiciones señalando algunos de sus rasgos comunes, como pelo lacio y fino, nariz pequeña y cara ancha. También introdujo el término mongolismo. Si bien ésta y otras etiquetas despectivas están cayendo en desuso, es aún necesario recordarle al público que el "down" del síndrome de Down no se refiere a personas infelices ni inferiores. Al parecer, muy pocos saben que el síndrome de Down lleva el nombre de quien primero lo describió.

Los avances en la investigación genética durante el siglo veinte permitieron el descubrimiento de la causa del síndrome de Down. Ya por 1930 algunos investigadores sospechaban que la causa sería alguna anomalía cromosómica. En 1959 el genetista francés Jerome Lejune observó que las células cultivadas de individuos con síndrome de Down poseían un cromosoma adicional que más adelante fue identificado como el cromosoma 21. Estos hallazgos dieron lugar al descubrimiento de

otras variantes del síndrome de Down, como la translocación y el mosaicismo.

En la actualidad se están llevando a cabo investigaciones a nivel mundial cuyo objetivo es desarrollar nuevos tratamientos para el síndrome de Down. Por ejemplo, en el otoño del 2007 los *National Institutes of Health /NIH*[4] anunciaron un plan de investigación de diez años para entender mejor el síndrome de Down y acelerar el desarrollo de nuevos tratamientos. Algunas de las metas propuestas son: estudiar el proceso del envejecimiento, entender mejor el papel de los genes, y elaborar un programa de computadora para facilitar el aprendizaje de las personas con síndrome de Down. Otras instituciones, como el *Center for Research and Treatment of Down Syndrome*[5] de la Universidad de Stanford, emplean modelos experimentales con ratones con el objetivo de esclarecer la participación de los genes en las discapacidades, incluidas las intelectuales, que acompañan al síndrome de Down, y de desarrollar tratamientos para contrarrestarlas. (Para tales modelos experimentales se cruzan ratones hasta obtener uno con características similares a las del síndrome de Down.)

---

4 *Institutos Nacionales de la Salud.*
5 *Centros para la Investigación y el Tratamiento del Síndrome de Down. .*

A lo largo de los años se han visto avances notables en el tratamiento del síndrome de Down. Hoy, la expectativa de vida promedio de las personas con esta condición es mucho mayor. En 1929 era de nueve años. Ahora bordea los sesenta y probablemente siga en aumento gracias a los avances en la atención médica.

También han mejorado de manera considerable las oportunidades educativas para las personas con síndrome de Down. Durante años se creyó que los niños con esta condición eran incapaces de aprender. Negados de oportunidades, parecían confirmar esta opinión equivocada de la sociedad. Sin embargo, desde 1975 el gobierno federal garantiza la educación pública para las personas con síndrome de Down. Y desde 1990 asisten cada vez más a las mismas escuelas y aulas que sus hermanos y amigos de barrio. El Capítulo 7 describe los programas educativos y terapéuticos disponibles para el bebé y el niño. Felizmente, el mundo de hoy es muy diferente para las personas con síndrome de Down.

:: Conclusión

Es fundamental que usted explore el síndrome de Down a fondo. Hay una gran cantidad de publicaciones sobre el síndrome de Down, la discapacidad en general y la educación especial. Pero tenga cuidado con el material obsoleto. También evite las páginas web que no especifiquen sus fuentes de información. La Lista de Lectura al final del libro contiene títulos de publicaciones actuales que podrían interesarle. Las organizaciones mencionadas en la Guía de Recursos también ofrecen información útil.

El síndrome de Down tiene su propio vocabulario. Familiarizarse con la terminología del cuidado y el desarrollo infantil es la mejor manera de lograr una buena comunicación con sus médicos, docentes y otros profesionales. Estudie el Glosario al final del libro. Se sorprenderá de la rapidez con que se convertirá en "experto" en esta condición, y de cómo lo ayudarán a usted y a su bebé con síndrome de Down los conocimientos que adquiera.

◫ Impresiones de los Padres

Nos sorprendió lo común que es el síndrome de Down. Creíamos que sólo las mujeres mayores de 40 tenían bebés con esa condición.

Cuando nació José, quisimos informarnos de todo cuanto antes. Por supuesto que la pregunta más importante es la que nadie puede responder: "¿Qué causa esto? ¿Cómo lo ha hecho así el síndrome de Down?".

Nunca había conocido niños con síndrome de Down, pero mi esposo sabía de una familia con una niña así y había seguido su progreso durante años. Ya tiene catorce y le va muy bien. Además, conseguimos información acertada, y nuestro genetista nos explicó la necesidad de intervención temprana cuanto antes.

Como año y medio antes de nacer nuestra hija, habíamos estado pensando en adoptar un niño con síndrome de Down. Creo que nos concentramos tanto que partimos un cromosoma.

Antes de nacer Beto, mi concepto del síndrome de Down era confuso. Recuerdo que en mi vecindario vivía un niño con síndrome de Down que me tenía perplejo. Parecía que podía desempeñarse solo, pero también parecía tener discapacidad mental.

Yo sabía que la incidencia de tener un bebé con síndrome de Down a mi edad era de 1 en 600. Es decir, no me podía pasar a mi, ¿no? Cuando ahora alguien me dice 1 en 600, es como si me dijeran "eso es muy probable".

Después de cinco años y miles de dólares en tratamientos de fertilización, salí encinta. A pesar de tener 36 años y saber que mi riesgo de síndrome de Down era elevado, no me hice la amniocentesis. Estadísticamente, mi probabilidad de tener un aborto a consecuencia

de la amniocentesis era mayor que la del síndrome de Down. ¡Y miren lo que me hicieron las estadísticas! Con el segundo embarazo, no hice caso a los riesgos de las pruebas prenatales y me hice la biopsia de las vellosidades coriónicas apenas pude. El bebé no tenía síndrome de Down y tampoco lo perdí. Aún me queda la duda de lo que hubiéramos hecho si nuestro segundo bebé hubiese tenido síndrome de Down.

Antes de nacer Andrés, una ecografía mostró "marcadores leves" de síndrome de Down. (La relación de la longitud de la parte superior a la parte inferior del hueso de la pierna del bebé estaba en el límite de lo normal.) Me hice la amniocentesis para no quedarme con la duda el resto del embarazo. Después de la prueba los médicos y las enfermeras se nos quedaron mirando como esperando que les dijéramos algo. Nunca se nos ocurrió que estaban esperando a que pidiéramos un aborto. Qué inocentes éramos; esa nunca había sido nuestra intención.

Me hice dos ecografías durante mi embarazo y ninguna de las dos detectó nada fuera de lo normal.

Trabajé con niños discapacitados antes de nacer nuestro bebé. Me encantaban los niños con síndrome de Down. Me gustaba estar con ellos porque eran muy vivaces, además de tener muchas otras cualidades.

El genetista que examinó a nuestro bebé en el hospital trató de ser lo más optimista posible mientras nos señalaba los posibles signos del síndrome de Down: la hipotonía muscular, la forma de la cabeza, los ojos oblicuos, los deditos curvados y el espacio interdigital. Dejó abierta la posibilidad de que no fuera esa condición, así que teníamos la esperanza de que el análisis de sangre fuera negativo. Pero cuando vimos la imagen del cromosoma adicional en el cariotipo, no hubo manera de refutarlo.

Nuestra bebita tiene unos ojos de lo más bonitos e interesantes. Sus manchas de Brushfield parecen estrellitas de cobre esparcidas sobre un cielo azul.

La mejor manera de explicar la hipotonía muscular de mi hija es que, al levantarla, no parece tan sólida como los demás bebés. Se siente más pesada porque casi ni se esfuerza por levantar sus brazos y piernas, sino que los deja colgar.

Conozco a muchas mujeres sobre los treinta. Una de ellas, de casi cuarenta y esperando su primer bebé, estaba en el medio de sus pruebas prenatales y vino a pedirme consejo. No me gusta hablar del aborto, pero fui sincera al decirle que nuestra hija nos alegra la vida y le ha añadido toda una nueva dimensión. No es una carga, es una bendición.

Creo que los obstetras siempre buscan evitarse problemas legales y por eso insisten en las pruebas exploratorias. Así, si se detecta síndrome de Down, no son "responsables" si los padres deciden continuar con el embarazo. Desafortunadamente, parece que la mayoría de los obstetras no están entrenados para apoyar a los padres que obtienen resultados positivos. Me parece inaudito que las organizaciones profesionales recomienden estas pruebas sin asegurarse de que los médicos estén capacitados para enfrentar sus repercusiones emocionales.

Cuando Valeria nació con síndrome de Down, algunas personas nos dijeron cosas como "Oye, ¿y no se hicieron pruebas prenatales?", como si eso nos hubiera hecho terminar el embarazo. Peor grosería no me podían haber dicho.

Poco despúes del fallecimiento del escritor Arthur Miller en el 2007, leí en un artículo que había tenido un hijo con síndrome de Down al que nunca había reconocido públicamente. En efecto, Miller internó a su hijo en una institución y casi no lo volvió a ver. (Aparentemente, el hijo es ahora un adulto con empleo y le va bien, a pesar de la ignorancia y

severidad que mostró su padre.) Es que si bien ya estamos en el siglo veintiuno, aún hay gente común y corriente —¡y también con educación superior!— que anda por el mundo con conceptos retrógados sobre el síndrome de Down. Es algo inconcebible.

Después del diagnóstico prenatal de Samuel, mi médico nos envió al genetista. Esa consulta nos fue útil, pero sólo porque nuestro doctor era una maravilla. Me imagino que la consulta con el genetista puede ser difícil sin un doctor atento y compasivo.

Tuvimos suerte porque me dedicaba a la educación especial. Tenía amigos de amigos que pudieron contactarme al instante con padres y médicos de experiencia, y con buenos libros y páginas web. Me parece que muchos nuevos padres no saben dónde obtener información y apoyo.

Después del diagnóstico prenatal, sentimos que el médico nos presionaba a decidir cuanto antes si queríamos seguir con el embarazo, cuando en realidad teníamos semanas para hacerlo. Parecía que no quería darnos el tiempo para pensar. Nos repitió varias veces que muchos padres deciden "terminar el embarazo" como si ese tuviera que ser el factor decisivo. Todavía tiemblo cuando pienso en lo que nos hubiéramos perdido si le hubiéramos hecho caso a ese ignorante.

Fuimos al genetista a las pocas semanas de nacer nuestra hija, y fue algo que nos ayudó a mi esposo y a mi. Ella nos explicó con claridad lo que es el síndrome de Down y lo que podíamos esperar del primer año. Nos dio un punto de partida e información ansiada que pudimos compartir con nuestros familiares y amigos.

La Internet nos ayudó mucho a educarnos sobre el síndrome de Down. En realidad, no encontré mucha información incorrecta. La mayoría de la información necesaria estaba en las páginas web de las principales organizaciones nacionales y me fue muy útil. Ahora yo contribuyo en las páginas web de nuestra asociación local de síndrome de Down.

Si tengo alguna queja es que la Internet tiene demasiada información sobre el síndrome de Down. Uno podría pasarse años tratando de leer todo lo que hay, en lugar de salir y conocer a otros padres en la misma situación. Claro, uso la Internet para obtener información, pero en general sólo visito sitios confiables. Además, soy miembro de varios listservs donde puedo hacer preguntas e interactuar con otros padres. A la larga, uno aprende a reconocer a los que saben de lo que hablan.

Cuando nació mi bebé creía que el síndrome de Down era una unidad monolítica con consecuencias predecibles. Pero ahora que he llegado a conocer a otros chicos con síndrome de Down, veo que su impacto varía mucho de niño a niño. He asistido a algunas convenciones nacionales de síndrome de Down y observado a cientos de personas con esa condición, y a sus familias. Todas son diferentes, y cada niño es su propia pequeña persona.

Se aprende todos los días. Me imagino que seguiremos aprendiendo cosas nuevas sobre nuestra bebé y sus habilidades. Asimismo, debe educarse a médicos, amigos y vecinos. Nos hemos mudado hace poco. Muchos vecinos están muy interesados, y eso está bien, pero es un proceso de educación continuo.

Cuando miro a mi hijito y veo la fe que me tiene, me es imposible imaginarme no estar para él. No es tanto que él sea mío, como que yo soy de él. No se le pasa por la mente ser menos mío que su hermana sólo porque él tiene síndrome de Down.

▪▪ Bibliografía

Capone, G.T. (2001). Down syndrome: Advances in molecular biology and the neurosciences. *Developmental and Behavioral Pediatrics* 22: 40-59.

Cronk, C., Crocker, A.C., Pueschel, S.M., Shea, A.M., Zackai, E., Pickens, G., Reed, R.B. (1988). Growth charts for children with Down syndrome: 1 month to 18 years of age. *Pediatrics.* 81 (1):102–110.

Cronk, C., Crocker, A.C., Pueschel, S.M., Shea, A.M., Zackai, E., Pickens, G., Reed, R.B. (1988). Growth charts for children with Down syndrome: 1 month to 18 years of age. *Pediatrics.* 81 (1):102–110.

Dutta, S., Nandagopal, K., Gangopadhyay, P.K. & Mukhopadhyay, K. (2005). Molecular aspects of Down syndrome. *Indian Pediatrics* 42: 339-44. (www.indianpediatrics.net.apr2005.339.pdf)

Gardner, R.J. & Sutherland, G.R. (2004). *Chromosome Abnormalities and Genetic Counseling.* 3rd edition. New York, NY: Oxford University Press.

Jorde, L., Carey, J., Bamshad, M. & White, R. (2005). *Medical Genetics.* Updated edition. St. Louis, MO: Mosby.

Lubec, G. & Engidawork, E. (2002). The brain in Down syndrome. *Journal of Neurology* 249:1347-56.

Morris, J.K., Mutton, D.E., & Alberman, E. (2002). Revised estimates of the maternal age specific live birth prevalence of Down's syndrome. *Journal of Medical Screening* 9: 2-6.

Myrelid, A., Gustafsson, J., Ollars, B., Anneren, G. (2002). Growth charts for Down's syndrome from birth to 18 years of age. *Archives of Disease in Childhood* 87 (2): 97-103.

Nussbaum, R., McInnes, R., Willard, F.W. (2004). *Thompson & Thompson's Genetics in Medicine.* 6th edition. Philadelphia: Saunders Publishing Company.

Obstetric Ultrasound website. Measurements for Down syndrome. www.ob-ultrasound.net/xdown.html.

Roizen, N. & Patterson, D. (2003). Down's syndrome. *The Lancet.* 361:1281-1289.

LA NOTICIA

Marilyn Trainer

Es difícil describir la pena que se siente al recibir la noticia de síndrome de Down de su tan anhelado bebé. En lugar de alegría especial, uno siente que el mundo se le cae. Es probable que le daba lo mismo que fuera hombrecito o mujercita, pero que fuera sano. Y le parece que el bebé que usted quería no es el que llegó.

Su bebé tiene síndrome de Down. Y quizás usted tiene otro tipo de síndrome: el "¿por qué a nosotros?", que afecta a muchas familias de niños con síndrome de Down.

"Debo estar soñando. Esas son cosas que le pasan a otras personas. Uno escucha y lee de eso a cada rato, ¿pero a nosotros? Tiene que ser un error. Eso es, alguien se ha equivocado, ¿no?".

Es como si se materializara una muralla impenetrable y nos cambiara de golpe el futuro, no sólo el del pequeño bebé al que casi nadie conoce, sino el de todos, de maneras que no podemos explicar pero que presentimos. Lo que usted no puede comprender en este momento, y que no se encuentra de humor para contemplar, es que sin duda alguna el futuro con que había soñado ha sido alterado. Pero sí hay

un futuro y, a medida que transcurra el tiempo, será un tributo a la vida, lleno de una riqueza espiritual difícil de imaginar ahora. Créalo… porque es así.

En este momento debe estar en shock. Al escuchar "síndrome de Down" puede que se sienta envuelto por algo tibio y extraño como si estuviera sentado dentro de una burbuja. Puede escuchar voces y responder. Todo es calma. Pero en esa burbuja hay otra persona. Usted realmente está afuera, muy arriba, observando y escuchando desde lejos. Pero esa calma es engañosa porque también está temblando de pies a cabeza. Puede que esté pensando: "Si tan sólo pudiera quedarme fuera de la burbuja, flotando en el aire, a salvo y sin preocupaciones". Pero, por supuesto, eso es imposible. Y, así, vuelve a la realidad.

Este capítulo examina algunas de las muchas emociones que surgen al nacer un bebé con sindrome de Down y cómo encararlas. En esta etapa nadie tiene el derecho a decirle lo que debe sentir, ya que no existen reacciones preprogramadas para esa noticia. Pero, poco a poco, empezará a notar los pequeños detalles que son iguales en todos los bebés, su piel suave y tibia, deditos pequeños, llanto llamando a mamá o papá, y le invadirá la necesidad de atender a su bebé.

:: Sus emociones*

Es posible que de golpe sienta toda clase de emociones, como ira, desesperación, culpa, vergüenza, rechazo, así es, rechazo a su bebé y, quizás, más que todo, un miedo terrible al futuro. También se preguntará cómo hará para vivir con este cambio tan impactante, o si podrá hacerlo. Recuerdo que yo me imaginaba que me subía sola al auto y empezaba a manejar. ¿Adónde iría? No tenía la menor idea, sólo que bien lejos de todo.

---

* *Esta sección examina los sentimientos frecuentes en los padres al nacer el bebé. Para análisis más profundos de la gama de emociones que a menudo surgen cuando los padres se enfrentan al diagnóstico prenatal y para consejos sobre cómo abordar esos sentimientos, vea la Lista de Lectura para el Capítulo 2 al final del libro.*

¿Podré algún día volver a vivir sin problemas ni preocupaciones? ¿Sentiré siempre una interminable responsabilidad, sin luz al final del túnel? ¿Volveré a reir o es que el lado divertido de la vida se ha esfumado para siempre llevándose mi felicidad? Estos y otros temores atormentan con frecuencia a los padres durante los días siguientes al nacimiento (o diagnóstico prenatal) de un bebé con discapacidades.

Pena

A menudo, la primera reacción al síndrome de Down de su bebé es pena y congoja intensas. Es posible que le aflija la pérdida del bebé ideal o de la "normalidad" en su familia. A veces ni siquiera entienda el motivo de su dolor, pero le pesa como plomo. Sin embargo, es totalmente normal sentir pena cuando se recibe una noticia tan impactante. Y como ocurre con la mayoría de los padres, la pena se irá desvaneciendo con el paso del tiempo.

Pero en este momento usted siente que se le rompe el corazón. ¿Por qué ha sucedido esto? ¿Por qué a *mi*? No logra comprender tremenda injusticia. Más aún, ¿cómo va a asumir una responsabilidad por tantos años con el temor de no saber si la va a poder afrontar? No puede conciliar el sueño consumido por preocupaciones. Y cuando finalmente logra dormir, sus sueños le producen tal angustia que se despierta aterrado. Su mente agotada se pregunta si acaso los sueños no son peores que la realidad.

Es fácil dejar que la pena le robe la alegría del nacimiento de su bebé. ¡Pero grábese esto! Usted ha logrado un milagro: su bebé, con vida y totalmente dependiente de usted. Su amor por ese bebé crecerá espontáneamente y terminará por doblegar la pena. El tiempo está de su lado.

Ego

El ego es el mayor obstáculo para aceptar a su bebé. Su interferencia, y la de otros sentimientos negativos, es perfectamente normal y disminuirá con el tiempo. No quiero pecar de feminista, pero he observado que a veces los hombres son los más afectados, sobre todo si el bebé es hombrecito. Pero, a la larga, estos padres vuelven en sí y se encariñan con su bebé.

Es imposible negar que para muchos el nacimiento o el diagnóstico prenatal de un bebé con un cromosoma adicional es un golpe tremendo a la autoestima. "¿Cómo pudimos crear un bebé genéticamente defectuoso? Esos bebés les nacen a los demás, no a nosotros. Simplemente, no cabe en nuestros planes. Es posible que no alcancemos todas nuestras metas en la vida, pero una cosa es segura: nuestros hijos serán inteligentes y hermosos, y destacarán en todo. Cuando nuestros hijos triunfan, nosotros también triunfamos".

Un hecho del síndrome de Down es que no discrimina. Nadie se libra, sea rico o pobre, culto o simple, feo o hermoso: un bebé con síndrome de Down le puede nacer a cualquiera. De mis años de observación, puedo afirmar que los padres que abrigan expectativas muy altas, y hasta irreales, son a menudo los que más sufren. Criar a un niño intelectualmente distinto les resulta agobiante. Sin embargo, a estos padres les digo, en realidad, les ruego: Dénle una oportunidad a su bebé. Su amor por él irá creciendo y llegarán a descubrir el verdadero potencial que lo acompaña.

El niño con síndrome de Down pone mucho empeño en todo lo que hace. En lugar de ser un golpe a su ego, los logros de su bebé los llenarán de orgullo. Toma tiempo, pero tengan paciencia. La espera valdrá la pena.

Resentimiento y depresión

Es común que los padres pasen por muchas emociones negativas, incluso algunas no muy nobles. Cuando uno recibe una noticia impactante, es normal sentir celos, resentimiento, depresión y rechazo. También podría surgir resentimiento hacia los padres de bebés "normales" y que su alegría les sea irritante. Puede que hasta resientan que esos padres parezcan dar por hecho la "normalidad" de sus bebés. Y el problema se agrava si los demás se comportan como si su bebé fuera una catástrofe o un accidente. En lugar de flores, ustedes reciben silencio o condolencias, ni una sola felicitación, ni un solo regalo.

En el pasado, cuando la gente no sabía qué decir ni cómo actuar, esa era la reacción común. Hoy es menos frecuente ver eso, pero si les ocurriera, pásenlo por alto. Háganme el favor, ya vivimos en una época más informada y tolerante, ¡y Mamá, Papá y Bebé se merecen esas felicitaciones y regalos! Las personas que los estiman, los que cuentan al fin, lo saben. ¡Disfruten de las cosas buenas que han de llegarles!

Aún así, a pesar de querer sentirse totalmente feliz con su nuevo bebé, su pena es intensa. En un rincón secreto de su mente hasta podrían estar deseando que su bebé se muriera. Estos sentimientos les pueden parecer despreciables, pero no es así. Es el mecanismo que su mente emplea frente a situaciones que escapan a su comprensión o control. Créanme, ustedes no son los únicos en haber caído presa de esos sentimientos. Nuevamente les advierto: el tiempo está de su lado.

Ira

Es común que algunos padres sientan una fuerte ira y amargura, pero pocas veces están dirigidas al bebé. Más bien, son como zarpazos al destino, a las circunstancias, incluso a Dios. "¿Cómo pudo hacerme esto cuando siempre me he esforzado por seguir sus mandamientos?". Ese sentimiento de traición provoca gran angustia. Sin embargo, con el tiempo y más información sobre el síndrome de Down, los padres se darán cuenta de que enfurecerse contra lo sobrenatural es tan inútil como hacerlo contra el cromosoma adicional, la verdadera causa del síndrome de Down. "Voy a agarrar a ese cromosoma adicional y lo voy a...", ¿a qué?... ¿a molerlo a palos?

Es posible que le disguste sentirse amargo y molesto, pero aceptar estos sentimientos es ser sincero y realista. Y asumir una actitud realista es importante, ya que a la larga será lo mejor para su bebé.

Si usted es de los que siente ira, enójese. Pero no permita que esa ira le reste fuerzas ni tampoco se quede sentado esperando milagros. Obre sus propios milagros transformando su ira en energía para identificar y aprovechar todas las oportunidades que pueda brindarle a su bebé. Es sorprendente lo que algunos padres pueden lograr al encauzar su ira de manera constructiva. Recuerde que en su vida cotidiana, con toda la incertidumbre de este período inicial y quizás ya lo sepa, pero es importante recalcarlo, va a estar dándole el biberón, haciendo eructar y cambiándole el pañal a un bebé, no a una condición médica.

Aceptación o Rechazo

Algunos padres reciben y aceptan la noticia de su bebé con calma y ecuanimidad. Aunque hacen preguntas, no se les ve muy preocupados. Dan la impresión de estar bien preparados para dejar el hospital y llevarse a su bebé a casa. Es sólo en las semanas o meses siguientes al nacimiento que caen en la cuenta de que si desean lo mejor para su bebé deben educarse sobre el síndrome de Down. A menudo estos padres "de reacción tardía" terminan convirtiéndose en promotores eficaces de niños con síndrome de Down, tanto propios como ajenos.

Hay padres cuyo estilo de vida, creencias o antecedentes les permiten recibir la noticia con poco o ningun sentimiento negativo.

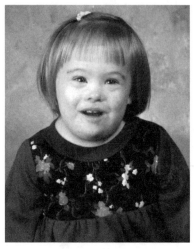

Su interpretación es que el bebé es justamente eso, un bebé cuya vida van a realzar en lo posible aceptando lo que les depare el futuro. Es posible que estos padres decidan rechazar las pruebas prenatales o hacer caso omiso de resultados positivos para síndrome de Down y prosigan con el embarazo. Es su elección, su derecho a elegir. En mi experiencia, estos padres son escasos. No niegan la realidad y quizás no estén rebosantes de felicidad, pero saben cómo evitar esa confusión emocional que, por lo menos en parte, sentimos la mayoría de nosotros.

Ahora veamos a los padres, y tristemente los hay, que no aceptan el diagnóstico o que creen que un milagro de Dios va a "quitarle el síndrome de Down a nuestro bebé". Piensan que el síndrome de Down no está relacionado con los cromosomas y privan a su bebé de oportunidades de desarrollo, estimulación infantil e intervención temprana. Evitan los grupos de apoyo y no se informan sobre el síndrome de Down. Se ciegan al futuro de su bebé como persona con necesidades especiales, ya que Dios lo va a "curar si esa es Su voluntad". Pasarán meses, incluso años, con los padres esperando el milagro y el bebé perdiendo terreno que nunca va a poder recuperar.

Yo conocí a un papá así; en mi opinión, un déspota autoritario. Su esposa quería formar parte de nuestro grupo de padres por el bien de su bebé, pero él no lo permitió. Su actitud era que tratar de mejorar el desarrollo del bebé era contrario a la voluntad de Dios. A mi manera de ver esto es maltrato infantil. (Siempre he albergado la esperanza de que ella tomara al bebé y dejara al esposo.) Ojo: el síndrome de Down de por sí no es una tragedia, pero habrán quienes lo vean así.

Desamparo

Aunque sea acertado decir "nadie pasa por la vida sin problemas", ésta es una frase muy gastada. Muchos padres han manifestado que hasta el momento del nacimiento de su bebé con síndrome de Down estaban convencidos de que podían resolver cualquier problema:

evadiéndolo, dejándolo de lado o esperando a que se solucionara solo. Así, el problema finalmente desaparecía.

Pero el síndrome de Down no desaparece. Cuando los padres le dan vueltas al asunto, pueden sentirse muy desamparados y vulnerables. "¿Cómo podemos corregirlo? ¿Cómo podemos arreglarlo?". Obviamente, no tiene "arreglo". Pero consuélese, ya que a medida que lea este libro verá que, por el bien de su bebé, usted lo podrá todo. Puede que ahora le parezca imposible, pero en poco tiempo dominará muchas formas de realizar el desarrollo de su bebé. Quizás hasta colabore con otros buscando un futuro más prometedor para todas las personas con síndrome de Down. Mi esposo Allen y yo tendemos a ser independientes, algo aversos a organizaciones. ¿Quién se hubiera imaginado que nos uniríamos a un grupo de defensoría y que terminaríamos fundando un grupo para padres de niños con síndrome de Down? ¡Las vueltas que da la vida!

∷ Adaptación

Examine sus emociones

En este momento de su vida el significado de la frase "montaña rusa emocional" le debería ser clarísima. Seguro que nunca se imaginó

estar montado en ese carrito, pero esa es la realidad. Un nuevo bebé en casa siempre presenta complicaciones y en su caso con mayor razón: la casa es un desorden, ha desatendido su trabajo y sus demás hijos exigen atención. No tiene cuando acabar. Pero no deje que la presión le impida analizar sus pensamientos y emociones. Es esencial que encuentre tiempo para su persona.

Déle tiempo al tiempo

Usted es el que mejor sabe lo que debe hacer primero. Algunos necesitan organizar sus vidas. Otros enfrentan sus problemas sin demora.

Y hay quienes necesitan estar a solas y retraídos. Pero lo vital es adaptarse y recuperarse. No se apresure con decisiones irreversibles. Usted no puede resolver sus problemas, ni los de su bebé, de un día para otro.

No se sienta responsable

¿Se tortura usted con la idea de haberle "transmitido" el síndrome de Down a su bebé? Todos sabemos que hay bebés que nacen con problemas debido a cosas que la madre hizo o no hizo durante el embarazo. Todos sabemos que las drogas, el alcohol, el tabaco, una nutrición deficiente o la ausencia de cuidado prenatal pueden afectar al bebé. Pero ninguno de estos produce el síndrome de Down. Usted es tan responsable del cromosoma adicional de su bebé como lo es de hacer salir el sol por la mañana.

Detrás de esa responsabilidad se esconde un sentimiento de culpa por haber concebido un bebé con síndrome de Down. Recuerdo haber soñado, o quizás fueron fantasías, que de alguna manera regresaba al pasado y "hacía todo bien" para que esta vez mi bebé fuera "normal".

Es posible que también se sienta culpable porque está rechazando a su bebé y anhelando el que nunca llegó a tener. Duele más cuando nos enteramos de alguna madre que no hizo todo lo "correcto" durante su embarazo. Quizás fumó, bebió demasiado alcohol, o peor. Así y todo, esa madre tuvo un bebé perfecto. El bebé de usted debió haber nacido tan completo como cualquier otro bebé. Pero el destino o la naturaleza, o como quiera llamarlo, le ha jugado una mala pasada a su bebé y, de paso, a usted también.

Todos los días el destino y la naturaleza nos juegan pasadas, a menudo peores que concebir bebes con síndrome de Down. Ustedes no son más responsables por el síndrome de Down de su bebé que los padres de un hijo con leucemia. Así que renuncien a esa culpa y dirijan sus energías adonde se necesitan: recuperen sus fuerzas y ayuden a su bebé a realizar su potencial.

Déle tiempo a su pena

Quizás lo único que quiere es llorar. Derrame todas las lágrimas que quiera. Durante las primeras tres semanas de vida de mi hijo Ben, lloraba mientras me duchaba para que no me vieran mis otros tres hijos. Y salía con el cabello chorreando agua, y también goteando leche, porque aún tenía la intención de amamantar a Ben que seguía internado en el hospital. (Ben no estuvo enfermo, sino en un programa de investigación que requirió un mes de hospitalización.) Si bien fue una etapa muy triste, con tanta ducha y agua mis otros hijos nunca se dieron cuenta.

Además de derramar lágrimas, enójese o grite si le provoca; está en todo su derecho. O busque la soledad para curarse las heridas.

Haga lo que haga, tenga presente lo siguiente: casi no hay padre o madre de un bebé con síndrome de Down que no haya pasado por esos momentos de angustia. Y aunque en este instante le parezca imposible, casi todos esos padres le repetirían una y mil veces que, a pesar del dolor inicial, ellos optarían por tener a su bebé. Puedo apostar a que, dentro de algunos meses, usted estará diciendo exactamente lo mismo.

Algunos refranes de antaño encierran gran sabiduría: El tiempo lo cura todo. Usted volverá a reir. Su bebé se encargará de ello.

:: Lo que debe hacer

Conocer a su bebé

En comparación con sus circunstancias, puede que lo siguiente le parezca trivial: Pregúntese si está pensando en su bebé como bebé o como condición médica. (He tratado este punto antes, pero es muy importante.) Cuando usted lo contempla, ¿ve a su bebé o al síndrome de Down? Piense en las palabras de mi hijito Ben cuando en una oportunidad alguien le dijo que parecía "un muñeco de carne y hueso". "Qué tonto eres —replicó indignado—, yo no soy un muñeco, ¡soy una persona!"— un poco descortés, pero acertado. Su bebé es una persona y a medida que usted lo vaya conociendo, irá disminuyendo su pena.

Al asumir el rol de promotor principal del desarrollo de su bebé, el daño a su orgullo y ego perderá importancia. Es más, ese rol expandirá sus horizontes y a menudo surgirá un tipo de orgullo más maduro: el orgullo por los logros de su bebé y por su participación en ellos.

Decirle a sus amigos y familiares

No cabe duda de que darles la noticia a los parientes y amigos es una tarea difícil, sobre todo a los abuelos. Quizás vivieron en una época en la que el síndrome de Down se consideraba algo muy negativo. Si es así, se van a sentir tan heridos como ustedes y puede que busquen a quien echarle la culpa: "Nunca antes había pasado algo así en mi familia".

Por ejemplo, se han dado casos en que los abuelos han presionado a los padres para que den al bebé en adopción. Algunos abuelos no le harán caso al nieto y ni lo mencionarán a sus amigos, y ni hablar de sentirse orgullosos. Esta actitud es perjudicial para los padres que están esforzándose por afrontar la situación y aceptar a su bebé en un momento de vulnerabilidad. Que les sirva de consuelo saber que los abuelos con esa mentalidad pronto serán cosa del pasado.

Lo que pueden hacer es darle tiempo a los abuelos, tíos, hermanos y amigos para sobreponerse del shock. Así como ustedes necesitaron tiempo para procesar esa información inesperada, igual sucede con ellos. Lo más probable es que su reacción inicial no sea la final.

Felizmente, hoy sólo la minoría tiene esa actitud negativa. Para darles la noticia, respire hondo, organice sus ideas y busque el momento preciso para hacerlo de la manera más directa posible. Presénteles algún libro o folleto que ofrezca una imagen clara del síndrome de Down o sugiérales visitar la página web del *National Down Syndrome Congress*[1] o de la *National Down Syndrome Society*[2] (ver Guía de Recursos).

No deje de invitar a los familiares y amigos que vivan cerca a que lo acompañen a las consultas médicas o a las sesiones de terapia cuando el bebé empiece con la intervención temprana. Quizás no sepan absolutamente nada del síndrome de Down o tengan una idea distorsionada y obsoleta. Felizmente, la gente captará su intención y adoptará un interés sincero por usted y su bebé. Muchos de los defensores de los derechos de los niños con síndrome de Down son amigos y familiares con hijos sin necesidades especiales.

---

1 *Congreso Nacional de Síndrome de Down.*
2 *Asociación Nacional de Síndrome de Down.*

Gracias a la comunicación moderna, como los correos electrónicos, mensajes grabados y vídeos, es ahora fácil comunicarse con amigos y parientes. Quizás desee mantener al día a las personas que son importantes para usted con el progreso y asuntos médicos del bebé. No sólo estará proporcionando información importante sino que le será terapéutico tomar acción en nombre de su bebé.

Es posible que algunas personas nunca recapaciten y estén siempre a merced de mitos, estereotipos, compasión desmedida u otras emociones. Estas personas no interesan; usted tiene asuntos que atender y personas que cuidar: "los que lleva en su corazón". Júntese con personas que lo ayuden a enfrentarse a su situación.

Comunicarse con otros padres

Como ya he mencionado, una excelente fuente de apoyo son otros padres de niños con síndrome de Down. Puede encontrar grupos de padres por todo el país y por todo el mundo que podrían serle de mucha ayuda porque comparten su misma situación. Cuando lo crea conveniente, comuníquese con una organización, grupo o persona conocida.

Hay muchas maneras de establecer contacto. Llame a la oficina nacional de la *National Down Syndrome Society* o del *National Down Syndrome Congress* para información en su zona. También puede llamar a *The Arc*[3], *Easter Seals* o su distrito escolar. Solicite hablar con el encargado de los programas para padres de niños con discapacidades. Estos y otros grupos de apoyo aparecen en la Guía de Recursos al final del libro.

Si no le atrae la idea de afiliarse inmediatamente a una organización, tenga la seguridad de que los grupos de apoyo son

---

3 *Antes, Association for Retarded Children, Asociación para el Niño con Retraso Mental.*

pequeños e informales y nadie va a tratar de "reclutarlo". Explique que necesita conversar con alguien que le proporcione información básica. Su mayor apoyo generalmente vendrá de otros padres, ya que son los que mejor lo van a comprender. Lo único que se requiere es una llamada telefónica o un correo electrónico. No tiene nada que perder y mucho que ganar. Aparte de obtener apoyo e información útil, muchos padres terminan haciéndose buenos amigos por la coincidencia del cromosoma adicional de sus hijos.

También hay grupos de apoyo en la Internet (listservs, listas de correos, etc.) para comunicarse con otros padres "a larga distancia". Estos grupos virtuales pueden ser una buena fuente de información y consejo, y siempre encontrará a alguien "escuchando", día o noche. Si al principio no tiene ánimo para afiliarse, puede limitarse a leer los comentarios de los demás padres (lurking). Hoy es común que muchos padres obtengan su mayor apoyo a través de correos electrónicos de otros padres que nunca llegarán a conocer en persona.

Sin embargo, una advertencia: como en muchas situaciones, nunca faltan aquellos que están al acecho para aprovecharse de los padres que buscan lo mejor para su bebé con síndrome de Down. Si se cruza con individuos en la Internet, o donde sea, que le aseguren tener la "fórmula mágica" para curar o realzar las capacidades de su niño, ¡tenga mucho cuidado! A través de los años han surgido diversos tratamientos proclamando la "normalización" del niño con síndrome de Down. La mayoría ha incluido dietas especiales con combinaciones de vitaminas, proteínas, alimentos especiales y suplementos de todo tipo. (Hace más de cuarenta años estuvo brevemente de moda la teoría de la Uva Retardada: algunas uvas se atrofian en los racimos porque no reciben los nutrientes necesarios. Lo mismo ocurriría con el niño con síndrome de Down. Al dejar de obtener o asimilar los nutrientes adecuados, aparecen las discapacidades del síndrome de Down. ¡Un momento, por favor, yo no me puedo imaginar a Ben de uva!)

Como punto de interés: de bebé y de niño Ben participó en un estudio de investigación bajo los auspicios exclusivos de *The National Institutes of Health (NIH)*[4] . Fue un estudio doble ciego (estudio al que se negó participar el proponente de la Uva Retardada) a fin de establecer si un determinado aminoácido (tritofano) podía elevar el nivel de serotonina en el cerebro del niño con síndrome de Down y, así,

---

4 *Institutos Nacionales de la Salud.*

aumentar su nivel de inteligencia. La conclusión más importante de este estudio fue que el niño con discapacidades cognitivas que recibe estimulación desde el primer día se desempeña mejor en todo que el niño que no recibe estimulación alguna. No fueron las medicinas las que mejoraron a los niños en el estudio; ¡fue toda la atención que recibieron!

Conseguir profesionales

Consiga todo el apoyo profesional que pueda para su bebé. Cuando el bebé no tiene síndrome de Down, los padres a menudo se las arreglan solos. Pero con un bebé con síndrome de Down, le sorprenderá la cantidad de expertos dispuestos a ayudar. Es más, después del beneficio proporcionado por tantos profesionales, algunos padres afirman que también les podría haber sido útil con sus otros hijos.

A través del libro se describen los distintos profesionales que atenderán a su bebé, así como sus especialidades: educadores, terapeutas, pediatras, internistas, cardiólogos, genetistas, otorrinolaringólogos, oftalmólogos, y muchos más. Cada uno desempeña un papel importante en la detección y corrección de posibles problemas médicos de su bebé a fin de mantenerlo saludable.

Quizás conviene centralizar la coordinación de los servicios de salud de su bebé en un solo médico. Por ejemplo, un médico de cualquiera de las clínicas del país, especializadas en el síndrome de Down y otras condiciones cromosómicas, podría resultar invalorable como coordinador y fuente de información. Solicítele a su pediatra, hospital u obstetra que lo refiera a una de esas clínicas. A menudo, el personal de enfermería del piso de maternidad está al día con el síndrome de Down. Tengo una amiga que es enfermera de neonatología y la mamá del mejor amigo de Ben, que también tiene síndrome de Down. Como se imaginará, ha ayudado a muchos padres de recién nacidos con esa condición.

Aunque poco probable, prepárese a que algún médico exprese información obsoleta, negativa o incorrecta. Aunque no lo crea, algunos aún recomiendan internamiento o resignación, o pronostican un panorama sumamente negativo. (Esto último es imperdonable.) Si su médico es negativo, busque otro. No se frustre si al principio no encuentra un médico solícito. Pero los hay y la búsqueda vale la pena. Los padres de otros niños con síndrome de Down son su mejor recurso para encontrar médicos buenos para el niño y la familia. Investigue, compare y escoja lo mejor para su bebé.

Presentar el bebé al mundo

Es difícil resistirse al encanto de un bebito, sea en la farmacia, el supermercado o el parque. ¿Se sienten ustedes incómodos de llevar

a su bebé por primera vez a un lugar público? ¿Quizás alguien lo mire de manera peculiar o le diga algo hiriente? Ni lo piensen, es casi seguro que la mirada estará acompañada por una sonrisa y que las palabras serán comentarios sobre su lindo bebé. La mayoría de las personas no reconocen la diferencia entre un bebé con síndrome de Down y cualquier otro bebé. Además, no tiene importancia. Para ellos, todos los bebitos son encantadores, ¡y su bebé ciertamente lo es!

Las salidas con su bebé los irán haciendo sentirse más cómodos y menos vulnerables al "qué dirán". Hay que verlo de esta manera: como cualquier otro, el suyo está visitando lugares diseñados para niños, como el parque, el zoológico o la alberca. Llevarlo a una carrera de autos o a un concierto de rock sería aún algo prematuro. Pero elijan un lugar adecuado, no lo piensen dos veces y salgan a divertirse.

Esté consciente de lo siguiente: lo que cuentan son sus sentimientos, no las opiniones de los demás. Cuando Ben tenía seis meses fuimos a West Virginia a una cabaña en el bosque junto a un lago precioso. Un día fuimos a la playa del lago y nuestros hijos mayores se pusieron a jugar y saltar en el agua, asustándose cuando vieron una culebra. En fin, un día estupendo. Ben estaba en su asiento portátil, feliz y contento mirando a todas partes. Allen y yo estábamos sentados cerca de él vigilando a nuestros otros hijos cuando una familia comenzó a instalarse a poca distancia de nosotros. Tenían varios hijos que en seguida salieron disparados al agua y un bebé al que sentaron sobre una toalla. El bebé era de la misma edad que Ben, muy gracioso y aparentemente "normal". De pronto y, a pesar del cielo despejado, una nube negra me cubrió el corazón. Como ya mencioné, Ben tenía seis meses y ya creía yo haber dominado el llanto y la pena, por lo menos la más intensa. Pero me había equivocado. Al ver en la playa a ese lindo bebé con desarrollo típico, pensé en la injusticia de que Ben no fuera igual y eso me partió el alma. No recuerdo más de esas vacaciones, pero ese día en la playa lo tengo grabado hasta el más mínimo detalle y la verdad es que todavía me afecta. Me imagino que, de cierta manera difusa, todavía le duele a la persona que yo era entonces. Les advierto que se preparen porque de vez en cuando les va a regresar esa pena, pero ya no disminuirá la calidad de vida con su bebé. De cierta manera, aumentará su apreciación por la vida.

Existe también otro fenómeno que deben conocer y que les garantizo que en algún momento se les va a presentar. Es algo como un "radar" que desarrollan los padres del niño con síndrome de Down y que los conecta casi a primera vista. Pueden estar en un centro comercial, en el parque o haciendo cola y de pronto ven a otro niño con síndrome de Down. Intercambian miradas con los padres y, si están acompañados por su propio hijo, surge un reconocimiento inmediato, algo familiar, como si ya se conocieran. A menudo siguen sonrisas, conversaciones e incluso un intercambio de nombres y teléfonos. Digamos que es una hermandad.

¿Cómo actuaría si está sin su niño y se cruza con una niña con síndrome de Down de la mano de su mamá? Guíese de su instinto. En estas situaciones yo me acerco, le digo algo amable a la niña, y en voz baja añado que mi hijo también tiene síndrome de Down. Generalmente uno o ambos padres se interesan y quieren conversar. En aquellas raras ocasiones en que me miran como si fuera bicho raro, me doy media vuelta y me esfumo. No hay duda de que algunas veces se van a cruzar con padres a los que no les interesa tocar el tema y se los van a hacer notar. Pero la mayoría de las veces se establece una conexión. Es una experiencia que les levantará la moral aunque nunca más se vuelvan a encontrar con esa familia.

Tengo que ser muy franca sobre otro asunto. Si bien es verdad que su bebé va a provocar sonrisas y admiración, a veces (y fíjense en que digo a veces) el niño mayor con síndrome de Down será examinado de manera descortés y hasta insultante. Un día estaba haciendo cola en una tienda con Ben, que estaba parado junto a mi sin molestar a nadie, cuando una mujer se volteó y le clavó a Ben una mirada que yo interpreté como de desprecio o desaprobación. Quizás el rostro de la mujer llevara una expresión perpetua de sarcasmo o burla, pero me indigné y sentí que se me subía la sangre y empecé a ver todo color rojo. Rodeé los hombros de Ben y la miré desafiante hasta que se dio media vuelta. Sin embargo, no se preocupen porque cuando esto les ocurra, ya habrán tenido mucha práctica y podrán manejar la situación. Al igual que yo, habrán aprendido a defenderse.

No olviden que hoy vemos por todas partes a personas con síndrome de Down que van a la escuela, gozan del cine, salen a comer y trabajan en los negocios. Forman parte de la comunidad como el resto de nosotros, y así debe ser. El problema está en las personas que los miran con desprecio, no en ustedes ni en su niño.

Iniciar la educación de su bebé

Queremos recalcar la importancia de la intervención temprana y del papel de los padres como motivadores principales. Intervención temprana significa que padres y profesionales deben iniciar el proceso desde la infancia usando las etapas del desarrollo infantil como guía para que el bebé realice su potencial al máximo. No se trata de empujar a su bebé a intentar destrezas nuevas y complicadas, sino en insistir en que las haga bien. La intervención temprana requiere supervisión profesional, pero mucho se puede hacer en casa y les aseguro que nunca está de más un poco de sentido común.

La ley dice que su bebé tiene derecho a la intervención temprana desde que nace. Los Capítulos 6 y 7 examinan algunos de los fundamentos del desarrollo y la importancia de intervenir cuanto antes. El Capítulo 8 explica los derechos de su bebé a intervención temprana y educación especial. En casa, y con apoyo profesional, usted podrá realizar el potencial de su bebé.

Las metas de la intervención temprana son: 1) aprovechar toda oportunidad para estimular el aprendizaje del bebé, y 2) apoyar a las familias. Si se pone a pensar, estas oportunidades se presentan todo el tiempo en la vida cotidiana. Por ejemplo, una mascota puede servir de incentivo para que su bebé se mueva y observe activamente. Mi familia es gatuna, ¡vaya si lo somos! Y de todos nuestros gatos, ninguno recibió tanto amor como nuestra vieja y diabética Diana. Es que de gatita hacía que Ben la siguiera… y él rodó, se arrastró, gateó… y hasta caminó, lo que sea, con tal de alcanzarla. Ben aún la recuerda con cariño y afecto, a pesar de que ella dejó este mundo hace ya mucho tiempo.

Es obvio que ningún recién nacido se va a poner a perseguir a un gato. Pero sí puede hacerle ejercicios para fortalecer y tonificar sus músculos, y se le pueden enseñar juegos. Recuerden que la intervención temprana es crucial para el desarrollo del bebé con síndrome de Down y se debe empezar cuanto antes. Pero no se pongan nerviosos; consulten con los profesionales, usen su sentido común y traten de pasarla bien.

No desesperarse

Todos los padres como ustedes le dirán lo mismo: "No se desespere". Ni siquiera piense en lo que su bebé no va a poder hacer. En este momento no debe descartar alternativa alguna del futuro de su bebé. Concéntrese en lo que su niño o niña puede hacer ahora porque el futuro se construye sobre esos logros aparentemente pequeños.

Es importante mantener la perspectiva y el sentido del humor. Alivien la tensión divirtiéndose cuando puedan. Consigan alguien que cuide a su bebé, quizás un amigo cercano disfrutaría de la oportunidad, y salgan a cenar, al cine, adonde sea, y conviértanlo en rutina. Después de todo, un bebé es un bebé y no hay motivo para no dejar al suyo con una persona de confianza. Los cuidadores del niño se cubren en el Capítulo 4.

:: ¿Qué va a suceder con mi familia?

Muchos padres preguntan si su bebé con síndrome de Down afectará a sus otros hijos. El Capítulo 5 cubre este tema en detalle pero, en breve, la respuesta es un resonante sí. Sin duda alguna, sus hermanos y hermanas se verán afectados.

El día en que llevamos a Ben a casa me sentía triste, aprensiva y asustada. ¿Qué pasaría con Doug, Ann y Claire que entonces tenían diez, ocho y cuatro años? Habían anticipado mucho la llegada del

hermanito y ahora parecía que se me derrumbaba el mundo. Algo que hicimos con los otros tres fue instalar la cuna en nuestro dormitorio. Cuando Ben llegó a casa es ahí donde lo pusimos y sus hermanos rodearon la cuna para ver al nuevo hermanito. Como el bebé necesitaba que lo cambiara, le quité el pañal y cuando estaba preparando el nuevo, él se orinó lanzando un hermoso arco que se estrelló contra la pared con precisión perfecta. Sus hermanos abrieron los ojos en admiración y exclamaron: "¡Uy, mira lo que éste puede hacer!".

Sentí que me quitaban un tremendo peso de encima y no sabía si reir o llorar. A mis hijos no les importaba en lo más mínimo que su hermanito tuviera síndrome de Down. A su manera de ver, su hermanito había logrado algo fantástico y era un bebé de maravilla. Lo querían, y punto.

Hace ya muchos años de ese día tan asombroso y notable, pero ninguno lo ha olvidado. Hoy, ese bebé, nuestro Ben, es un joven capaz y productivo en gran parte gracias a su hermano y hermanas que, cada vez que alcanzaba una meta, exclamaban: "¡Uy, mira lo que éste puede hacer!".

Efectivamente, la vida de sus demás hijos va a verse alterada ahora y en el futuro porque tienen un hermano con síndrome de Down. Nadie es inmune al cambio, pero los niños se adaptan a lo nuevo con facilidad y lo hacen parte de su mundo. A veces los hermanos van a sentir fastidio, molestia o hasta vergüenza por el cargoso hermanito con síndrome de Down, pero la buena comunicación, comprensión y experiencias compartidas formarán lazos fraternos duraderos. El

Capítulo 5 examina en detalle la relación entre su bebé con síndrome de Down y sus hermanos.

No es coincidencia que, de adultos, muchos hermanos y hermanas de bebés con síndrome de Down sean personas compasivas y comprensivas sin reservas. Aun durante la adolescencia turbulenta, el joven que comparte su vida y cariño con una persona discapacitada adquiere madurez, a distinguir lo que es importante en esta vida, lo que buena falta le hace a muchos de sus contemporáneos. Casi todos los hermanos y hermanas del niño con síndrome de Down les dirán que su vida se ha enriquecido más allá de toda medida, y que no cambiarían a su hermano ni por el ser más perfecto sobre la faz de la tierra. ¡MÁS VALE QUE LO CREAN!

❚❚ Su trabajo será recompensado

El niño con síndrome de Down puede hacer prácticamente de todo. Tardará un poco más, pero lo hará. Como ya mencioné, aprende a leer, escribir y operar computadoras. Algunos padres reportan que sus niños son genios descifrando los símbolos y las señales de tráfico que llevan al McDonald's o al Pizza Hut. (Para eso Ben también sería un excelente guía.) Son perseverantes (y, a menudo, de excelente memoria) y por eso, con algunos desvíos, es sorprendente todo lo que llegan a aprender.

Tocan al piano, nadan, montan a caballo, juegan al básquetbol, béisbol y fútbol, aprenden ballet y patinaje sobre hielo, o lo que sea. Cumplen con las tareas de la casa, toman el autobús escolar, ayudan al vecino a cargar las bolsas del mercado y alimentan a la mascota. Y algún día, de adultos, trabajarán y serán miembros productivos de la sociedad.

Todo esto llegará a suceder. Su arduo trabajo será recompensado. Tenga presente que su bebé es, ante todo, un niño. Además, recuerde que el niño con síndrome de Down tiene más similitudes que diferencias con el niño de desarrollo típico. A través de su tenacidad, estímulo y, sobre todo, amor, su bebé alcanzará la plenitud.

Usted crecerá y aprenderá junto con su bebé. Por lo menos, verá la vida desde otra perspectiva, quizás un poco distinta a la que tenía antes. A algunos les parecerá un poco extraña, pero no viene a ser otra cosa que deleitarse con los pequeños triunfos de la vida.

Aún recuerdo aquel domingo cuando estábamos sentados leyendo el periódico, y los chicos en el suelo viendo las tiras cómicas. De pronto, a Ben, entonces de dos años, le dio una pataleta y empezó a gritar con enunciación perfecta: "*¡Damn it, damn it, damn it!*" (¡Maldita sea!). ¿Y cuál creen ustedes que fue nuestra reacción ante esta exclamación no tan decorosa? Nos pusimos a saltar locos de alegría. Sólo horas después nos dimos cuenta de que, quizás, en lugar de haberle festejado su nuevo vocabulario debimos haberlo corregido. Pero la verdad es que al final decidimos que era preferible escucharle decir *Damn it!* de manera tan clara a que no dijese palabra alguna.

:: El futuro

Con el tiempo empezará a ver el nacimiento de su bebé bajo una nueva luz. En lugar de la pena y desesperación inicial, sentirá alegría y orgullo. Descubrirá al bebé de sus sueños y el síndrome de Down tomará el lugar que le corresponde dentro de su nueva perspectiva.

Muchos padres le dirán que ya que iba a tener un bebé con discapacidades, alégrese de que haya sido el síndrome de Down. Estoy de acuerdo con ellos, y no crean que lo digo por parecer optimista. En comparación con otras, el síndrome de Down puede considerarse una discapacidad menor. El niño con este síndrome es físicamente muy capaz, sabe amar, aprecia a su familia, y goza de los placeres grandes y pequeños de la vida. A mi manera de ver, la capacidad emocional de casi todos los niños con síndrome de Down reduce, por lo menos en parte, algunas de las dificultades que generalmente acompañan al síndrome.

Aunque el término "retraso mental" está cayendo en desuso, aún se escucha, pero es importante señalar que según el diccionario la definición de "retrasar" es "ser causa de demora". "Retraso mental" (discapacidad intelectual) no significa "no ser inteligente". Las personas que aún creen esto a menudo se desconciertan cuando conocen a niños con síndrome de Down y descubren que sus prejuicios no corresponden a la realidad. Puede que el niño con síndrome de Down tenga limitaciones, pero dentro de ellas son hábiles, curiosos y sorprendentemente eruditos.

No siempre se pensaba así. Quizás ha sido el grupo de personas discapacitadas más afectado por los estigmas sociales. Quizás fue fácil agruparlos por sus rasgos físicos y ponerles una etiqueta. En el pasado, el diagnóstico del síndrome de Down a menudo era pasaporte a una institución o al aislamiento. (Y hay que ser brutalmente francos: el diagnóstico no se registraba como síndrome de Down, el término empleado era "mongolismo".) Tristemente, esos niños confirmaban las espantosas imágenes de los antiguos textos

de biología o de la oscura realidad de las instituciones mentales; se convertían en víctimas de los prejuicios de la sociedad.

Hoy en día vemos una nueva generación de niños con síndrome de Down cuya vida es muy diferente. Esta es una generación con potencial. Los estereotipos van cayendo por la borda. Y su bebé pertenece a esta nueva generación sin límites.

Debo confesar que la intuición e inteligencia de su niño puede coger desprevenidos hasta a los padres más experimentados. Por ejemplo, una vez llevé a Ben a cortarse el pelo a la peluquería italiana del barrio. Estábamos esperando su turno cuando, de pronto, se paró y empezó a cantar a voz en cuello y, para colmo, desentonado: "*¡Fígaro, Fígaro, Fígaro!*". Yo no sabía si ponerme a mirar el techo, negar cualquier parentesco y adoptar al niño callado del rincón, o expresar triunfo de que mi hijo hubiera relacionado la ópera con un acontecimiento cotidiano.

A pesar del orgullo que sentía por la percepción de Ben, también sentía temor de un posible malentendido cultural, pero éste se disolvió cuando todos, peluqueros y clientes, aplaudieron la actuación del improvisado cantante que ya se subía a la silla para su corte. ¿De dónde sacó Ben ese *Fígaro*? Es cierto que soy aficionada a la ópera y sintonizo la *Metropolitan* todos los sábados. Quién sabe si en algún momento le dije algo a Ben sobre ese peluquero famoso. Pero la verdad es que no tengo ni la menor idea de cuándo ni cómo se enteró de Figaro.

Lo cual quiere decir que tampoco tengo la menor idea de cuándo aprendió otras cosas. La gran lección es: ¡nunca debemos subestimar a nuestros hijos!

No se puede negar. Si bien generalizar sobre el niño con síndrome de Down puede ser tan disparatado como hacerlo sobre cualquier otro, a menudo el niño con síndrome de Down es el de la "personalidad". Amoroso, compasivo, exuberante, a menudo terco y travieso, el niño con síndrome de Down tiene el talento de sacar a relucir las cualidades de quienes lo rodean. Las familias que piensan que no volverán a sonreír descubren que su vida gira alrededor de su hijo con una alegría imposible de imaginar cuando nació.

Cuando pienso en los muchos jóvenes con síndrome de Down que he conocido, el término *joie de vivre* (alegría de vivir) me viene a la mente. Repito, no me gusta generalizar, pero desde pequeño el niño con síndrome de Down intuye el significado de esa frase. Le permite vivir su vida a un nivel que el resto podríamos envidiar. Por ejemplo, generalmente acepta a las personas por lo que son. No le interesa si son bonitas, guapas, ricas, deportistas o eruditas. Le basta y sobra con que sean amables. Esta actitud contribuye a explicar el motivo por el cual las personas con síndrome de Down tienen la capacidad de forjar amistades verdaderas y perdurables para toda la vida.

¡Joie de vivre! Esto también está vinculado a su propensión a la travesura y la diversión, a menudo a costa de quienes nos consideramos "más inteligentes".

Un glorioso día de verano cuando Ben recién aprendía a caminar, desapareció. Un minuto estaba en la sala, y al siguiente ya no estaba en la casa. Mis otros hijos salieron disparados a buscarlo alertando a todos los que veían en el camino. Nosotros vivimos en una calle que da a un bosque, por lo que estábamos aún más asustados. Me dirigí al bosque y viví cinco minutos de pánico galopante hasta que decidí regresar rápido a casa para llamar a la policía.

Para entonces, el vecindario completo se había movilizado y todos corrían de un lado a otro gritando: "Ben, Ben, ¡dónde estás!". En eso, cuando ya estaba a punto de volverme loca, mi hija Anne llegó corriendo para anunciarme que la señora Larson había encontrado a Ben y que estaba bien. Tiré el teléfono y salí corriendo detrás de Anne al jardín de la vecina, a dos casas de la nuestra y cerca al bosque. Efectivamente, Ben estaba detrás de un arbusto al lado de la casa cargando a uno de nuestros gatos y sonriendo de oreja a oreja.

Como explicó la vecina, a la segunda vez que pasó por el arbusto escuchó risitas y descubrió a Ben con el gato, y riéndose a carcajadas por el alboroto que estaba causando. Me imagino que es uno de esos momentos en que uno no sabe si abrazar o ahorcar a su hijo. Ben se puso triste, pero no de arrepentimiento, por supuesto, sino porque se le había acabado la diversión. Regresamos

caminando a casa, seguidos por el gato, y allí nos esperaban dos policías listos para llenar su informe. Nunca me he sentido tan tonta en mi vida.

Sin embargo, la aventura de Ben me confirmó, y no por primera vez, lo buenos que son nuestros vecinos y la gran cantidad de personas que se preocupan por Ben.

¿Y cómo hizo nuestro maestrito de las fugas para salirse de la casa? No hubo manera de averiguarlo. ¡Ben y el gato nunca confesaron!

: Conclusión

Su bebé tiene síndrome de Down. Es una realidad para su bebé y para ustedes. Su nacimiento representa un nuevo reto y, quizás, un cambio en sus valores personales. Su vida ha adquirido una nueva dimensión, algo triste y alarmante, pero también bella. Desean de todo corazón que su bebé hubiese nacido sin síndrome de Down. Lo desean por su bebé y por ustedes mismos. Pero no tienen tiempo para ahondar en el asunto. En este momento, por encima de todo, su bebé los necesita. Algún día, al bañarlo, darle de comer, hacerlo eructar o cargarlo de noche, se darán cuenta de lo mucho que ustedes también necesitan a su bebé.

: Impresiones de los padres

Apenas nació Amanda, me dijeron que tenía síndrome de Down. Los médicos se mostraron optimistas y me explicaron brevemente lo que podía esperar. Recuerdo que me dijeron que ella podría aprender a leer. Yo estaba tan feliz con mi bebé que la noticia no me impactó en ese momento. La había visto nacer, y estaba saludable y bien.

El impacto inicial me chocó, pero al poco rato ya quería información.
¿Qué significa esto, qué está pasando, por qué? Nos dimos cuenta de
que, aunque sólo fuera una bebita de un minuto de nacida, teníamos
que mantener el control. Decidimos que teníamos que poner buena
cara para dar buen ejemplo y que los demás nos siguieran y la
aceptaran. Si no lo hacíamos nosotros, entonces quién.

No queríamos decirle a nadie que nuestra hija podía tener síndrome
de Down hasta no tener los resultados del cariotipo. Así que durante
los primeros días en casa, decíamos que la bebé estaba todavía en
el hospital con ictericia. Prohibimos las visitas porque no queríamos
poner cara alegre cuando estábamos tan preocupados. Pero un día mi
hermano casi nos descubre cuando nos visitó de sorpresa trayéndonos
algo de comer. Escondimos a la bebé en el closet, y cruzamos los
dedos para que no llorara y nos delatara. Tuvimos que tratar mal a mi
hermano para que se fuera rápido.

Cuando los médicos confirmaron el síndrome de Down de nuestro
hijo, sentimos como que se abría la tierra y nos tragaba ahí mismo.

Al principio, la noticia lo impactó a mi esposo más que a mí, pero
se recuperó rápido. Por supuesto que yo estaba desilusionada. No
quería que mi bebita tuviera síndrome de Down. Por mucho tiempo,
cada vez que pensaba en su futuro, me deprimía. Pero nunca me
pareció una tragedia terrible. Es que todos fueron muy positivos.
Nos levantaron mucho la moral y celebraron con alegría la venida de
nuestra bebé.

Después de un examen rápido, varios médicos nos dijeron que
probablemente Beto no tuviese síndrome de Down. Pero cuando nos
enteramos de que sí lo tenía, lo primero que nos imaginamos fue malo
porque no teníamos ni la menor idea de esta condición. No sabíamos
que habían factores atenuantes.

Una parte de mí se sentía muy triste, no podía dejar de llorar. Y
otra parte de mí quería estar feliz, salir con mi hija Claudia y pasarla
bien. Fue desconcertante. Muchos no sabían cómo actuar porque
aparentemente me veían en control y contenta. Ahora, algunos me
han comentado que mi conducta les resultó muy extraña. Y debe
haberlo sido.

Pensamos que sería mejor no demorar la noticia, así que se la
comunicamos a todos. La reacción de nuestros familiares y amigos
fue maravillosa. Vinieron a vernos y nos regalaron de todo. Era como
si nos dijeran: "Ella es importante y estamos felices por ustedes."
Y así también nos sentíamos nosotros.

El día en que llevamos a nuestra bebita a casa, mi esposo no
quería fotografiar su llegada. Yo tampoco tenía muchas ganas, pero
insistí en que tomara algunas fotos para tener algo que enviarle a
nuestros parientes. Así que me obligué a sonreír y la levanté con
su asiento para la foto. Ahora nos alegra haberlas tomado porque
disfrutamos tanto viendo sus fotos de recién nacida como las de
su hermana.

Todos fueron de lo más amables cuando les dimos la noticia. No
nos trataron ni al bebé ni a nosotros como cosa rara. No siempre
sabían cómo actuar, pero me puse en su lugar. Yo también me sentiría
incómoda, así que no me ofendí.

Cuando nos confirmaron el síndrome de Down de nuestra bebé, llamé
a mi hermana para darle la noticia y me respondió: "Cuando me dijiste
que eran malas noticias, pensé que tenía una enfermedad fatal". Eso
me hizo recapacitar.

La actitud de la mayoría de nuestros parientes fue positiva. Salvo un
par de excepciones, la mayoría reaccionó mejor de lo que esperábamos
y aceptaron a José en la familia sin reparos. Pero alguien debe haberle

dicho algo negativo a uno de sus primos porque lo trató diferente. Eso nos dolió mucho.

La reacción de la primera persona que escuchó la noticia del síndrome de Down de nuestra hija fue: "¿En serio?". A mi esposo le pareció una respuesta inadecuada. ¿Pero cuál es la respuesta correcta? Yo no quería escuchar "¡Qué terrible!" ni "¡Qué maravilla!". La verdad es que yo tampoco sabría qué decirle al amigo que tuviera un bebé con síndrome de Down. Uno no se puede resentir ante las reacciones iniciales.

Cuando di la noticia del síndrome de Down, algunos me dijeron que yo era una persona fuerte y capaz de manejar la situación. Sé que su intención era buena, pero me hicieron sentir peor. Me daba la impresión de que querían reducir la enormidad de mi problema, como que enterarse de que un hijo tiene síndrome de Down no fuera gran cosa. Pero por otro lado yo tampoco quería darle lástima a nadie. Por un tiempo, no hubo nada que me pudieran decir que me pareciera "correcto".

Cuando supimos que íbamos a tener mellizos, hombrecito y mujercita, creí que íbamos a ser la familia perfecta. Pero cuando después nos dijeron que la niña tenía síndrome de Down, nos pareció que el destino se burlaba de nosotros por habernos atrevido a pensar que habíamos alcanzado la felicidad. Nos sentimos destrozados. Pero después de un tiempo empezamos a ver el lado positivo. Los mellizos podrían jugar juntos y ser buenos amigos, y el hombrecito podría servirle de ejemplo a la mujercita. Además, íbamos a poder saber siempre exactamente el nivel de desarrollo de ella comparándolo con el de él.

Soy feliz cuando tratan a Pablo como a cualquier otro. Si me dicen "¡Qué lindo!", me lleno de orgullo porque, efectivamente, lo es. Una vez estábamos en el aeropuerto y alguien se detuvo a verlo y nos preguntó: "¿Síndrome de Down?". Cuando le respondí que sí, me dijo: "Son maravillosos. Yo también tengo uno". Fue un gesto muy simpático.

A veces me resiento, pero con nadie en particular. Por ejemplo, si salgo de compras y veo que alguien se hace problemas porque el pañal del bebé no está bien puesto, me provoca decirle: "Hágame el favor, no se preocupe por tonterías".

❦

No teníamos mayor interés por saber porqué las células no se separaron bien. No miramos atrás. Algunos se la pasan preguntándose "¿por qué a mí?". Nosotros decidimos que ya estaba aquí, con sus 47 cromosomas. Nada va a cambiar eso y lo hemos aceptado como es.

❦

Pienso que muchos se quedaron sorprendidos cuando querían decirnos lo apenados que estaban y nosotros respondíamos de manera positiva y optimista. Les déjabamos saber que no estábamos tristes y entonces cambiaba su actitud.

❦

Cuando ahora veo a un bebé con síndrome de Down, mi reacción es: "¡Oh, qué bien!". Pero me extraña escuchar: "¡Oh, pero si son maravillosos!" porque eso es un estereotipo. Son tan maravillosos o irritantes como cualquier otro niño de su edad.

❦

Cuando nació nuestra bebé, todos andaban con cara de tragedia. Pero recuerdo que alguien se me acercó sonriendo, me dio la mano y me felicitó efusivamente. Me extrañó su reacción tan diferente. Y, claro, era lo que cualquiera debe hacer cuando se entera del nacimiento de una criatura.

❦

Creo que toma tiempo acostumbrarse a que otras personas vean al bebé. Pero ahora que he tenido otro hijo veo que la gente mira a los bebés porque les gusta verlos. No miran sólo al que tiene síndrome de Down. Miran a todos.

❦

Todavía me fastidia decirle a la gente que mi hijo tiene síndrome de Down. Si les digo que tengo un hijo, ¿debo acaso también decirles que

tiene esa condición? No quiero estar dándole tanta información a
gente desconocida.

Mi hija tiene casi dos años y todos los días pienso en su síndrome de
Down. Se me ocurren cosas como: "Hoy parece que tuviera (o no
tuviera) síndrome de Down", "¿Actuará así porque tiene síndrome
de Down?" y "¿Seguro que tendrá síndrome de Down si es tan viva
y curiosa?". No me siento triste al pensar así, pero me imagino que
tampoco he llegado a aceptar totalmente su condición.

Una vecina tenía una hija de la misma edad que la mía. Me fue difícil
cuando esa bebita aprendió a sentarse, a gatear y, finalmente, a caminar.
En menos de un año, ya hablaba como una cotorra y eso me afectó
muchísimo. Me costó trabajo encariñarme con esa niñita. Qué
horrible, ¿no?

Una vez una señora a la que casi no conocía me invitó a su nuevo grupo
de padres de bebés. Cuando le mencioné que Diego tenía síndrome
de Down me miró espantada y nunca más nos volvió a llamar. Aunque
por su reacción pienso que debe haber sido una ignorante, todavía me
amarga el incidente.

Me impaciento con los padres que exageran las pequeñas
imperfecciones de sus hijos, como las infecciones al oído o la miopía.
Cuando un hijo ha pasado por una operación a corazón abierto y
escucho de la infección del vecino, lo primero que se me viene a la
cabeza es "¿y qué?".

Ahora que Pablo es mayorcito la gente me pregunta: "¿Qué edad tiene
este adorable bebé?". Cuando les respondo veinte meses lo dudan y
preguntan si tiene diez. Les repito que veinte y se sorprenden. Luego
viene: "¿Sabe decir su nombre?". Es que ya es grandecito y no camina
ni habla bien. No siento vergüenza, pero tiendo a retraerme.

Al principio pensamos que tendríamos que tomar enseguida miles de decisiones, pero descubrimos que las decisiones se pueden espaciar, como con cualquier otro niño. No hay que estarlas tomando todos los días.

Me parece más fácil expresar mis inquietudes por la Internet que en persona. No tengo que revelar más información que la que me provoque, y si necesito desahogarme siempre puedo encontrar a alguien que me escuche con paciencia y comprensión.

Cuando nuestra hija tendría unos dos meses, empecé a buscar información en la Internet. Un día accedí a una sala de chateo donde varias mamás conversaban sobre sus hijas adolescentes y los diversos problemas de la pubertad. ¡Juré nunca más entrar a una sala de chateo! Ahora trato de visitar sólo páginas web de instituciones respetables o que hayan sido recomendadas por algún padre, educador o terapeuta.

Mi esposo nunca se inscribió en los listserv de síndrome de Down, pero he descubierto que son un recurso valioso de información y hasta de apoyo. Se tiene que estar alerta a los temas controvertidos y pasar por alto los mensajes que no sean pertinentes o con los que uno no esté de acuerdo. Soy ahora la persona en la familia encargada de buscar en la Internet las respuestas a nuestras preguntas.

Cuando nuestra bebé tendría nueve meses empezamos a ir a un grupo de apoyo. Fue una buena manera de establecer contactos y encontrar información como, por ejemplo, los tipos de intervención temprana en nuestro condado, los distintos tipos de biberón, los problemas para dormir y los doctores.

COMPLICACIONES MÉDICAS EN EL BEBÉ CON SÍNDROME DE DOWN

Len Leshin, M.D.

▦ Introducción

Una de las características del síndrome de Down es la diversidad de formas en que los problemas médicos afectan al bebé. Debido a la presencia de un tercer cromosoma 21 en todas las

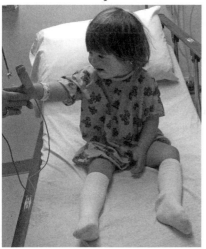

células, no debería sorprender que todos los sistemas del organismo se vean de alguna manera afectados. Los padres del bebé con síndrome de Down deben permanecer alerta a los posibles problemas para obtener diagnóstico y tratamiento rápido y eficaz. Por lo tanto, este capítulo enfatiza las condiciones médicas más frecuentes a las que se enfrentarán los padres del bebé con síndrome de Down.

Si su bebé aún no ha presentado problemas médicos, es posible que usted esté dudando en leer este capítulo. Comprendo que una larga lista de posibles problemas médicos puede asustar a cualquiera. Le recuerdo que no todo bebé o niño con síndrome de Down tendrá los mismos problemas médicos, y algunos tendrán muy pocos. Sin embargo, por el bienestar de su bebé, es importante que alguien en la familia conozca estas posibles condiciones médicas para que pueda identificar sus signos o síntomas y avisarle al médico.

‼ Problemas del corazón

Entre un 40 y 60 por ciento de los bebés con síndrome de Down nace con algún defecto del corazón. Las malformaciones del tabique o paredes de las cámaras cardíacas son los defectos más frecuentes. La malformación en la pared de las cámaras superiores se denomina comunicación interauricular (CIA); y en la pared de las cámaras inferiores, comunicación interventricular (CIV). Estas dos malformaciones constituyen un 60 por ciento de los defectos del corazón en los bebés con síndrome de Down. Si la malformación se ubica en ambas paredes (inferior y superior), se denomina defecto del canal aurículoventricular, o canal AV, y ocurre en un 35 por ciento de los bebés con malformaciones cardíacas.

Algunos defectos en las paredes del corazón son leves y se corrigen solos en pocos meses. Sin embargo, los defectos extensos y el defecto del canal AV requieren intervención quirúrgica. Es importante corregirlos, ya que si se dejan sin tratar, el bebé podría presentar algunos de los siguientes problemas: falta de oxígeno, fatiga, presión arterial baja e infecciones de la pared cardíaca (endocarditis).

El bebé con síndrome de Down puede presentar otros defectos del corazón menos frecuentes, como la persistencia del conducto arterioso (PCA), un conducto sanguíneo que conecta directamente el lado derecho del corazón a la aorta, sin pasar por los pulmones. Es vital para la circulación de la sangre antes del nacimiento, pero cuando el bebé nace y empieza a recibir oxígeno de sus propios pulmones, ya no necesita el conducto arterioso que debiera cerrarse en los primeros tres días de vida. Si este conducto permanece abierto, la sangre regresará de la aorta a la arteria pulmonar, del lado derecho del corazón a los pulmones.

Diagnóstico y tratamiento

Aunque la mayoría de las malformaciones se detecta durante el examen físico del recién nacido, algunos presentarán signos de problemas graves sólo después de varias semanas. Debido a esta ausencia de signos y síntomas, se recomienda un examen ecográfico del corazón (ecocardiografía) para todos los recién nacidos con síndrome de Down. La ecocardiografía es un procedimiento sin dolor similar a las ecografías prenatales maternas. El procedimiento se puede realizar antes de dar de alta al bebé o, poco después, en el consultorio médico.

Si se detecta una malformación cardíaca en su bebé, deberá ser examinado por el cardiólogo pediatra. A menudo, este especialista necesitará revisar ecocardiografías, radiografías del tórax y electrocardiogramas (EKG) para evaluar la función cardíaca. Para realizar el EKG, se adhieren parches con electrodos sobre el pecho y se conectan a una máquina que registra la actividad eléctrica del corazón. Esta prueba es rápida y no duele.

Para decidir si se requiere operar, el cardiólogo necesitaría realizar un cateterismo cardíaco. Este procedimiento consiste en insertar una sonda en una arteria de la pierna del bebé e inyectar una solución de contraste en la sangre para definir los detalles de la malformación del corazón. Si se recomienda cirugía, el cardiólogo y el cirujano pediatra le explicarán lo que se necesita hacer y le describirán la operación.

Algunos niños con malformaciones cardíacas necesitan medicamentos para mantener el corazón funcionando eficientemente. Estos medicamentos pueden incluir diuréticos para evitar la acumulación de líquidos en el cuerpo y sobrecarga al corazón. Quizás también necesite medicamentos para mejorar la función del músculo cardíaco. La condición del corazón de su bebé determinará el tiempo que deba tomar esas medicinas, y podrían ser necesarias por años, incluso de por vida.

Algunas malformaciones cardíacas aumentan el riesgo de infección y endocarditis, aun después de ser reparadas. El niño con malformación deberá tomar dosis preventivas de antibióticos antes de cualquier procedimiento médico o dental que pueda exponerlo a las bacterias que causan endocarditis. Si su bebé tiene alguna condición cardíaca, su cardiólogo le informará si son necesarias estas medidas preventivas.

Si el defecto cardíaco de su niño implica riesgo de endocarditis, debe permanecer alerta a cualquier infección que pueda producirla. En este caso, notifique a su médico de cualquier infección que cause fiebre. Si un bebé o niño requiere intervención quirúrgica, es importante realizarla en centros con servicios óptimos. Estos centros deberán contar con cardiólogos pediatras, cirujanos cardiotorácicos, especialistas en cuidados intensivos y profesionales en enfermería especializados.

La tasa de recuperación del bebé con síndrome de Down y con malformaciones cardíacas es bastante alta. Los avances en las técnicas quirúrgicas de los últimos veinte años permiten que muchos niños con malformaciones cardíacas se recuperen y tengan una vida larga y sana.

▪▪ Problemas gastrointestinales

Si observa problemas de regurgitación y vómitos, o dificultad al alimentarse o al defecar, es posible que su bebé tenga trastornos en el tracto gastrointestinal (tracto GI). El tracto GI incluye la boca, el esófago, el estómago y los intestinos.

Defectos estructurales

El bebé con síndrome de Down está más predispuesto a defectos congénitos del tracto GI. Uno de ellos es el bloqueo total o parcial del duodeno, la parte del intestino que sigue al estómago, debido a una malformación del tracto GI durante el embarazo. Estos bloqueos se observan en un 5 a 7 por ciento de los bebés con síndrome de Down y requieren intervención quirúrgica. El bebé que nace con este problema presenta vómitos en sus primeros días de vida, que irán acentuando.

Otra anomalía que ocurre con frecuencia en el bebé con síndrome de Down es la fístula, una conexión entre el esófago y la tráquea. Hay muchos tipos de fístula y todas requieren cirugía. El bebé con fístula tose al alimentarse porque, al tragar, la leche (materna o fórmula) pasa de la garganta a las vías respiratorias a través de la fístula. Para el diagnóstico, se le hace tomar al bebé un líquido que contiene bario y se toman radiografías a medida que el bario desciende por el esófago. Este examen, conocido como prueba del tracto GI superior, ubica la fístula. En casos extremos, el esófago no está conectado al estómago. Esta condición se denomina atresia (ausencia de la abertura normal) de esófago y requiere intervención quirúrgica inmediata para que el bebé se pueda alimentar.

Reflujo

El reflujo gastro-esofágico, el movimiento del contenido estomacal al esófago, es frecuente en el bebé y el niño con síndrome de Down. Se sospecha que la causa sería el tono muscular disminuido en el punto de conexión entre el esófago y el estómago. El tono disminuido permite  que el contenido gástrico suba al esófago, lo que causa indigestión, regurgitación y hasta vómitos violentos. El reflujo se diagnostica mediante la prueba radiográfica del tracto GI superior descrita anteriormente.

El reflujo debe alertarlo, ya que puede causar indigestión crónica a la que su bebé respondería con llantos frecuentes por cólico. En casos extremos, el reflujo causa que pase leche a las vías respiratorias. Esto puede irritar los pulmones e incluso causar neumonía por aspiración (infección pulmonar por gérmenes de la leche materna o fórmula).

Si su bebé toma fórmula, puede reducir el reflujo espesándola con cereal, ya que la fórmula espesa produce menos reflujo que la fórmula sin espesar. Espesar la leche materna con cereal no da buenos resultados, por lo que los médicos no lo recomiendan. Colocar a su bebé en posiciones que le mantengan la cabeza más elevada que el estómago, sobre todo después de alimentarlo, ayuda a reducir el reflujo. Aunque estas medidas bastan para controlar el reflujo, algunos bebés a menudo necesitarán medicamentos hasta superar esta condición con la edad.

Algunos bebés tienen reflujo persistente que no responde a las recomendaciones anteriores: espesar la fórmula, cambiar de posición o administrar medicamentos. Si tienen problemas para ganar peso o padecen de infecciones frecuentes, requerirán una fundoplicación, procedimiento quirúrgico que consiste en ajustar el extremo superior del estómago alrededor del extremo inferior del esófago.

Estreñimiento

Otro problema muy frecuente en el bebé con síndrome de Down es el estreñimiento, quizás también debido al tono muscular disminuido del tracto GI. Esto causa que el intestino mueva las heces lentamente y que el colon reabsorba el exceso de agua de las heces.

El estreñimiento a veces se puede aliviar con laxantes naturales como jugos o puré de manzana, pero muchos bebés necesitarán ablandadores de heces de rutina. Éstos son medicamentos que aumentan el contenido de agua en las heces. Algunos ablandadores no requieren receta médica, pero siempre consulte con su médico antes de usarlos. Los laxantes, medicamentos que estimulan los intestinos para promover la evacuación, se pueden usar ocasionalmente, pero no se recomiendan a largo plazo, ya que su uso frecuente puede crear dependencia de los intestinos para conseguir la evacuación.

Enfermedad de Hirschsprung

La mayor preocupación durante las primeras semanas del bebé con síndrome de Down y con estreñimiento crónico es la posibilidad de la enfermedad de Hirschprung. La causa de esta condición, más frecuente en el bebé con síndrome de Down que en los demás bebés, es la ausencia de células nerviosas en la sección del colon encima del recto. Esta ausencia de células nerviosas disminuye la capacidad del intestino para transportar las heces hacia el recto y estimular la evacuación. Esto da como resultado estreñimiento crónico. Si no se diagnostica la enfermedad de Hirschsprung a tiempo, el estreñimiento crónico puede dilatar el colon al extremo de perder totalmente su capacidad para transportar heces.

Por lo común, el bebé con enfermedad de Hirschsprung no defeca durante las primeras 48 horas de vida, mientras que el estreñimiento se presenta mucho después. Si se sospecha enfermedad de Hirschsprung, se ordena un enema de bario, procedimiento que consiste en introducir bario al recto por una sonda para tomar radiografías y examinar el movimiento del bario en la zona inferior del colon. Si se detectan anomalías, el cirujano realizará una biopsia rectal para buscar células nerviosas. Si no las hubiere, se confirmaría el diagnóstico de enfermedad de Hirschprung, y se deberá proceder a la extirpación quirúrgica de la sección del colon sin células nerviosas.

La cirugía tradicional solía realizarse en dos etapas: una primera intervención que fija el extremo del colon a una abertura en la pared abdominal (colostomía) para recolectar las heces en una bolsa externa; y una segunda, meses después, para reconectar el colon al recto. Hoy, muchos cirujanos optan por extirpar el segmento del colon sin terminaciones nerviosas y conectar el segmento sano del colon al recto en una sola operación. Ambos procedimientos resuelven el problema del estreñimiento, pero es posible que después de esta operación para acortar el colon el niño necesite dietas especiales toda su vida para evitar diarreas y malnutrición.

Enfermedad celíaca

Una de las muchas funciones del intestino delgado es absorber los nutrientes de los alimentos. La enfermedad celíaca se manifiesta cuando el gluten, la proteína del trigo, la cebada y el centeno, daña la mucosa del intestino delgado. El intestino delgado pierde su capacidad para absorber agua y nutrientes, lo que produce diversos síntomas.

Aunque poco frecuente, el niño con síndrome de Down tiene mayor riesgo de desarrollar enfermedad celíaca. El bebé no corre riesgo de enfermedad celíaca hasta que no empiece a comer uno o más de esos alimentos por varias semanas.

Los signos de enfermedad celíaca son: incapacidad para ganar peso normal, inapetencia, deposiciones abultadas y malolientes y, en algunos casos, diarrea crónica. El diagnóstico se confirma mediante biopsia del intestino delgado, procedimiento en el que se inserta una sonda por la garganta del niño bajo sedantes. Además, se pueden tomar muestras de sangre para medir ciertos anticuerpos que, si estuvieran elevados, indicarían la posilidad de enfermedad celíaca. Aún no se ha establecido si estas pruebas deban formar parte de los análisis de rutina del niño con síndrome de Down. Si le parece que su niño presenta signos o síntomas de posibles problemas en el tracto GI, consulte con su pediatra o gastroenterólogo.

El tratamiento de la enfermedad celíaca consiste en eliminar todo alimento que contenga gluten. Si bien esta dieta elimina gran parte de los alimentos tradicionales en el grupo de los panes y cereales, muchas compañías ya ofrecen alternativas sabrosas.

:: Hernia umbilical

Muchos bebés con síndrome de Down nacen con un espacio libre entre los músculos de la pared abdominal que a veces causa la protrusión del ombligo. Si la protrusión causa que el ombligo se vea grande e hinchado, se denomina hernia umbilical. Esta condición no presenta peligro, ya que nada en el abdomen puede quedar atrapado en la hernia.

La mayoría de las hernias umbilicales se cierran solas durante los dos primeros años de vida a medida que el abdomen del bebé va adquiriendo fuerza muscular. Si después de dos años todavía persiste, la hernia se puede corregir mediante un sencillo procedimiento quirúrgico, aunque no es médicamente necesario.

▪▪ Epilepsia

La convulsión ocurre cuando el cerebro pierde súbitamente el control del cuerpo a causa de un aumento repentino de actividad eléctrica sin secuencia identificable, de uno a dos segundos hasta por horas. Hay varios tipos de convulsiones, pero todas interfieren con la actividad cerebral. Cuando el niño de corta edad presenta convulsiones, es generalmente porque tiene fiebre. Son breves, no dejan secuela ni afectan a la salud. Sin embargo, si el niño o el adulto presenta más de una convulsión sin fiebre, entonces la condición se denomina epilepsia.

De un 5 a 10 por ciento de la población con síndrome de Down presenta epilepsia. Las convulsiones tienden a ocurrir con más frecuencia en los dos siguientes grupos: el grupo de personas de hasta dos años de edad y el grupo de personas hacia el final de su segunda década de vida. El diagnóstico de epilepsia requiere la historia de convulsiones del paciente y un electroencéfalograma (EEG), prueba que consiste en colocar electrodos sobre la cabeza para medir el patrón de actividad cerebral. Esta prueba, de rutina en hospitales y consultorios médicos, no causa dolor. Generalmente, el diagnóstico y tratamiento de la epilepsia infantil corre a cargo del neurólogo.

El tipo de convulsión más frecuente en el bebé con síndrome de Down es el espasmo infantil. Generalmente, el espasmo infantil se inicia entre los cuatro y ocho meses de edad. Se caracteriza por una flexión involuntaria y brusca de las extremidades, así como por una flexión hacia delante del tronco. Otros tipos de convulsión se caracterizan por sacudidas rítmicas de las extremidades o, incluso, pérdida súbita de control muscular causando que el niño se caiga. Si observa uno de estos episodios en su bebé, llévelo al médico inmediatamente. Cualquier convulsión que dure más de cinco minutos requiere atención médica inmediata.

El niño con síndrome de Down y con epilepsia requiere los mismos medicamentos antiepilépticos que cualquier otro niño y, generalmente, responde mejor al tratamiento.

▪▪ Problemas ortopédicos

Los problemas ortopédicos involucran huesos, músculos, articulaciones y ligamentos. La mayoría de estos problemas se debe a la laxitud (relajamiento) de los ligamentos entre los huesos, que causa problemas en las articulaciones de los niños con síndrome de Down. Estos problemas son poco frecuentes en los bebés.

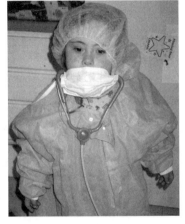

Inestabilidad atlantoaxial

El problema ortopédico más conocido del síndrome de Down es la inestabilidad atlantoaxial (IAA), exceso de movimiento entre las dos primeras vértebras del cuello. Su incidencia en el niño con síndrome de Down es de un 15 por ciento. La IAA es de cuidado, ya que presenta riesgo de daño a la médula espinal por presión (o compresión) de las vértebras.

La IAA *sin* presión no presenta síntomas. La IAA *con* presión puede causar uno o más de los siguientes síntomas: fatiga constante, dificultad para caminar, paso anormal, cuello adolorido, movilidad cervical limitada, cabeza inclinada, descoordinación, torpeza, hipertonía muscular con espasmos, y reflejos exagerados. El niño con síndrome de Down que presenta estos síntomas, con o sin previo diagnóstico de IAA, requiere evaluación médica inmediata. El tratamiento consiste en la fusión quirúrgica de las dos vértebras.

No hay acuerdo en la comunidad médica sobre la probabilidad de que el niño sin síntomas de IAA se vuelva sintomático. Mientras no se determine esa probabilidad, se recomienda que todo niño con síndrome de Down sea evaluado para esa condición. Actualmente, la evaluación consiste en radiografías laterales del cuello en tres posiciones: normal, flexionado y extendido. La primera debería tomarse alrededor del tercer año de edad; antes, los resultados podrían ser imprecisos debido a la falta de calcificación vertebral. Se debe repetir este examen radiológico entre los 10 y 12 años de edad.

Si las radiografías indican que su niño tiene IAA, se le debería realizar una resonancia nuclear magnética (RNM) del cuello para determinar si tiene daño a la médula espinal y si requiere tratamiento quirúrgico. Si el examen radiológico confirma IAA, pero la RNM es normal, el niño deberá evitar actividades que ejerzan presión sobre el cuello, como clavados en el agua, gimnasia y deportes de contacto físico.

La RNM, procedimiento sin dolor con el que se obtienen imágenes más detalladas que con los rayos-X convencionales, requiere que el paciente permanezca inmóvil por varios minutos. Por esto, podría ser necesario administrarle sedantes al niño para que duerma durante la prueba.

Otros problemas ortopédicos

Otros problemas ortopédicos que son frecuentes en el niño y el adulto con síndrome de Down son:

- Escoliosis: curvatura de la columna; a menudo se trata con corsés, pero podría requerir intervención quirúrgica si la curvatura interfiere con la función cardíaca o pulmonar.
- Inestabilidad de las caderas: relajamiento de la articulación entre el fémur y la pelvis; podría requerir inmovilización o intervención quirúrgica.
- Dislocación de la patela: desplazamiento lateral del hueso de la rodilla (patela) que causa dolor. Se corrige con férulas que mantengan la patela en su lugar o mediante intervención quirúrgica para fijarla.
- Problemas con los pies: pie plano, desviación lateral del tobillo, juanetes o callos (protuberancias o bultos de los huesos o tejidos en la base del dedo gordo, que generalmente está desviado hacia el segundo dedo). El pie plano es muy frecuente en las personas con síndrome de Down debido a la laxitud de sus ligamentos y puede causar dolor. El ortopedista y el podiatra son los especialistas en pies y tobillos.

▪▪ Problemas del oído, nariz y garganta

Infecciones de las vías respiratorias superiores

Muchos de los problemas del niño con síndrome de Down se deben a variaciones anatómicas en las vías respiratorias superiores: oídos, nariz, senos paranasales, boca y garganta. La zona media de la cara (incluidos los conductos nasales y paranasales) del niño con síndrome de Down es más pequeña y lo predispone a resfríos e infecciones de los senos paranasales. Las trompas de Eustaquio también son más pequeñas y lo predisponen a infecciones del oído (ver más abajo). En algunos casos, tiene una respuesta inmunológica disminuida contra bacterias y virus que lo predispone a infecciones de las vías respiratorias superiores.

Si bien estas infecciones tienden a ser más frecuentes, las infecciones más graves, como la neumonía, no son más frecuentes en el niño con síndrome de Down. Al igual que cualquier niño, las infecciones de las vías respiratorias disminuyen con la edad.

Apnea del sueño

Otro problema frecuente es la obstrucción de las vías respiratorias superiores debido a amígdalas o vegetaciones crecidas. Esta obstrucción puede ser crónica o intermitente, y puede llevar a respirar por la boca o causar apnea del sueño. La apnea obstructiva del sueño (AOS) es una condición que bloquea las vías respiratorias superiores al extremo de reducir el flujo de oxígeno durante el sueño. La apnea es un problema frecuente que ocurre en casi un 45 por ciento de los niños con síndrome de Down.

Es frecuente que el niño con apnea ronque y que, a veces, parezca que deja de respirar por períodos de cinco a diez segundos continuos. Esto puede ocasionar sueño intranquilo e irritabilidad al despertar. Si la apnea causa una reducción crónica de oxígeno en la sangre durante el sueño, puede elevar la presión sanguínea en los pulmones y dar lugar a hipertensión pulmonar, presión alta en los pulmones, una causa de daño permanente al corazón.

Generalmente, el médico puede diagnosticar la apnea mediante la historia clínica y el examen físico. En caso de duda, puede ordenar una prueba del sueño (polisomnografía) que consiste en colocarle 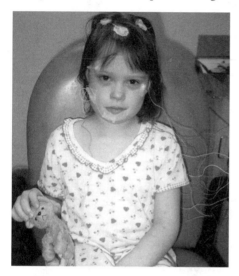 electrodos y sensores al niño para medir su consumo de oxígeno, actividad cerebral y respiración. Esta prueba se realiza durante la noche en un hospital u otro centro donde los especialistas puedan monitorear el sueño del niño para observar si deja de respirar por momentos, y las fases del sueño en que esto ocurre.

El tratamiento más común de la apnea es la extirpación de las vegetaciones, a menudo junto con las amígdalas. Algunos casos pueden requerir operaciones más complicadas. El niño con sobrepeso y con apnea se puede beneficiar bajando de peso.

Pérdida auditiva

Entre 50 y 60 por ciento de los niños con síndrome de Down presenta algún grado de pérdida auditiva (sordera). Esto puede ocurrir por tres causas:

1. acumulación de líquido en el oído medio por varios meses o más. Se denomina pérdida auditiva de "conducción" porque el líquido interfiere con la transmisión de las ondas del sonido en el oído medio;
2. trastorno en la transmisión de sonidos del oído interno al nervio auditivo. Se denomina pérdida auditiva "neurosensorial", ya que podría estar causada por daño en los huesecillos o en los nervios del oído interno; o
3. la combinación de ambas.

La pérdida auditiva puede retrasar el desarrollo del habla. Por consiguiente, se deben realizar pruebas de audición a todo recién nacido con síndrome de Down y repetirlas anualmente hasta los 12 años.

Hoy, en muchos hospitales se evalúa la audición del recién nacido empleando la prueba de emisión otoacústica, que consiste en introducir una diminuta sonda con micrófono en el oído del bebé dormido a fin de medir la respuesta de cada cóclea, la parte del oído que interpreta las ondas del sonido y envía mensajes al cerebro. Esta prueba identifica al bebé con pérdida auditiva neurosensorial, pero a veces da resultados falso-positivos en bebés con audición normal.

La respuesta cerebral auditiva es otra prueba más precisa que la anterior. Consiste en colocar pequeños micrófonos en el canal auditivo, y electrodos sobre el cuero cabelludo, para medir la respuesta del cerebro a los sonidos. Generalmente se utiliza para confirmar los resultados de la prueba de emisión otoacústica inicial, y se realiza en el consultorio del audiólogo o el otorrinolaringólogo (especialista en oído, nariz y garganta). La audición de su bebé se debe evaluar periódicamente, empleando las dos pruebas descritas, hasta que su nivel de desarrollo le permita responder a las pruebas de audición por respuestas evocadas. En estas pruebas el niño debe responder al sonido de maneras preestablecidas, como mirar en la dirección del sonido, colocar un bloque en un balde, levantar la mano o presionar un botón.

Debido al mayor riesgo de pérdida auditiva del niño con síndrome de Down, se deben tratar agresivamente la acumulación crónica de líquido en el oído medio y las infecciones recurrentes de los oídos. La causa de esta acumulación es generalmente la incapacidad de las trompas de Eustaquio para drenar líquidos a la garganta. La acumulación de líquido en el oído medio es la causa directa de la pérdida auditiva de conducción.

La pérdida auditiva por acumulación de líquido en el oído medio se puede mejorar realizando una timpanostomía e implantando tubos de ventilación. El especialista en oído, nariz y garganta realiza este procedimiento generalmente con el paciente bajo anestesia general. Los tubos ayudan a equilibrar la presión de aire a ambos lados del tímpano para que drene líquido del oído medio. Debido al tamaño pequeño de los canales auditivos del niño con síndrome de Down, este procedimiento es técnicamente difícil pero contribuye en gran medida a que conserve la audición.

Crup

El crup recurrente es otro problema de las vías respiratorias frecuente en el niño con síndrome de Down. Se denomina crup a la inflamación e hinchazón de la tráquea y la laringe que produce una característica tos perruna. El crup puede ser causado por virus o alergias. El niño con síndrome de Down es propenso al crup porque sus vías respiratorias son pequeñas y cualquier inflamación le puede causar más problemas respiratorios. El crup leve se trata con antihistamínicos y humidificadores, pero los casos moderados e intensos podrían requerir esteroides. Consulte con su médico si su bebé tiene tos perruna.

∷ Problemas de la sangre

Algunos problemas de la sangre son más frecuentes en el bebé y el niño con síndrome de Down. Ocurren con más frecuencia desde recién nacido hasta los cinco años de edad.

Leucemia

La leucemia es un cáncer de las células sanguíneas, generalmente de los glóbulos blancos. Si el cáncer se inicia en los glóbulos blancos llamados linfocitos, se denomina leucemia linfocítica. Si se inicia en los glóblulos blancos llamados monocitos o granulocitos, se denomina leucemia mielógena.

La incidencia de leucemia en la población de niños con síndrome de Down es de 10 a 30 veces mayor que en la población general infantil. Los signos iniciales de leucemia son: hematomas, tez pálida, fiebres inexplicadas y fatiga. La leucemia se diagnostica mediante análisis de sangre para detectar glóbulos blancos anormales, y una biopsia de médula ósea para identificar las células cancerosas.

Por lo general, la leucemia aparece en los primeros cinco años. Durante los tres primeros años, la forma de leucemia más frecuente en el niño con síndrome de Down es la leucemia mielógena. Después de los tres, el 80 por ciento de los casos es de leucemia linfocítica aguda, y el 20 por ciento restante, de leucemia mielógena.

El tratamiento para estos dos tipos de leucemia es la quimioterapia. El niño con síndrome de Down y con leucemia mielógena parece responder a la quimioterapia mejor que el niño sin síndrome de Down; en la leucemia linfocítica aguda, ambos grupos parecen responder de la misma manera.

Leucemia transitoria

El recién nacido con síndrome de Down tiene mayor riesgo de presentar otra condición llamada leucemia transitoria. Esta condición se parece a la leucemia, pero desaparece sin tratamiento al cabo de pocas semanas o meses. Según un estudio, los análisis de sangre de casi 10 por ciento de los recién nacidos con síndrome de Down presentaron signos de leucemia transitoria. El resultado del análisis de sangre para la leucemia transitoria es positivo cuando el número de glóbulos blancos es mucho más elevado que lo normal y cuando se detectan glóbulos blancos inmaduros ("blastos").

Si el bebé tiene leucemia transitoria, deberá ser evaluado por el especialista en leucemia para determinar si requiere tratamiento. Aunque por lo general esta condición desaparece sin tratamiento, el bebé que ha tenido leucemia transitoria corre mayor riesgo de leucemia en los siguientes años, por lo que los padres deben permanecer alerta a los siguientes signos: palidez, hematomas y fatiga. El especialista determinará si son necesarios otros análisis de sangre, y en ese caso, por cuánto tiempo.

Número de plaquetas alto o bajo

La trombocitopenia, un número de plaquetas bajo, es otro problema de la sangre frecuente en el niño con síndrome de Down. Las plaquetas son células que intervienen en la coagulación de la sangre. La predisposición a hematomas, con o sin trauma, sugiere un número bajo de plaquetas. En algunos casos, el número de plaquetas es tan bajo que el bebé requerirá transfusiones de plaquetas para evitar sangrado. Aún se desconoce la causa de la trombocitopenia, pero desaparece sin tratamiento. Todo recién nacido con trombocitopenia debe permanecer bajo observación para detectar signos de leucemia transitoria.

Por otra parte, algunos bebés con síndrome de Down presentan trombocitosis, un número alto de plaquetas. Esta condición no presenta riesgo y también desaparece sin tratamiento.

▪▪ Problemas de la tiroides

Los trastornos de la tiroides son muy frecuentes en las personas con síndrome de Down. El **hipotiroidismo**, niveles bajos de hormona tiroidea, es el más frecuente y se presenta a toda edad. La causa más común en el recién nacido es el desarrollo deficiente de la glándula tiroidea; y en el bebé mayorcito y en el niño, los anticuerpos que atacan a los tejidos de su propia tiroides.

Los síntomas de hipotiroidismo suelen ser sutiles, sobre todo en el individuo con síndrome de Down: tasa de crecimiento disminuida, aumento de peso, estreñimiento, letargia, hipotonía y piel seca. Como es fácil que estos síntomas pasen desapercibidos, se recomiendan

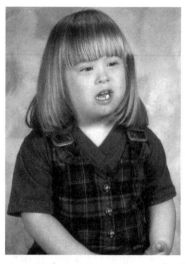

análisis de sangre para medir el nivel de hormonas tiroideas a los seis y doce meses de edad, y una vez al año en adelante. El tratamiento del hipotiroidismo consiste en la reposición de la hormona tiroidea de por vida. La hormona tiroidea viene en tabletas de una por día que se pueden pulverizar si el niño no puede tragarlas enteras. El pediatra o el endocrinólogo controlará el hipotiroidismo infantil mediante análisis de sangre cada seis a doce meses para evaluar la respuesta a la terapia.

Es frecuente que los resultados de las pruebas para el hipotiroidismo revelen niveles normales de hormona tiroidea en la sangre, pero con niveles elevados de la hormona estimulante de la tiroides. Esto puede indicar una condición transitoria o la primera etapa de hipotiroidismo. A menudo, la presencia de anticuerpos antitiroides en la sangre le permite al médico diagnosticar hipotiroidismo incipiente. Sin embargo, su tratamiento varía según el médico: algunos optan por recetar hormona tiroidea en dosis que normalice el nivel de la hormona estimulante, y otros prefieren esperar y volver a medir los niveles de hormona tiroidea después de tres a seis meses.

El **hipertiroidismo**, niveles altos de hormona tiroidea, es también más frecuente en los individuos con síndrome de Down, aunque menos que el hipotiroidismo. Sus síntomas son: palpitaciones, nerviosismo, perspiración excesiva, atención disminuida, rubor, hipersensibilidad al calor y caída del cabello. El diagnóstico se realiza mediante análisis de sangre e imágenes radiológicas de la tiroides. El tratamiento del hipertiroidismo consiste en administrar medicamentos que inhiban la acción de la hormona tiroidea sobre las células del cuerpo, o en extirpar la glándula totalmente. Si se extirpa la tiroides, el niño necesitará terapia de reposición de la hormona tiroidea.

** Diabetes

La diabetes tipo I, insulino-dependiente, es más frecuente en el niño con síndrome de Down. En este tipo de diabetes, el páncreas no produce suficiente hormona insulina. Entre los primeros síntomas, el más frecuente es aumento de orina seguido por aumento de sed. Si no se diagnostica la diabetes, el niño empieza a perder peso y está fatigado todo el tiempo.

La diabetes no es frecuente en el primer año de vida del niño con síndrome de Down, pero puede manifestarse a cualquier edad. El médico la diagnostica buscando glucosa en la orina; si la hubiera, se miden los niveles de glucosa e insulina en la sangre. El tratamiento para niños y adultos consiste en inyecciones de insulina de por vida.

** Problemas de los ojos

Los problemas oculares son muy frecuentes en las personas con síndrome de Down a toda edad. Algunos son congénitos (de nacimiento) y otros se desarrollan con los años.

Cataratas

Las cataratas, anomalías en el lente del ojo, son el problema ocular que primero se observa en las personas con síndrome de Down, y pueden estar presentes desde el nacimiento. El lente es la estructura del ojo que enfoca la luz de la pupila sobre la parte posterior del ojo. Cuando el lente tiene una zona no transparente u opaca, se reduce la visión. El especialista en cataratas debe examinar minuciosamente a todo recién nacido con síndrome de Down. Si tiene cataratas, se corrigen con cirugía y se utilizan anteojos para cualquier problema residual.

Conductos lacrimales obstruidos

Muchos bebés con síndrome de Down tienen conductos lacrimales obstruidos (dacriostenosis). Cuando su bebé tiene esta condición en uno o ambos ojos, tiende a lagrimear y a tener infecciones oculares frecuentes. Si su niño tiene esta condición, el médico le enseñará cómo masajear la zona afectada para abrir el conducto y le recetará gotas con antibióticos para combatir la infección. Si entre los nueve a doce meses no se ha corregido el problema, podría necesitar ir al consultorio del oftalmólogo para que le abran los conductos con una sonda pequeña.

Estrabismo

Por lo general, a los tres meses de edad los ojos del bebé están sincronizados, es decir, se mueven juntos para mirar a la izquierda

o a la derecha, para arriba o para abajo. Esta alineación de los dos ojos es lo que nos permite ver una sola imagen y apreciar la profundidad. El estrabismo es la condición en la cual los ojos no se mueven simultáneamente.

El estrabismo es frecuente en el bebé con síndrome de Down. Le hace ver imágenes dobles. Con el tiempo, el cerebro compensa suprimiendo la imagen del ojo desviado para poder ver una sola imagen. Si se deja sin tratar, el estrabismo puede causar ambliopía, o pérdida de visión en el ojo suprimido.

El tratamiento temprano para corregir el estrabismo consiste en tapar el ojo dominante con un parche o nublar su visión con gotas; también podrían usarse anteojos correctores. La obstrucción del ojo dominante obliga al niño a usar el otro ojo para fortalecer su visión. Una vez que se ha equilibrado la visión de ambos ojos, podrían usarse anteojos para corregir cualquier desviación residual. Las desviaciones mayores se tratan mediante cirugía correctora de los músculos oculares.

En ocasiones puede parecer que un bebé tiene estrabismo cuando en realidad no lo tiene. El amplio puente nasal del bebé con síndrome de Down a menudo da la impresión de que uno o ambos ojos se desvían hacia la nariz cuando, en realidad, son normales. El oftalmólogo podrá establecer con precisión si existe estrabismo.

Blefaritis

El niño con síndrome de Down ocasionalmente presenta blefaritis, infección crónica de los bordes del párpado. Se caracteriza por una zona rojiza y escamosa en el borde del párpado, con polvillo o caspa en las pestañas. El tratamiento consiste en la aplicación de ungüentos antibióticos junto con frotación especial de los párpados y, a veces, esteroides en gotas.

Nistagmo

El nistagmo es el movimiento involuntario y repetitivo del globo ocular, generalmente en ambos ojos. En la mayoría, el movimiento es horizontal, pero también puede ser vertical. Aunque muchas condiciones pueden causarlo, generalmente no se encuentra una causa específica. El nistagmo puede ocasionar problemas de la visión, por lo tanto, si su bebé o niño tiene esta condición, lo debe evaluar el oftalmólogo.

Agudeza visual

Los errores en la agudeza visual, la capacidad de ver con nitidez, son muy frecuentes en el niño con síndrome de Down. Entre estos podemos mencionar la miopía, la hipermetropía y el astigmatismo (forma irregular del globo ocular). Por este motivo, se recomienda que el optometrista o el oftalmólogo examine la vista del niño con síndrome de Down a partir de los seis a nueve meses de edad, y anualmente de por vida. El oftalmólogo o el optometrista trata esta condición con el uso de lentes correctores (anteojos).

■■ Problemas de los dientes

La dentición en el niño con síndrome de Down es mucho más variable que en los demás. Es decir, los dientes no siempre salen de acuerdo a un cronograma y orden predecibles. Es usual que los dientes de leche no salgan hasta después del primer o segundo año, y cuando lo hagan puede que parezcan pequeños o puntiagudos. La dentición tardía rara vez influye en la selección de alimentos durante el primer año de  vida. Más adelante, es posible que observe que a su niño le falte uno que otro diente de leche y, luego, incluso algunos de los permanentes.

Aunque las caries no son frecuentes en el niño con síndrome de Down, el riesgo de enfermedades de las encías es mayor. Su niño debe ser evaluado antes de los dos años por un dentista con experiencia en síndrome de Down.

■■ Problemas de la piel

Período neonatal

Al nacer y por varios días después, es frecuente que el bebé con síndrome de Down presente acrocianosis, manos y pies azules. Esta condición no representa peligro alguno, y se debe a una circulación deficiente en las manos y los pies. El cutis *marmorata*, piel amarmolada de color azul, es otra condición del recién nacido y es una reacción normal de los capilares a las bajas temperaturas. Aunque esta condición puede persistir por varios meses en algunos bebés con síndrome de Down, no representa peligro alguno.

Condiciones crónicas de la piel

Piel seca. Puede que el niño con síndrome de Down presente xerosis, piel seca y áspera. En los demás niños, la xerosis generalmente se debe a deficiencia de vitamina A, pero no es así en el niño con síndrome de Down. La xerosis se controla usando jabones cremosos y aceites en el agua para el baño, y aplicando humectantes inmediatamente después del baño.

Queilitis. La queilitis es la presencia de fisuras y descamaciones rojizas en los labios y las comisuras de la boca. Generalmente se debe a la acumulación de saliva en las comisuras, pero las infecciones bacterianas o la candidiasis la pueden complicar. Se alivia aplicando cremas corticoides y tratando la infección, si la hubiera.

Dermatitis atópica. La dermatitis atópica (eccema) se caracteriza por sequedad, descamación y comezón de la piel. Aparece con mayor frecuencia en las mejillas, detrás de las orejas y las rodillas, y en los pliegues de los codos. Se trata con cremas corticoides y antihistamínicos por vía oral. En el niño con síndrome de Down, el eccema generalmente se presenta durante los primeros años de vida.

Seborrea. La seborrea es una condición del cuero cabelludo y las cejas que es similar al eccema, pero de apariencia escamosa y grasosa. Se trata con champús anticaspa, o champús con alquitranes o salicilatos. En algunos casos, las preparaciones antifungales pueden ser eficaces.

Infecciones

La foliculitis, inflamación o infección de los folículos pilosos, se caracteriza por pequeños nódulos rojos o pústulas amarillentas rodeando el pelo. Ocurren en cualquier parte del cuerpo, pero sobre todo en las nalgas. La causa principal es la bacteria estafilococo, pero en algunos adultos con síndrome de Down podría deberse a hongos. Por lo común, la foliculitis responde bien al tratamiento con antibióticos tópicos o por vía oral, y al uso de jabones antibacterianos. Cuando la infección estafilocócica es profunda, produce furúnculos y abscesos que requieren tratamiento con antibióticos por vía oral.

Alopecia

La alopecia *areata* es la caída del pelo en zonas circunscritas que no está relacionada con infecciones o medicamentos. Las zonas sin pelo tienen bordes bien definidos, sin caída de pelo en el resto del cuero cabelludo. La alopecia no es frecuente en el niño con síndrome de Down, pero es más frecuente que en los demás.

Se piensa que la causa de la alopecia es un proceso autoinmune, es decir, que el cuerpo produce anticuerpos contra sus propios folículos pilosos. La alopecia se caracteriza por ser muy impredecible. Algunas personas pasarán por varios ciclos de caída y crecimiento de pelo durante la vida. En la mayoría de los casos el pelo volverá a crecer parcial o totalmente, pero quizás tampoco crezca. La mayoría recupera algo de pelo en el transcurso de un año. Un porcentaje bajo de personas podría desarrollar alopecia crónica.

Algunas veces se pierde todo el pelo del cuero cabelludo: alopecia totalis. En muy raras ocasiones se puede perder todo el pelo del cuerpo: alopecia universalis.

No hay cura para la alopecia. Los tratamientos están dirigidos a estimular el crecimiento del cabello, pero no detienen su caída.

❚❚ Inmunizaciones

Se recomienda que el cronograma de inmunizaciones del niño con síndrome de Down sea el mismo que el de los demás niños. El bebé con síndrome de Down no corre mayor riesgo de complicaciones por las vacunas. Además, como el síndrome de Down puede producir disminución del sistema inmune, es recomendable que los bebés y niños también se vacunen anualmente contra la influenza.

❚❚ Los médicos y su bebé

No todos los pediatras y médicos de familia tienen igual experiencia y conocimientos sobre los problemas que acompañan al síndrome de

Down. Al seleccionar un médico, tenga en cuenta no sólo su experiencia sino, además, su disposición a informarse sobre esta condición. También debe tener la capacidad para responder totalmente a todas sus preguntas e inquietudes y, si fuera necesario, para enviar a su niño al especialista indicado.

Para el manejo de la atención médica de las personas con síndrome de Down, los médicos pueden recurrir a las pautas proporcionadas por la *American Academy of Pediatrics (AAP)*[1], http://www.aap.org, o por el grupo profesional conocido como el *Down Syndrome Medical Interest Group*[2]. También puede encontrar este último grupo en la página web del *Down Syndrome Research*

1 *Academia Americana de Pediatría.*
2 *Grupo con Interés Médico en el Síndrome de Down.*

Foundation[3], http://www.dsrf.co.uk. Si su médico no está al tanto de estos recursos, podría usted entregarle la información.

Al igual que con los médicos de familia y los pediatras, también varían los conocimientos y la experiencia de los especialistas. Aunque cualquier niño puede presentar las diversas condiciones que trata el especialista, éste además debe estar al tanto de los problemas específicos que acompañan al síndrome de Down. Usted debe estar seguro de que su especialista pueda manejar las necesidades especiales de su niño.

Habrá momentos en que su niño estará bajo la atención de más de un especialista y es entonces cuando su pediatra podría ser útil como coordinador del caso. El especialista sólo se encargará de su disciplina, mientras que el pediatra concentrará su atención en el bienestar general del niño. El pediatra solicitará el diagnóstico y el plan de tratamiento de cada especialista, procurará resolver las dificultades que se presenten y, si fuera necesario, facilitará la comunicación entre los diversos profesionales.

Algunos centros urbanos en Estados Unidos, y en algunos otros países, tienen clínicas de síndrome de Down asociadas a escuelas de medicina u hospitales. Son administradas por genetistas, pediatras del comportamiento u otros especialistas y, por lo general, cuentan con fisioterapeutas, terapeutas ocupacionales y terapeutas del lenguaje. Además, mantienen comunicación con otros especialistas en el síndrome de Down. Estas clínicas benefician a aquellas familias con hijos que tienen muchos problemas médicos y a otras familias en la zona. Estas familias acuden anualmente para solicitar evaluaciones del desarrollo de sus hijos, y para verificar el diagnóstico y el tratamiento de cualquier otra condición médica. Sin embargo, si usted tiene confianza en los conocimientos y las habilidades de su médico, puede que no tenga que recurrir a ellas.

Usted es el principal promotor de su hijo. Continúe haciendo preguntas y acumulando información a fin de garantizar la mejor atención médica posible para su niño. Cuanto más aprenda usted, mejor para toda su familia.

▄▄ Impresiones de los padres

Hemos quedado muy satisfechos con la atención médica de nuestro hijo. El personal del hospital es muy comprensivo y proactivo. Vieron que le realizaran las pruebas del corazón y de la audición, y otras que ni

---

3 *Fundación para Investigaciones sobre el Síndrome de Down.*

conocíamos. Comprobaron que se hicieran todas las pruebas y
su seguimiento.

Cuando nos enteramos de que nuestra hija tenía un defecto cardíaco
además del síndrome de Down, casi ni nos importó. Es que nos parecía
que podíamos manejar el problema del corazón mejor que el del
síndrome de Down. Al final, hemos manejado las dos cosas mucho
mejor de lo que nos habíamos imaginado.

Antonio tiene una cicatriz enorme en el pecho por su operación a
corazón abierto. La considero su medalla al valor. ¡Era muy pequeñito,
pero también era (y es) muy luchador!

Si su hijo necesita una operación al corazón, mi consejo es que ubiquen
un hospital de niños con cirujanos que hayan realizado muchas veces esa
misma operación. ¡No teman hacerles preguntas sobre su experiencia y
su tasa de éxito!

Nuestro hijito tiene hipotiroidismo. Nos alegramos por su diagnóstico
temprano porque empezamos a darle la medicina de inmediato. De otro
modo, hubiera tenido más problemas encima del síndrome de Down. Pero
se lo detectamos a tiempo y ahora lo único que necesita es una dosis al día.

Olivia nunca se resfrió hasta que empezó a ir al jardín infantil este año.
Como ahora está con otros niños, ha empezado a tener resfríos que a
veces se le complican con infecciones al oído.

Jaime no se resfría más a menudo que su hermanito, pero me parece que
sus resfríos duran más y lo hacen sentir peor. Además, todavía no le sale
sonarse la nariz. Le ponemos el pañuelo para que se suene y le decimos
"Suénate, Jaime" y nosotros lo hacemos para que él vea como se hace.
Él trata de imitarnos, pero lo único que consigue es fruncir la nariz.

A los cuatro meses, Valeria había acumulado mucho líquido en los oídos, pero no parecía tener dolor y no notamos signos de sordera. Felizmente, nuestro médico nos había recomendado pruebas auditivas justamente para cuando tuviera esa edad. Los resultados revelaron una pérdida de audición moderada, así que la llevamos al otorrinolaringólogo. Encontró líquido excesivo en los oídos, así que la monitoreó durante tres meses. Como el líquido siguió igual, nos recomendó un implante de tubos de drenaje para equilibrar la presión de los oídos. Después del procedimiento, se normalizó su audición y así ha permanecido todo un año. Ahora ya ha empezado a hablar, pero me temo que otro hubiera sido el caso si no hubiéramos resuelto el problema a tiempo.

Opino que la audición debe examinarse como se vota en Chicago: temprano y a menudo. La audición es básica para el desarrollo de las habilidades de la comunicación. Las infecciones al oído y la acumulación de secreciones pueden alterar la capacidad auditiva de un día para otro y pueden retrasar, y hasta hacer retroceder, el progreso de las habilidades comunicativas. Nuestro hijo tiene sordera leve y usa aparatos auditivos. Son caros y son un fastidio, pero nunca privaría a mi hijo de una facultad tan esencial para la comunicación.

Según el otorrinolaringólogo, Bruno tiene "disfunción de las trompas de Eustaquio" y por eso se le acumula tanto líquido detrás del tímpano. En resumen, es un problema anatómico y nadie sabe si va a desaparecer con la edad. A los nueve meses le implantaron tubos de drenaje, y como un año después, otros más. Estamos con ojo de águila observándolo todo el tiempo para que el problema no perjudique su audición.

El doctor opinó que las vegetaciones podrían estar contribuyendo a la respiración por la boca y a las infecciones del oído de mi hija, así que la operaron para extirparle las vegetaciones e implantarle tubos en los oídos. Yo estaba nerviosa porque la operación fue bajo anestesia, pero todo salió bien. No debe haberle dolido, ya que apenas regresamos a casa del hospital quiso comer como de costumbre sin el menor problema para pasar los alimentos.

Gaby siempre ha sido de sueño intranquilo. Mientras duerme, da tantas vueltas que termina con la cabeza al pie de la cama, y con los pies sobre la almohada; o se sienta dormida y desploma la cabeza sobre el regazo como si fuera una muñeca de trapo. Le hicimos la prueba del sueño y resulta que tiene algo que se llama "hiponea". Esto quiere decir que no recibe suficiente aire mientras duerme porque algo reduce el flujo de aire. La operamos de las amígdalas y vegetaciones y está un poco mejor, pero de vez en cuando todavía se sienta cuando duerme.

*Si su niño necesita la prueba del sueño, vayan a un centro que tenga experiencia con **niños**. Ya hemos pasado dos veces por esto. La primera vez el seguro exigió que la prueba se realizara en un centro que se especializa en adultos. Ni siquiera tenían el equipo y el personal para monitorear bien a nuestro hijo, así que los resultados no fueron concluyentes. La segunda vez fuimos a un hospital para niños que sí tenía el equipo adecuado, ¡y qué diferencia! Si comparo el personal, el ambiente y la eficiencia, fue como el día y la noche.*

Emilia tiene eccema, sobre todo detrás de las rodillas. Usamos cremas corticoides con buen resultado.

Samuel tiene piel muy seca, sobre todo en el invierno. Las mejillas se le ponen muy coloradas, y sus manitas y piecitos, muy ásperos. Lo único que lo alivia son esas lociones derivadas del petróleo "para piel muy seca", unas que son carísimas. Se la aplicamos después del baño y durante el transcurso del día.

Nuestra hija siempre se sienta a ver la tevé con la cara pegada a la pantalla. Creí que era porque tenía un problema a la vista, pero el médico dice que no, que sólo tiene un poco de astigmatismo. Me imagino que le gusta estar en el centro de la acción.

Miguel va a un oftalmólogo pediatra. Ellos tienen mucha práctica en hacer entrar y salir rápido a los chicos. El médico emplea dibujos

animados, animales de peluche y otros accesorios atractivos para evaluar la visión.

Nuestra hija siempre está estreñida. Creo que un motivo es que no toma suficiente líquido. Lo hacía cuando tomaba biberón, pero desde que empezó a usar taza, ha perdido el interés por beber. El médico le recetó un laxante en polvo que había que mezclar con bastante líquido, pero por supuesto que no hubo manera de hacerla beber tamaño vaso de líquido, ¡así que no sirvió para nada!

Siempre hacemos muchas preguntas a los médicos de Bruno, y no dejamos que las evadan o que nos respondan con términos médicos que no comprendemos. Nos cobran por ayudarnos con nuestro hijo y necesitamos entender lo que dicen. Nadie debería avergonzarse de hacer preguntas.

El consultorio del dentista de Claudia y su hermana tiene un ambiente para atender a dos pacientes a la vez, y siempre les sacamos cita juntas. Creo que esto la ayuda a Claudia a darse cuenta de que ir al dentista no es para asustarse.

*A veces se necesita valor para cambiar de médico. Quizás su pediatra actual es el pediatra de la familia, pero no tiene la menor idea de los problemas que acompañan al síndrome de Down. Quizás es condescendiente, o emplea una terminología tan obsoleta que le pone a uno los pelos de punta. Si su médico no puede o no quiere cambiar, es **usted** quien debe cambiar, pero de médico. Esto puede ser incómodo, pero lo más importante es el bienestar de su niño.*

El seguro médico puede ser un dolor de cabeza. Persevere y, si al principio el seguro se rehúsa a cubrir algún servicio, insista. Puede que el burócrata con el que está tratando no le entienda, pero que sí lo haga el del siguiente nivel. O quizás su seguro no cubre el servicio para determinado diagnóstico, pero si solicita un diagnóstico

diferente, prácticamente igual, pero con otro nombre, el seguro sí lo cubriría.

Al tratar con las compañías de seguros, guarde todas las facturas y formularios, y presente todos los documentos que le pidan. Insista subiendo cada vez de nivel, porque una vez que usted admite que algo no está cubierto, lo pierde para siempre. Ellos esperan a que usted se rinda, pero si persevera, podría tener suerte. Es posible que se tope con una persona en la organización que decida a su favor, o que admita que su póliza cubre determinado servicio.

Pienso que la coordinación de la atención es una función importante del pediatra. Necesita estar al tanto de lo que hacen el terapeuta del habla, el terapeuta ocupacional, el fisioterapeuta, el oftalmólogo, el otorrinolaringólogo, y todos los demás. Nuestro pediatra lee todos los informes que recibe sobre nuestra hija y si algo no tiene sentido, me llama. Es un coordinador en todo el sentido de la palabra.

EL CUIDADO
DIARIO DE SU BEBÉ

Joan Burggraf Riley, MS, MSN, CFNP
Jean Nelson Farley, RN, MSN, CPCP, CRRN

El cuidado diario de su bebé con síndrome de Down es muy similar al de cualquier bebé, y quizás por eso no abunda material de lectura sobre este tema.

Sin embargo, puede que, en algunos aspectos, su bebé sea diferente al típico niño y su cuidado diario a veces requiera conocimientos y esfuerzos especiales. Este capítulo explora las áreas del cuidado diario que son exclusivas a los bebés y los niños con síndrome de Down.

Se ha publicado gran cantidad de libros sobre el cuidado infantil en general, que cubren la alimentación, el sueño, el baño y los pañales. Aunque puedan ser útiles, deberá adaptar sus consejos a las necesidades especiales de su bebé. Complete la información en esos libros generales con la de este capítulo.

Las actividades de rutina —la comida, el baño, los pañales— son acontecimientos importantes en el día del bebé o del niño. Con sólo estar consciente de las necesidades especiales de su bebé, usted podrá adaptar las actividades diarias para realzar su desarrollo. No pierda de vista que su bebé con síndrome de Down es, ante todo, un bebé. Cuídelo como a cualquier otro. Guíese de sus instintos, pero utilice la información en este capítulo para atender satisfactoriamente esas necesidades especiales.

▪▪ Cómo establecer una rutina

Uno de los aspectos más importantes del cuidado infantil diario es establecer una rutina. La rutina permite que su bebé aprenda a anticipar sus actividades diarias. La rutina organiza su día y le da confianza. Asimismo, la rutina dentro de cada actividad diaria le da la confianza para aprenderla. Por ejemplo, el baño y la lectura de un cuento antes de acostarlo le enseñará la rutina para irse a dormir. La rutina le da al niño la tranquilidad de saber qué anticipar. Y, más adelante, le permitirá participar en las actividades cotidianas cada vez con más autonomía.

Cada familia adopta diferentes rutinas de acuerdo a los distintos horarios de sus miembros y el bebé. Por ejemplo, algunas familias prefieren bañar al bebé en la noche para que se calme y relaje, mientras otras prefieren bañarlo en la mañana porque se entusiasma jugando y chapoteando en el agua. En cualquier caso, la constancia en la rutina los beneficiarán a usted y a su bebé.

Quizás necesiten reevaluar su estilo de vida familiar teniendo en cuenta las necesidades especiales de su bebé. La disciplina, o el establecimiento de reglas y la consistencia, es fundamental para todo niño. Sin embargo, en el caso del bebé con síndrome de Down, quizás deba ser más intencional. Los padres de niños con síndrome de Down a menudo encuentran que es necesario explicar y repetir las reglas que sus demás hijos dan por sobreentendidas. Por ejemplo, si la rutina de la cena en su hogar es informal, quizás deba estructurarla a las necesidades especiales de su bebé; o si es muy formal, quizás necesite volverla más flexible.

Lo más probable es que su estilo familiar ya sea el adecuado. Recuerde que es importante estar consciente de cómo sus actividades, estilo y expectativas diarias pueden influir en el desarrollo de su bebé. El objetivo de la rutina y la estructura es crear el ambiente propicio para que su niño adquiera confianza en las personas de su vida y su entorno. Es posible que otros niños progresen sin una atención intencional pero, en el caso de su bebé, será necesario optimizar su ambiente para ayudarlo a realizar su potencial.

Como su bebé tiene necesidades especiales de salud y desarrollo, es fácil caer en la tentación de consentirlo demasiado. Pero recuerde que la disciplina y la rutina son más importantes para su bebé que para los demás. Le sorprenderá su capacidad de manipulación tan creativa. Su niño debe aprender a portarse y usted no le hace ningún favor si no lo corrige.

Usted desea que su hijo llegue a ser miembro activo de la sociedad. La conducta apropiada es una destreza adquirida, que es básica para lograr la aceptación de los compañeros, los diversos grupos sociales y la comunidad en general. Si usted permite que su niño arroje la comida o le pegue a sus hermanos y hermanas, nunca aprenderá que esos comportamientos son inaceptables. Las instrucciones sencillas, claras y consistentes son muy útiles para establecer una disciplina. Cuando su niño esté en edad de asistir al jardín infantil y a la escuela, será importante enseñarle a observar e imitar el buen comportamiento de sus compañeros.

** Cómo cargar al bebé

Cargar al bebé es una interacción primaria entre padre e hijo. Aunque piense que cargar a su bebé es algo natural, esta habilidad, aparentemente sencilla, es la base de patrones de desarrollo más normales. El niño con síndrome de Down que adquiere buenos hábitos de movimiento, postura y coordinación, llega a hacer más de las cosas

que hacen otros niños, como trepar, correr y jugar. La manera como cargue a su bebé ahora lo ayudará con esas destrezas en un futuro. Recuerde que cada hito del desarrollo es el producto de la atención minuciosa a una serie de pequeños, pero muy importantes detalles.

Por consiguiente, es esencial que esté consciente de las posturas de su bebé, sobre todo al cargarlo para interactuar con él o darle de comer. Además de tener hipotonía muscular, las articulaciones del bebé con síndrome de Down son hiperflexibles, lo que le permite colocar sus extremidades en posiciones que podrían ocasionarle problemas cuando comience a sentarse, gatear y caminar.

Con simples cambios a la manera natural de cargar a su bebé, podrá estabilizar sus articulaciones y ofrecerle soporte adecuado. Por ejemplo, sujete a su bebé firmemente flexionándole las articulaciones del cuello, cadera y piernas. También evite que le rodee la cintura con sus piernitas para prevenir posturas como las "ancas de rana" y otros patrones anormales relacionados con los músculos hipotónicos. Otro beneficio de la posición flexionada es un mejor contacto visual entre los dos, lo que le permite al bebé observar e imitar sus expresiones faciales y los movimientos de su boca y labios, habilidades cruciales para el desarrollo del lenguaje.

Durante los primeros años de vida de su bebé, su proveedor de atención médica ordenará radiografías de cuello para descartar subluxación atlantoaxial, como se describió en el Capítulo 3.

Consulte con su proveedor de atención médica, fisioterapeuta o educador para más sugerencias sobre posturas adecuadas y maneras de cargar a su bebé. Ellos realizarán evaluaciones profesionales del tono muscular, articulaciones y necesidades médicas de su bebé.

No deje que tanto consejo sobre cómo cargar al bebé lo intimide. Salvo que su bebé tenga algún problema médico especial, no lo trate como si fuera de cristal. Su bebé disfrutará de los juegos activos como cualquier otro bebé. No sólo es esta actividad física una forma excelente de estimulación sensorial, sino que transmite a toda la familia el mensaje de tratar al bebé como a cualquier otro miembro de la familia. Si usted da el ejemplo, el resto de su familia y amigos lo seguirán.

▪▪ La higiene

Los buenos hábitos de higiene personal son importantes para todos los niños, con o sin síndrome de Down. La base para una buena higiene se inicia en la infancia. Acostumbrar a su niño a la rutina de lavarse, cepillarse los dientes y cuidar de su persona es una habilidad fundamental para el futuro. Esta sección examina algunos aspectos básicos del cuidado diario de su bebé.

El baño y el cuidado de la piel

Muchos padres bañan a su bebé todos los días, pero esto podría no ser necesario si le mantiene limpias la cara, las manos, la boca y la zona del pañal. De recién nacido, son aconsejables los baños de esponja con una toalla suave. Cuando se desprenda el muñón del cordón umbilical, podrá bañarlo en una palangana, lavabo o tina para bebés. Cuando sea más grande y usted tenga más confianza, podrá hacerlo en la bañera, en sólo una pulgada de agua y bajo vigilancia *continua*.

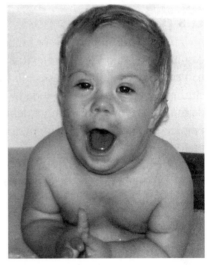

Hay muchos aparatos para prevención de accidentes en la bañera. Ninguno es esencial; es más, algunos incluso son peligrosos porque dan una falsa seguridad. La mejor medida de prevención es mantener las manos y ojos sobre su bebé todo el tiempo mientras lo baña. Sin embargo, un artículo necesario es un tapete de hule antideslizante para sentarlo o pararlo en la bañera.

El niño con síndrome de Down suele tener piel seca, con zonas rojas, irritadas y escamosas sobre las piernas, nalgas, brazos, manos y pies. Es importante establecer una rutina para el cuidado de la piel a fin de evitar y controlar esta condición. Emplee jabones humectantes (*Basis, Dove, Caress, Tone*) y aplíquele loción humectante (*Eucerin*,

Nivea, Aquaphor) inmediatamente después del baño, con la piel todavía húmeda. La loción ayuda a mantener la humedad que la piel absorbió durante el baño. De poco sirve aplicarla cuando la piel está seca. Aplíquela varias veces al día, sobre todo en las manos y cara después de las comidas. Si el problema persiste, consulte con su proveedor de atención médica para que le recete lociones más concentradas o le recomiende otros tratamientos.

Los padres preguntan con frecuencia sobre el cuero cabelludo, ya que tiende a formar costras y escamas. Esta seborrea del recién nacido ("costra de leche") es común en los primeros meses y constituye parte del proceso normal de descamación de la piel. El mejor tratamiento consiste en frotar el cuero cabelludo con vaselina de 20 a 30 minutos antes del champú para suavizar las costras. Lave el cabello a diario con champú para bebés evitando los ojos. Cepille suavemente el cuero cabelludo, incluso las zonas blandas, para sacar la costra. Continúe este tratamiento durante varios días hasta eliminar completamente las costras. En adelante, lávele el cabello a su bebé por lo menos semanalmente.

Los pañales

Es importante mantener limpia la zona del pañal de su bebé. Al cambiarlo, lávelo bien para evitar que se escalde. Se recomienda el uso rutinario de lubricantes como vaselina, *Desitin* u otros productos similares, para evitar la sequedad y las irritaciones. No utilice almidón de maíz pues favorece el crecimiento de bacterias y hongos. Tampoco emplee talco porque su bebé podría inhalar las partículas, algo que puede causar problemas respiratorios.

Puede que la piel de su bebé sea sensitiva a algunos tipos de pañal; si esto ocurre, cambie de marca. Siempre doble hacia afuera el plástico al borde del pañal. Lo mejor para las escaldaduras es prevenirlas manteniendo la piel limpia y seca. Si estas medidas no solucionan el problema, consulte con su proveedor de atención médica.

Los cambios de pañal son una oportunidad excelente para incorporar actividades a la rutina de su bebé que favorezcan su desarrollo. Por ejemplo, es una ocasión para hablarle y establecer contacto visual. El jugueteo con palabras, caricias y movimientos puede ser estimulante. Como mínimo, el cambio de pañal es una oportunidad para interacción social, hablarle a su bebé, hacerle cariño, y ayudarlo a mover brazos y piernas. Su educador o terapeuta le podrán dar buenas ideas de posiciones y movimientos durante los cambios de pañal.

Los ojos

Como a todo niño, al bebé con síndrome de Down también se le pueden obstruir los conductos lacrimales, lo que puede producir lagrimeo excesivo o legañas. En algunos casos, este problema se corrige solo pero, en otros, puede requerir tratamiento médico. Evite las obstrucciones frotando suavemente los párpados desde la comisura interior del ojo hacia la oreja con una toallita o bola de algodón húmeda.

Los oídos

El niño con síndrome de Down es más propenso a las infecciones de los oídos (ver Capítulo 3), pero se les puede dar un cuidado normal. Es natural que se forme cera en los oídos y que luego salga por sí sola. Sin embargo, algunos niños con síndrome de Down producen cera más seca que podría requerir tratamiento médico para eliminarla. Su proveedor de atención médica podría además determinar si la formación de cera es excesiva y problemática. Nunca introduzca objetos en los oídos, incluidos hisopos. A la hora del baño, simplemente lávele las orejas y detrás de ellas frotándolas suavemente con una toallita, y séquelas bien.

La nariz

Algunos niños con síndrome de Down presentan más problemas de secreciones nasales porque tienen conductos pequeños y puente aplanado. Generalmente, se recomienda el uso de un nebulizador-humidificador ultrasónico en la habitación del bebé para ablandar las secreciones y facilitar la respiración, sobre todo si su casa tiene sistema de calefacción central. Si usa humidificador, manténgalo siempre limpio siguiendo las instrucciones del fabricante.

Limpie la parte exterior de la nariz de su bebé con una toallita o pañal de tela humedecido en agua tibia. Si se le forma costra seca alrededor de la nariz, utilice loción o crema para suavizarla hasta que salga. Evite secar la nariz constantemente porque puede empeorar la irritación. También puede usar toallitas faciales que contengan lociones para reducir la irritación causada por la limpieza excesiva de la nariz, o se puede aliviar con vaselina o humectantes labiales. Si el interior de la nariz se seca y forma costra, consulte con su proveedor de atención médica sobre gotas de solución salina. Los aspiradores nasales no funcionan bien y pueden causar irritación.

Los dientes

Es importante inculcar buenos hábitos de higiene dental desde la niñez. Esto beneficia a su niño de varias maneras. Primero, evita la acumulación excesiva de sarro, una sustancia que se adhiere a los dientes, puede producir caries, y puede causar que su bebé duerma con la boca abierta. Segundo, incentiva una serie de habilidades del desarrollo: desde acostumbrarse a la estimulación sensorial oral y a emitir sonidos delante del espejo, hasta aprender a usar el cepillo dental. Para evitar problemas dentales en el futuro, es esencial una buena higiene oral desde la infancia.

El cuidado dental de su niño es igual al de otros. La limpieza debe empezar desde que salen los primeros dientes. Frótelos con una gasa o toallita húmeda antes de dormir. Cuando su bebé pueda tolerar el cepillo dental, use uno de cerdas suaves. Algunos dentistas recomiendan el uso del cepillo eléctrico para el niño pequeño. Muchos cepillos emiten sonidos cada treinta segundos como aviso para cambiarlo de lugar y se apagan solos después de dos minutos. Los expertos recomiendan cepillarse los dientes por dos minutos dos veces al día, y hay pruebas de que las personas que usan cepillo eléctrico se cepillan por más tiempo que las que usan cepillo manual. Consulte con su dentista sobre lo más conveniente para su niño.

Al cumplir los dos o tres años, su niño deberá cepillarse los dientes dos veces al día para que adquiera buenos hábitos de higiene, pero usted deberá completarle el cepillado antes de acostarlo. Los padres deberán hacerlo hasta que el niño adquiera la destreza manual necesaria, por lo general, a partir de los seis años.

La Academy of Pediatric Dentistry[1] recomienda que la primera visita al dentista se realice a los dos años. El examen dental revelará el patrón de dentición de su bebé y será una oportunidad para aprender sobre higiene oral. A los tres años, su niño ya se habrá acostumbrado al consultorio dental y a su personal, y podrá participar en el examen, limpieza y tratamientos con flúor.

1 *Academia de Odontología Pediátrica.*

No permita que su niño se duerma con el biberón en la boca. Nunca lo acueste con el biberón lleno de jugo o fórmula, ya que el azúcar que contienen tiende a retenerse en la boca y adherirse a los dientes causando caries. Esto es importante aun sin dientes. Si su bebé ha adquirido este hábito, quíteselo de a pocos diluyendo gradualmente el jugo o la fórmula con agua hasta que el biberón sólo contenga agua.

:: La alimentación

Desde el nacimiento, la hora de comer es una de las ocasiones más importantes de interacción entre los padres y el bebé. El bebé suele estar alerta y atento cuando come, y las comidas pueden ser motivo de reunión y de momentos agradables en familia. Más adelante, su niño disfrutará de esas ocasiones familiares y conversará con todos sobre sus actividades cotidianas.

Alimentarse es la actividad que más energía y esfuerzo físico exige del recién nacido. El bebé con problemas cardíacos puede tener dificultad para alimentarse. El esfuerzo es tan grande que se le deben dar cantidades pequeñas con frecuencia para que se alimente bien. Consulte con su proveedor de atención médica sobre el volumen de líquido por biberón, la duración del amamantamiento, y los intervalos entre alimentos. Los signos de esfuerzo mayor que lo usual son:

- bostezos excesivos,
- palidez alrededor de la boca, o en los labios y la lengua,
- piel azulada,
- inapetencia,
- dificultad para respirar o respiración ruidosa,
- sudor al alimentarse, o
- incapacidad para ganar peso.

El niño con síndrome de Down, al igual que los demás, debe aprender a alimentarse solo, y este proceso requiere tiempo y paciencia. Su bebé necesita practicar para aprender y, como cualquier niño, lo va a embarrar todo. Prepárese a limpiar comida derramada y a lavar manitas y caritas, pero tenga por seguro que, a la larga, el niño con síndrome de Down aprenderá a comer solo.

Lactancia materna o con fórmula

El bebé con síndrome de Down puede amamantar o tomar biberón como cualquier bebé, pero podría necesitar más ayuda. Puede que al principio tenga dificultad con la coordinación, pero la mayoría aprende a lactar o tomar biberón. Si entiende los posibles problemas y cómo manejarlos, la lactancia podrá ser muy placentera para los dos.

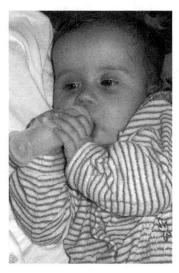

Ya sea que opte por lactancia materna o con fórmula, su proveedor de atención médica deberá evaluar periódicamente la nutrición y el crecimiento de su bebé. Este seguimiento es importante, ya que los posibles problemas médicos (por ejemplo, un defecto cardíaco congénito) y la hipotonía muscular que acompañan al síndrome de Down tienden a reducir la fuerza de succión.

La siguiente información es importante para los dos tipos de lactancia. Las características físicas del bebé y del niño con síndrome de Down influyen en su manera de alimentarse. En particular, alimentarse puede ser un reto para su bebé, ya que la hipotonía muscular interfiere con la coordinación de los músculos de los labios, lengua y mejillas. Como resultado, su bebé podría tener dificultad para sujetar firmemente el pezón o el chupón del biberón. Además su fuerza de succión podría ser reducida y, más adelante, podría serle difícil mover los alimentos dentro de la boca, algo necesario para masticar y deglutir. Al ir colaborando con su educador, terapeuta y proveedor de salud, usted se sorprenderá de lo complejo que es el acto de comer, y de cómo lo afecta el grado de desarrollo del bebé.

Obstáculos más comunes

Algunos bebés requieren técnicas especiales para fortalecer su habilidad motora oral, la capacidad de los músculos de la boca para succionar, masticar y deglutir. Esta habilidad motora oral puede verse reducida por la hipotonía muscular. Los ejercicios motores orales refuerzan los patrones naturales de succión y deglución. A menudo, algún especialista —terapeuta del lenguaje, terapeuta ocupacional, nutricionista o educador— le podrá enseñar esas técnicas a los padres. En general, es buena idea que el terapeuta evalúe los patrones de alimentación de su bebé para indicar técnicas que estimulen la alimentación. Y recuerde que toda técnica requiere tiempo y práctica.

La opinión sobre los pacificadores está dividida, pero algunos piensan que fortalecen los músculos de la boca y calman al bebé cuando está intranquilo. Los hay de todo tamaño, forma y material. Experimente con varios hasta que encuentre el que su bebé prefiera. Pero recuerde que, como cualquier bebé, es posible que el suyo no necesite o no quiera pacificador.

También puede emplear el pezón materno o el chupón del biberón para estimular los reflejos de búsqueda y succión de su bebé. Presiónele suavemente la mejilla o los labios para que voltee la cabeza hacia el pezón. Frótele con suavidad la mejilla al lado de la boca más cercano al pezón para que voltee en esa dirección. Ayude a su bebé a sujetar el pezón con los labios cargándolo en posición flexionada y manteniendo sus rodillas y bracitos flexionados hacia el pecho.

Otra técnica para que el bebé sujete bien con los labios consiste en frotarle las mejillas en dirección a los labios, y asimismo de la barbilla y de la nariz a los labios. Emplee el dorso de su dedo índice para ejercer presión suave. Esta estimulación motora oral organiza y concentra el esfuerzo requerido para lactar.

Lactancia materna. Si le da de lactar a su bebé, solicítele a su proveedor de atención médica el nombre y teléfono de un asesor de lactancia que pueda guiarla hasta que usted y su bebé dominen la técnica requerida. En algunas comunidades hay organizaciones con mujeres voluntarias dispuestas a compartir sus experiencias personales sobre la lactancia con madres de recién nacidos.

Se recomienda la lactancia materna en la medida de lo posible, ya que proporciona nutrientes esenciales e inmunidad natural contra las enfermedades como infecciones al oído, resfríos y diarreas. Sin embargo, a veces no es posible la lactancia materna. Además, es una decisión que la madre necesita tomar en consulta con su médico.

Lactancia con fórmula. Si opta por biberón, hay una gran variedad de chupones y puede que su bebé prefiera un modelo en particular. Verifique que el chupón permita un flujo de leche constante y parejo. También hay muchos tipos de biberón. Los más indicados para los bebés con succión débil son los biberones de plástico flexible o los que contienen bolsas de plástico descartables. La flexibilidad de esos biberones permite presionarlos ligeramente para mantener un flujo constante de leche. Una vez que haya elegido un modelo de chupón, úselo siempre. Evite cambiar de modelo, ya que cada uno requiere una manera de succionar ligeramente distinta. Cambiar de marca o modelo le haría difícil a su bebé dominar un determinado patrón de succión, además de frustrarlo y confundirlo.

Su bebé necesita de buen apoyo para alimentarse con comodidad y eficiencia. La hipotonía muscular dificulta mantener posiciones que favorezcan la succión y deglución adecuadas. Al principio, la madre o el padre deberán sostener al bebé mientras lacta. Es obvio que este tipo de apoyo dependerá de la edad y del nivel de desarrollo de su bebé. De recién nacido, coloque a su bebé en posición semierguida sosteniéndole la cabeza ligeramente inclinada hacia adelante. El recién nacido debe ser abrazado firmemente con sus piernitas apoyadas sobre su regazo.

Alimentación por demanda o con horario fijo. Puede estructurar la alimentación de su bebé de dos maneras: por demanda o con horario fijo. En la alimentación por demanda, alimente a su bebé cuando le dé indicaciones de que está con hambre y listo para comer. El horario fijo significa establecer una rutina de alimentación, generalmente de cada tres a cuatro horas.

Por lo general, el bebé con síndrome de Down se adapta mejor a la alimentación por demanda. Aprenda a reconocer los signos de hambre. Algunos bebés gimen o se inquietan antes de empezar a llorar por hambre. Si su bebé tiene dificultad para alimentarse, será más fácil hacerlo cuando tenga hambre y ganas. Todos los bebés se concentran en comer cuando están despiertos, alerta y hambrientos. Algunos signos de hambre son: saborearse, llevarse la mano a la boca, inquietarse, fastidiarse, buscar el pezón, sacar la lengua y llorar.

Algunos bebés con síndrome de Down tienden a quedarse dormidos en las horas en que deberían estar alimentándose. Alimentar a su bebé solamente por demanda no cubriría sus necesidades nutricionales. Su proveedor de atención médica podría sugerir despertarlo cada dos o tres horas para que se alimente adecuadamente. Controle la alimentación de su bebé para asegurarse de que su nutrición sea buena y consulte con su proveedor de atención médica. El bebé bien hidratado moja de seis a siete pañales al día, y su orina es clara o muy pálida.

Los alimentos sólidos

Usted podrá presentarle alimentos sólidos a su bebé con síndrome de Down a la misma edad que a cualquier otro, generalmente entre los cuatro y seis meses, aunque algunos padres esperan hasta el año. Se recomienda que el bebé con síndrome de Down empiece a los seis meses. Los alimentos sólidos estimulan el desarrollo de varias habilidades importantes, como las habilidades motoras finas, la capacidad sensorial oral y la emisión de sonidos. Las habilidades motoras finas son los movimientos de los músculos pequeños, por ejemplo, el pulgar y el índice como pinza para recoger trocitos de comida.

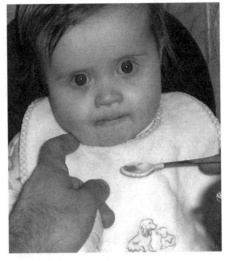

Más importante aún, los alimentos sólidos ayudan a su bebé a tolerar las diferentes consistencias de los alimentos. El bebé con síndrome de Down puede tener una marcada sensibilidad a ciertas consistencias y rehusarse a probar nuevos alimentos.

Al comer, algunos bebés tienen arcadas o tragan demasiado de golpe. Esto puede ocurrir cuando se les da demasiada comida o cuando se les acumula en la boca. Su médico o educador podrá indicarle el momento adecuado para presentarle alimentos sólidos a su bebé. Recuerde que durante el primer año de vida estos alimentos no sustituyen los nutrientes de la leche materna o la fórmula.

Al presentarle nuevos alimentos a su bebé, déle a escoger entre purés comerciales o purés preparados en casa. Ambas opciones son aceptables. Hoy, las compañías de alimentos infantiles enfatizan la nutrición restringiendo el uso de sal y azúcares. El orden de introducción de los alimentos sólidos varía, pero generalmente se empieza con cereal de arroz, luego con verduras amarillas y verdes, fruta y, finalmente, con carne y pescado. Su bebé podría rechazar algunos pero, ¿qué bebé come de todo? Procure que su dieta sea balanceada. Su proveedor de atención médica puede proveerle pautas nutricionales.

Déle porciones pequeñas de alimentos nuevos a su bebé durante varios días para asegurarse de que los tolera. Los bebés a menudo empujan hacia afuera la comida con la lengua. Para evitar esto, coloque una pequeña porción en el centro de la lengua empujando la cucharita ligeramente hacia abajo. También puede presionarle los labios ligeramente para que mantenga la boca cerrada.

Comer sin ayuda

Al irse adaptando a los alimentos sólidos, su bebé usará los dedos para comer, actividad básica y divertida que le dará cierta autonomía

y le permitirá explorar su entorno. Además, comer con los dedos desarrolla la percepción sensorial y el control motor fino.

Comer con los dedos es una extensión de la actividad mano a boca que se inicia al nacer. Preséntele un surtido de alimentos que pueda comer usando los dedos. Los alimentos pegajosos son ideales para el bebé que aún no puede agarrar. Ofrézcale requesón, yogur o pudín para que sumerja los dedos y se los lleve a la boca. Más adelante, cuando agarre mejor, déle trocitos de alimentos como cereal, pastas, verduras cocidas y frutas.

Cuando su bebé empiece a comer con cuchara, haga la prueba con varios tamaños y formas. Al principio, use una cuchara angosta y progrese a una con mango fácil de agarrar. La tarea será más simple si su bebé puede agarrar bien la cuchara y llevársela a la boca. Puede también encontrar cucharas con fondo plano y mango ancho. También las hay con perforaciones para que los alimentos no se caigan de la cuchara mientras su bebé se la lleva a la boca. Nuevamente, es buena idea que el terapeuta evalúe cómo su bebé se lleva la comida de la cuchara a la boca, y cómo sujeta y maniobra la cuchara.

Una postura y apoyo apropiados son tan cruciales como cuando su bebé lactaba o tomaba biberón. La postura al sentarse influye en la manera como se manipulan los alimentos y la cuchara. Use una silla de comer para bebés que mantenga el torso firme y erguido, ofrezca apoyo para los pies y tenga una bandeja a la altura de los codos. A algunos bebés les conviene usar cojines o soportes de espuma plástica hasta que aprendan a mantener la postura correcta. Su educador o terapeuta podrá indicar si su bebé necesita apoyo adicional y dónde lo requiere.

La hora de la comida con su bebé será agitada y bulliciosa, pero también muy placentera. Es típico de todo bebé que termine con más comida encima que adentro. ¿Qué hacer para evitar el caos total? Ante todo, mantenga una disciplina consistente. Fije reglas para las comidas y hágalas cumplir. Recuerde que las comidas son oportunidades excelentes para incentivar el desarrollo, el lenguaje y la autoayuda. Encuentre el punto de equilibrio en que las comidas sean placenteras, sin perder de vista que pueden ser gratificantes y frustrantes a la vez.

Beber de taza

La transición del pecho o el biberón a la taza dependerá de la capacidad de su niño para alcanzarla, agarrarla y controlarla. Cuando esté listo para beber de taza, su bebé ya habrá tomado la iniciativa de sujetar y llevarse el biberón o el pezón a la boca.

Para beber de taza, su bebé deberá ser capaz de sorber en lugar de succionar. Incentive a su bebé a sorber dándole líquidos en una taza de boca ancha o con tapa perforada para que el líquido salga de a pocos. Evite las tazas con pico porque estimulan el reflejo de succión en lugar de enseñarle a sorber.

Fíjese en que su bebé apoye la taza sobre el labio inferior y no sobre la lengua. El bebé tiende a preferir esto, ya que es más fácil sujetar la taza con la lengua que con el labio inferior, sobre todo si tiene el hábito de sacar la lengua. Corríjalo de pequeño porque de grande será difícil quitarle esa mala costumbre. Sosténgale la barbilla para acostumbrarlo a mantener la taza en la posición correcta sin usar la lengua. El educador o el terapeuta podrá enseñarle a su bebé la manera correcta de beber de taza.

El aumento de peso

Algunos bebés con síndrome de Down tienen dificultad para ganar peso, sobre todo si tienen defectos cardíacos congénitos. Esto es una preocupación, sobre todo durante el primer año de vida. El cardiólogo y el médico deberán controlar seguido a estos bebés. Se pueden recetar dietas especiales y otros tratamientos médicos para ganar peso.

El crecimiento de su bebé debe seguirse usando un cuadro de crecimiento para niños y niñas con síndrome de Down. (Vea los cuadros de peso y talla para el síndrome de Down en las páginas 132-139 al final del capítulo.) La tasa de crecimiento del niño con síndrome de Down es más lenta que la de los otros niños. Lo importante es mantener la proporción adecuada entre el aumento de peso y el crecimiento.

Como padre, querrá inculcar en su niño buenos hábitos alimenticios para toda la vida. En Estados Unidos hay epidemia de obesidad. Según estudios, muchos niños con síndrome de Down se vuelven obesos. Generalmente, la obesidad es una combinación de sobrealimentación con inactividad. Además, el metabolismo basal (consumo de energía en reposo) de los individuos con síndrome de Down es un 15 por ciento menor que el resto, es decir, consumen menos calorías. Otro factor es la costumbre de premiar al niño con dulces y golosinas con muchas calorías.

Comer alimentos ricos en sal y grasas desde pequeño puede llevar a una preferencia por esos alimentos. Es mucho más fácil no formar ese hábito que eliminarlo más adelante. Tenga en cuenta que los productos comerciales y las típicas comidas "al paso" tienen alto contenido de sal y grasas, y hay que evitarlos.

Esté consciente de que los hábitos y preferencias en la dieta que se adquieran en la infancia pueden influir en la nutrición por el resto de la vida. Consulte con su proveedor de atención médica sobre cualquier duda o pregunta referente al aumento de peso de su bebé. Controle periódicamente las necesidades nutricionales de su niño a fin de prevenir la obesidad.

∷ El sueño y el descanso

El patrón de sueño del recién nacido no se puede predecir. Suele dormir la mayor parte del tiempo y se despierta principalmente para comer. Por supuesto que todo bebé es diferente, pero el patrón de sueño del recién nacido con síndrome de Down es característico. Con la edad, aumenta la duración de los períodos de actividad y de sueño. A los dos o tres meses, el sueño está ya más organizado y se comienza a establecer un patrón.

Los padres aprenden rápido a reconocer las señales de hambre, sueño y atención de su bebé. Él expresará cada necesidad con llantos, movimientos y vocalizaciones diferentes. Usted llegará a reconocer cuándo quiere estar despierto y cuándo quiere dormir (con algo de suerte, coincidirán en esto último).

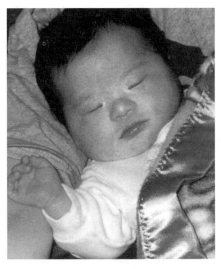

Siempre acueste a su bebé boca arriba, ya que se ha demostrado que esta posición reduce la ocurrencia del síndrome de muerte súbita del lactante (SMSL). Nunca use colchas, almohadas o colchones blandos ni coloque juguetes o animales de peluche en la cuna. Si deja a su niño al cuidado de un adulto (guardería, niñera o pariente), insista en estas reglas de seguridad. Consulte con su proveedor de atención médica sobre la seguridad de la cuna.

La profundidad del sueño de su bebé es variable y con frecuencia hará ruidos, muecas y se moverá, todos signos normales del sueño. Roncar en exceso, dar vueltas o dormir en posiciones inusuales *pueden* ser normales para el bebé con síndrome de Down, pero podrían también ser signos de apnea (ver el Capítulo 3). Reporte sus observaciones al pediatra.

Como en todas las actividades cotidianas del cuidado infantil, la rutina es importante. Muchos padres se quejan de que sus bebés no duermen toda la noche, no se calman si no se les carga, o quieren dormir en la cama de mamá y papá. No den por sobreentendido que, por tener síndrome de Down, necesitan tranquilizar a su bebé más que al resto. Como cualquier otro bebé, el suyo también los manipulará para que no lo acuesten. Establecer y hacer cumplir una rutina puede ayudar a evitar esos problemas. Por ejemplo, si su bebé se acostumbra a escuchar música o un cuento antes de acostarse, aprenderá a asociar estas actividades con la rutina de irse a dormir.

En general, la cuna se usa hasta que deja de ser segura porque el niño ha crecido y ya sabe trepar, pudiendo caerse. Debido a la hipotonía, quizás su niño se demore en desarrollar las habilidades para trepar y podrá usar la cuna por más tiempo. Lo más probable es que esté listo para la transición a una cama entre los dos y cuatro años de edad. Consulte con su proveedor de atención médica sobre las medidas de seguridad durante la transición.

■■ El estreñimiento

Muchos niños con síndrome de Down tienen estreñimiento, con heces duras y secas. Las expectativas de los padres con respecto a la evacuación intestinal de su bebé son variadas. La dieta influye en el color, la frecuencia y la consistencia de las deposiciones. Por ejemplo, los bebés que amamantan tienen de 4 a 6 deposiciones diarias; mientras los que toman biberón, entre 1 y 3. Converse con su proveedor de atención médica acerca de la frecuencia y la consistencia de las deposiciones, o sobre cualquier duda al respecto.

Si su niño con síndrome de Down tiene estreñimiento, la hipotonía muscular podría estar contribuyendo a su falta de fuerza para pujar y evacuar. Usted puede tomar algunas medidas para aliviarlo.

Primero, controle su dieta. El niño que consume las típicas comidas de los restaurantes al paso, generalmente con alto contenido de grasa (hamburguesas, papas fritas, batidos de leche) o de azúcar refinada (caramelos, galletas, bebidas azucaradas), podría tener problemas de estreñimiento, con deposiciones duras, secas y dolorosas, a intervalos de cuatro días o más. Es importante balancear la dieta con cereales integrales, verduras y fruta para facilitar la digestión y reducir el estreñimiento.

Segundo, asegúrese de que su niño beba muchos líquidos, sobre todo agua. Beber mucho líquido puede disminuir el estreñimiento. Consumir mayor cantidad de alimentos sólidos puede contribuir al estreñimiento.

Tercero, si su bebé todavía no usa bacinica y se esfuerza demasiado para defecar, flexiónele las piernas para que le presionen el abdomen y lo ayuden a pujar. De más grandecito, cuando pueda sentarse en el inodoro o en la sillita con bacinica, asegúrese de que sus pies tengan apoyo para que pueda pujar con más facilidad. Si usa la sillita con bacinica, los pies deben apoyarse sobre el suelo; si usa el inodoro, colóquele un banquito bajo los pies.

Cuarto, hágale hacer ejercicios, ya que la actividad física estimula las evacuaciones. Anime a su niño a bailar, a patear la pelota, a salir a caminar y a cualquier otra actividad divertida que lo mantenga activo. Finalmente, fije un horario para las comidas. Esto contribuye a regularizar las evacuaciones, ya que comer es otro estimulante natural. Si fuera necesario, adelante el desayuno para que su niño pueda ir al baño sin apuro antes de salir para la escuela. Algunos niños se estriñen porque no hacen caso a sus impulsos naturales para defecar. Quizás sólo quieran usar el baño de su casa o tengan vergüenza de pedir permiso para ir al baño en la escuela. En esos casos, unas palabras reconfortantes de los padres y la maestra podrían ser el único tratamiento necesario. Sin embargo, consulte con el médico si el estreñimiento le causa dolor a su niño.

Muchos de los problemas del estreñimiento en la niñez pueden aliviarse con cambios sensatos al estilo de vida o a la dieta. A menudo, no serán necesarios los laxantes. Es más, su uso innecesario puede causar estreñimiento. Nunca le dé a su niño medicamentos para el estreñimiento sin previa consulta médica, aun aquéllos que se venden sin receta, ya que pueden ser dañinos.

Siempre consulte con su proveedor de atención médica antes de darle a su niño cualquier medicamento para el estreñimiento. Si el problema persiste, mantenga informado a su médico de cambios en las deposiciones, ya que podrían indicar otros problemas de salud.

El tratamiento del estreñimiento se debe adecuar a las necesidades individuales. Su proveedor de atención médica es el más indicado para determinar el tratamiento y realizar el seguimiento de su bebé.

:: Aprender a usar la bacinica

La edad en que el niño con síndrome de Down aprenda a usar la bacinica varía tanto como en los demás niños. Algunos aprenden con relativa facilidad, mientras otros recién lo logran pasados los tres años. Aunque este adiestramiento requiera mucho tiempo y esfuerzo, tenga por seguro que su niño o niña aprenderá a ir al baño.

Aprender a usar la bacinica representa un reto para el niño con síndrome de Down, ya que requiere el dominio simultáneo de varias áreas del desarrollo. Algunas de éstas, como la comunicación, el control muscular y la percepción de la necesidad de orinar y defecar tienden a retrasarse en el niño con síndrome de Down.

Al ir creciendo, su niño se irá dando cuenta de su necesidad de orinar y defecar, y para entonces deberá ya saber cómo comunicar que tiene que usar la bacinica. Esté alerta a los signos o indicaciones de que su niño tiene el pañal mojado o sucio, por ejemplo, si se ve fastidiado o si pide que se le cambie el pañal. Estos signos dejan saber que su niño percibe sus necesidades corporales. Otros signos de que está listo para el adiestramiento son: ponerse en cuclillas, gruñir, bajarse los pantalones, saltar de arriba para abajo y lloriquear. Además, necesita menos cambios de pañal. Cuando usted observe que su niño se percata de sus necesidades corporales, use la guía a continuación para enseñarle a usar la bacinica: (Ver el siguiente cuadro.)

Algunos profesionales recomiendan un adiestramiento gradual, quizás tomando como pautas las horas en que más moja o ensucia el pañal el niño. Otros recomiendan esperar hasta que dé signos o

■■ Guía de adiestramiento para usar la bacinica

1. Consiga una silla con bacinica.
2. Permita que su niño se familiarice con la silla.
3. Coloque la silla en un lugar conveniente.
4. No lo obligue a usar la silla si ve que se asusta.
5. Establezca la rutina de sentarlo una vez al día en la silla con la ropa puesta y, más adelante, sin ropa.
6. Coloque las heces del pañal en la bacinica para que sepa adonde van.

Adaptación de Pediatrics Toilet Training Guidelines de la American Academy of Pediatrics[2]

---

2 *Academia Americana de Pediatría.*

indicaciones de que está listo. Una palabra de advertencia: no presione a su niño a usar la bacinica. También evite los elogios exagerados; estos deben ser comparables con los de cualquier otro logro. Es importante recordar que esta destreza es solamente una de tantas que su niño está tratando de dominar al mismo tiempo. Aprecie su esfuerzo y comprenda que tendrá muchos reveses.

Aprender a usar la bacinica es un proceso de varias etapas. Los reveses serán frecuentes y no los considere fracasos. Es común que los reveses o los retrocesos ocurran durante períodos de tensión o de cambios en la rutina, como una enfermedad u hospitalización. La Lista de Lectura al final del libro incluye recursos útiles para este proceso. Al poner en práctica un programa de adiestramiento para usar la bacinica, preste atención y refuerce los buenos comportamientos y hábitos de higiene de su niño. Además, no permita conductas inapropiadas, como jugar con las heces.

▪▪ El ejercicio

Hacer ejercicio es vital para todo niño con síndrome de Down, ya que puede romper el círculo vicioso de hipotonía muscular que lleva a la inactividad y a la obesidad. Debido a que con la hipotonía los movimientos requieren más esfuerzo, usted debe monitorear los movimientos de su bebé diseñándole un buen programa de ejercicios y motivándolo a moverse.

Para empezar un programa de ejercicios, converse con su fisioterapeuta o su educador, o busque información sobre el tema. Ellos podrán verificar que los ejercicios de su bebé promuevan el desarrollo sin causar daño. La fortaleza muscular, la coordinación y el equilibrio pueden ayudar en muchas áreas del desarrollo.

Si su niño además tiene alguna condición médica, como un defecto congénito cardíaco, consulte con su cardiólogo pediatra o proveedor de atención médica sobre el nivel de actividad adecuado.

:: Los cuidadores infantiles

Salvo que su bebé tenga convulsiones u otro problema de salud de consideración, el cuidado de su bebé por terceros no requiere adiestramiento especial. Cualquier persona madura, cuidadosa y responsable, que le inspire confianza, puede cuidar a su bebé. Por supuesto que usted deberá enseñarle los hábitos de comida, descanso y juego de su bebé, pero eso es así con todo niño. Es importante que de vez en cuando contrate a una niñera, ya que así todos salen ganando. Usted necesita tiempo para sí mismo, y su bebé necesita interactuar con otras personas que no sean de su familia.

A menudo, los padres tienen dificultad para dejar a su recién nacido con síndrome de Down en manos de una niñera, sobre todo cuando el bebé tiene problemas médicos. No dejen que el temor constante a una emergencia los confine en casa privándolos de momentos valiosos para salir a divertirse y relajarse. Es fácil evitar este problema contratando un cuidador competente.

Si prefiere una persona especializada, pídale a su cuidador que lleve cursos en cuidado infantil. Muchos hospitales comunitarios ofrecen cursos a costo nominal. Para encontrar servicios de cuidado infantil, use los recursos de su comunidad, como el grupo local de niños y niñas con síndrome de Down (a menudo llamado PODS/ *Parents of Down Syndrome*)[3], el *ARC*[4], o el departamento de educación especial o de enfermería de las universidades de su zona, ya que podrían mantener una lista de cuidadores especializados en niños con discapacidades. Una buena idea es compartir servicios con otras familias (de preferencia, de niños con síndrome de Down). Muchas jurisdicciones cuentan con fondos para atención suplente (de alivio familiar) y para cuidadores especializados. Para informarse, llame al *ARC* de su zona.

Si está pensando en regresar a trabajar, ya sea a tiempo completo o parcial, necesita que alguien cuide a su bebé. Como las necesidades de su bebé con síndrome de Down son tan similares a las de cualquier bebé, es siempre posible encontrar buenas guarderías que lo reciban. Además, piense en las necesidades de su familia y considere las siguientes alternativas: un centro de cuidado infantil, un hogar familiar certificado (cuidado de varios niños en la casa del cuidador) o un cuidador a domicilio en su propia casa.

---

3 *Padres de Niños con Síndrome de Down.*
4 *Antes, Association for Retarded Children, Asociación para el Niño con Retraso Mental.*

■■ Conclusión

El cuidado de todo bebé representa un reto formidable. La tarea se complica aún más cuando se tiene un bebé con síndrome de Down y con necesidades especiales. Si bien su bebé es especial, su cuidado diario es muy similar al de todos los demás y podrá adaptarse a la rutina de su vida familiar. Con información, paciencia y tenacidad, la rutina que usted establezca para su bebé los beneficiará a todos. Revise la Lista de Lectura al final del libro y consulte con sus médicos, educadores y terapeutas. Siempre recuerde: al igual que todo bebé, su bebé con síndrome de Down necesita amor, atención y cuidados.

■■ Impresiones de los padres

En el hospital Gaby no pudo sujetar bien el pezón, pero creo que parte del problema fue que me faltaba privacidad para poderme relajar. Una vez en casa, empezó a mamar como campeona.

Durante los primeros meses, nuestra bebé siempre se nos dormía antes de terminar de comer. Teníamos que moverla y destaparla para que se despertara y terminara de comer.

Probamos muchos chupones hasta que finalmente encontramos uno que le acomodó a Jaime. Muchos nos sugerían el uso de un biberón con bolsas desechables que pudieran apretarse para exprimirle la leche en la boca, pero eso no le gustó. Cuando encontramos la marca de chupón que le agradó, compramos un par de docenas para que nunca nos faltaran.

Le di de lactar a mi hijo desde que nació y eso fue una gran suerte. Nunca tuvo problemas y a los cuatro meses empezó a comer alimentos

sólidos. Ya cumplió veinte meses y ahora come solito con cuchara. El que le enseña a comer es su papá porque al resto nos maneja a su antojo. Intentamos que las comidas no se conviertan en batalla, pero al bebé le gusta ponernos a prueba. En este momento está pasando por una de esas etapas, y se le ha dado por sujetar cosas a los lados de su sillita mientras nos mira para ver si le decimos algo, y luego las arroja. Pero cuando quiere, sabe comer muy bien.

No tuve suerte para darle de lactar a mi hija. Tenía muchos problemas para sujetar el pezón y cuando finalmente lo hacía, no mamaba mucho tiempo porque se quedaba dormida. Después de nacer, empezó a perder peso muy rápido y durante seis semanas me sacaba leche y se la daba con biberón hasta que se me secó la leche. Recuperó su peso rápidamente tomando biberones de mi leche suplementada con fórmula.

Una noche fui a darle su beso de buenas noches a Benjamín y me lo encontré sentado en el medio de su cuna completamente empapado, con todo el pelo parado, y su piyama y colcha mojadas con leche. ¡Sus diestros deditos habían destapado el biberón y se había echado toda la leche sobre la cabeza! Capté el mensaje: ya no más biberón.

De pequeña, nuestra hija se resistía a sujetar el biberón. No era que le faltaran fuerzas, sino que prefería que alguien lo hiciera por ella. Finalmente, encontré un biberón pequeñito de dos onzas y ese sí lo quiso sujetar.

Nos costó mucho trabajo que Gaby usara taza. Había escuchado que la Sippy Cup no era recomendable porque promueve el uso de músculos inadecuados, así que compramos todos los otros tipos de taza imaginables. Pero parecía que con todas ellas se le llenaba la boca de golpe y ya no quería saber nada de las tazas.

Cuando Samuel era bebé, yo le daba de lactar para que se durmiera. Sabíamos que "eso no se debe hacer", pero es que era lo más fácil.

Cuando se quedaba dormido, lo poníamos con todo cuidado en la cuna. A veces se despertaba dando de alaridos y había que volver a empezar.

Nuestra hija lloraba tan bajo que, cuando se despertaba por hambre en la noche, parecía una gatita maullando. Fue importante instalar un monitor del sueño en su habitación a pesar de que estaba al lado de la nuestra.

Nuestra hija no pudo conciliar el sueño hasta los tres años. Si no la mecíamos para dormirla, se ponía a llorar en la cuna. Antes de acostarla y de cada siesta, le dábamos el biberón, la mecíamos hasta que se durmiera, y la cargábamos por unos quince minutos más. Estoy segura de que algunos pensaban que la consentíamos demasiado, pero era lo único que funcionaba. Pero en una convención de síndrome de Down, me enteré de que muchos bebés y niños con síndrome de Down tienen dificultad para dormirse y quedarse dormidos. Me sentí mejor al saber que yo no era la única. ¡Y por supuesto que nunca me importó abrazar más a mi bebé!

Puede ser difícil ponerle una cucharada de cereal en la boca. Es como que su lengua quisiera empujar la comida. Pero a nuestra bebé le gusta comer, así que creo que pronto comerá bien con cuchara.

Cuando nuestra hija tendría unos tres años, le dio por escoger su ropa (y en lo posible, vestirse ella sola) y se le ocurrían unas combinaciones de lo más disparatadas. Como yo no quería desanimar su independencia, decidí comprarle pantalones largos y cortos de color entero para que ella pudiera seguir escogiendo su ropa, pero evitando combinaciones extravagantes.

Las etiquetas en la ropa le fastidian a nuestro hijo, así que siempre las cortamos.

En la intervención temprana le están enseñando a Samuel a echarse de espalda, flexionar las rodillas hacia la barbilla y sacarse los calcetines. Practicamos con él cuando le cambiamos el pañal. Está empezando a aprender y eso nos tiene entusiasmados.

Marcos tiene dieciséis meses y no le han salido dientes, pero muele bien la comida con las encías. Creo que esto no ha retrasado el proceso de presentarle alimentos nuevos.

A nuestra hija no le gusta el sabor de la mayoría de las pastas dentales. Hemos probado con todos los sabores para niños, pero creo que son muy intensos para ella, o no sé qué. Hay una marca en las tiendas de productos naturales que tiene un ligero sabor a fresa y que ella generalmente tolera.

Marisa se rebelaba cada vez que intentábamos cepillarle los dientes con un cepillo normal. Cerraba la boca con fuerza y sacudía la cabeza. Su terapeuta del lenguaje nos sugirió un cepillo eléctrico con algún dibujo divertido. Llevé a Marisa a la tienda y escogió uno en forma de barquillo. Ahora se deja cepillar los dientes sin la pelea de costumbre, e incluso me lo recuerda todas las mañanas antes de irse al jardín infantil. Abre la boca y se la señala hasta que le cepille los dientes.

Creo que esperamos demasiado para enseñarle a nuestra hija a usar la bacinica. Cuando por fin lo intentamos, estaba pasando por la típica etapa de rebeldía infantil y el aprendizaje se volvió una batalla. Si tuviera que hacerlo otra vez, comenzaría apenas caminara.

Nuestra hija tiene vejiga de acero inoxidable. Cuando empezamos a enseñarle a usar la bacinica, se aguantaba todo el día y se la hacía cuando le poníamos el pañal de aprendizaje para dormir.

Andar con pañales sucios y mojados nunca fastidió a nuestro hijo. Me pregunto si esta falta de sensibilidad es común en los niños con síndrome de Down.

La mejor motivación para nuestra hija fue ver a los demás niños en el jardín infantil usando el baño y ropa interior de verdad. Le compramos un asiento suave para inodoro y las maestras terminaron enseñándole cómo usarlo.

Enseñarle a Miguel a ir al baño no fue nada del otro mundo. Se demoró un poco, pero no tuvo más problemas que el resto.

Marisa (de tres años y medio) ha estado usando la silla con bacinica y pañales de aprendizaje desde casi los dos años. Hay días en que me indica por señas que tiene que ir al baño y mantiene su pañal seco por horas. Pero hay otros días en que no me dice nada. Creo que nuestro mayor problema es la comunicación. Ha inventado su propia seña para "quiero ir al baño", pero si no estamos en la misma habitación y no la vemos, se la hace en el pañal. Espero que cuando empiece a hablar, nos comunique sus necesidades con más frecuencia.

Creo que me he comprado todos los libros jamás publicados sobre el adiestramiento para usar el inodoro y nuestra hija todavía no sabe cómo. Avanzamos 2 pasos y retrocedemos 1 1/2. No entiendo este retraso cuando ya ha dominado muchas otras habilidades sin gran demora.

A Gaby le gusta bañarse en agua bastante fría. Si la siente un poquito caliente, reacciona como si le quemara. La tenemos que sumergir poco a poco. Si no, retrae las piernas y no quiere sentarse.

Es difícil bañar al niño que tiene tubos en los oídos. Hay que enjuagar la cabeza con mucho cuidado para que no entre agua jabonosa en los

oídos. El otorrinolaringólogo nos sugirió tapones, pero Jaime se los para sacando.

Creemos que es muy importante tratar a Claudia con normalidad. Eso significa esperar una conducta normal. Por ejemplo, le exigimos buenos modales a la hora de comer, que use los utensilios correctamente, que mastique bien y cosas por el estilo. Nuestras expectativas son altas y ella está respondiendo. La clave está en aceptar sólo comportamientos normales aunque requieran mucho esfuerzo.

Con excepción del cuidado de la piel, mi hija no ha necesitado atención especial. Aparte de esto, la trato como a una bebé normal. Felizmente nunca ha tenido problemas de consideración.

El cuidado diario de José siempre ha sido intenso. Ha implicado algo de culpa y siempre nos sentíamos obligados a hacer cada vez más. Cada momento era como un experimento en un laboratorio de desarrollo.

A los dos años, nuestra hija ya era gordita. Creo que el síndrome de Down la hace ver más llenita. Su tono muscular ha mejorado en los últimos meses. Ahora está girando mejor el torso y se le ve un poco más esbelta.

Antes de su operación al corazón, tuvimos que sobrealimentar a nuestra hija. Es difícil cambiar de rutina después de algo como una operación al corazón. Antes de la operación era "come, come, ponte fuerte, ponte fuerte". Lo que quería, se lo dábamos. Romper esa costumbre fue difícil para nuestra niña, ¡y para nosotros también!

Nos costó trabajo dejarla con niñera. Es que nos sentíamos incómodos. Creo que la sobreprotegíamos. No habíamos salido en casi dos años. Últimamente, hemos cambiado de actitud. La hemos dejado con varias personas y ella se ha llevado bien con todas.

Cuando Gaby era bebé, casi nunca la dejábamos con niñera. Cuando empezó a ir al jardín infantil, empezamos a salir más seguido. Una de sus maestras también trabajaba de niñera y nos sentíamos muy cómodos dejándola con ella.

Nuestro hijo va a la guardería desde los tres meses, así que estamos acostumbrados a que otros lo cuiden. Por supuesto que nos preocupaba dejarlo con personas relativamente desconocidas, pero siempre le fue bien. Como no tiene problemas especiales de salud, su cuidado siempre fue igual al de cualquier otro niño.

Cuadro de crecimiento para niños con síndrome de Down (0-3 años)
ALTURA

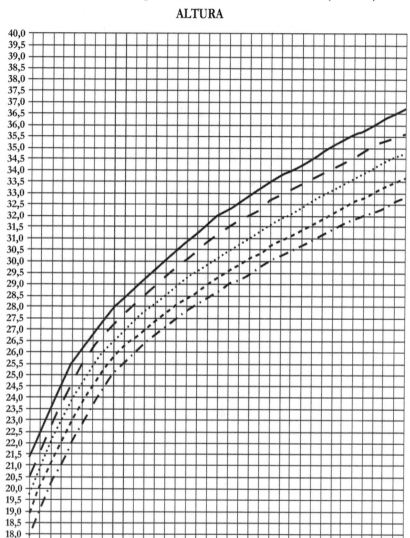

Reproducción autorizada por www.growthcharts.com
Reimpresión autorizada por la National Down Syndrome Society ■ 800-221-4602 ■ www.ndss.org ■ info@ndss.org

Cuadro de crecimiento para niños con síndrome de Down (0-3 años)
PESO

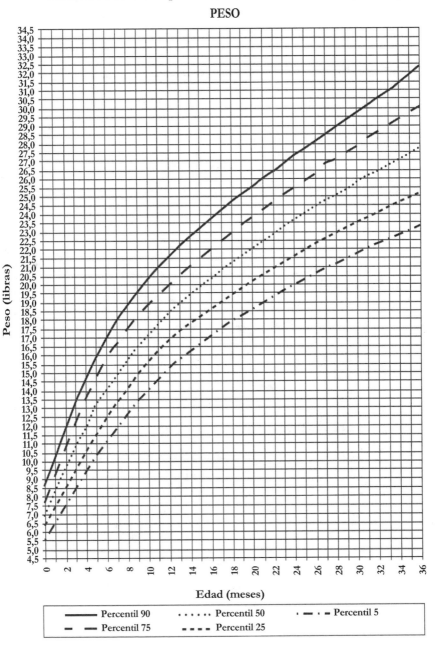

Edad (meses)

—— Percentil 90   •••••• Percentil 50   •—•—• Percentil 5
— — Percentil 75   — — — Percentil 25

Reproducción autorizada por www.growthcharts.com
Reimpresión autorizada por la National Down Syndrome Society ▪ 800-221-4602 ▪ www.ndss.org ▪ info@ndss.org

Cuadro de crecimiento para niños con síndrome de Down (2-18 años)
ALTURA

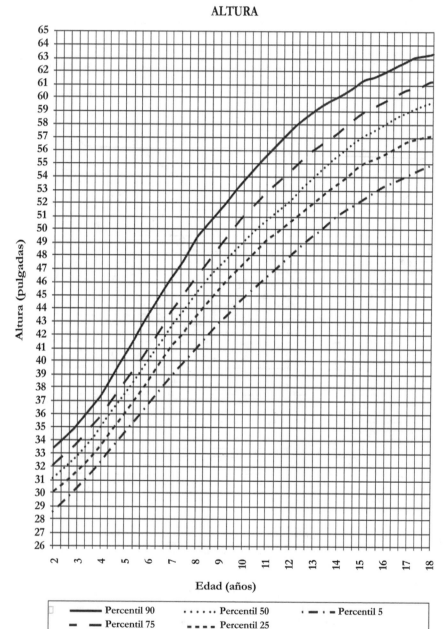

Reproducción autorizada por www.growthcharts.com
Reimpresión autorizada por la National Down Syndrome Society ■ 800-221-4602 ■ www.ndss.org ■ info@ndss.org

Cuadro de crecimiento para niños con síndrome de Down (2-18 años)

PESO

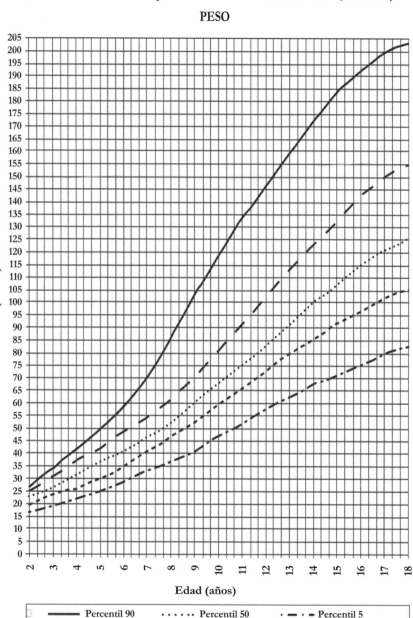

Reproducción autorizada por www.growthcharts.com
Reimpresión autorizada por la National Down Syndrome Society ▪ 800-221-4602 ▪ www.ndss.org ▪ info@ndss.org

Cuadro de crecimiento para niñas con síndrome de Down (0-3 años)
ALTURA

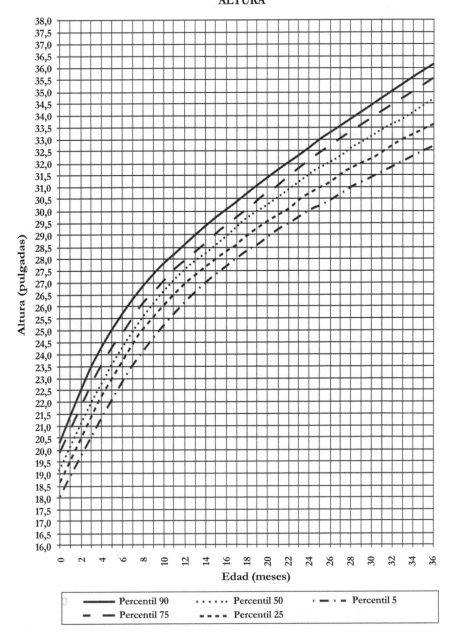

Percentil 90 ······ Percentil 50 · — · — Percentil 5
— — Percentil 75 ▪ ▪ ▪ ▪ Percentil 25

Cuadro de crecimiento para niñas con síndrome de Down (0-3 años)

PESO

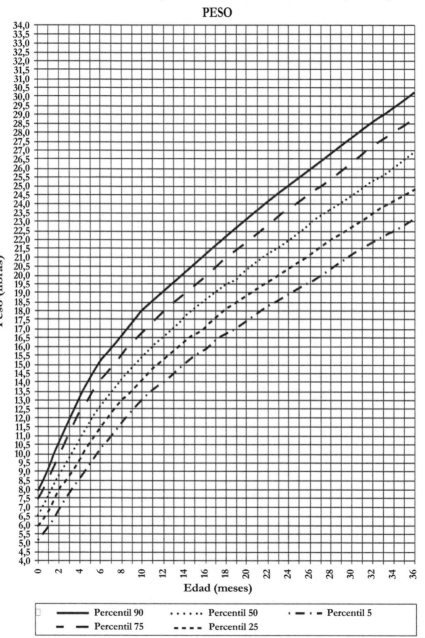

Peso (libras)

Edad (meses)

——— Percentil 90 ······ Percentil 50 ‣ — ‣ — Percentil 5
— — Percentil 75 ▬ ▬ ▬ Percentil 25

Cuadro de crecimiento para niñas con síndrome de Down (2-18 años)

ALTURA

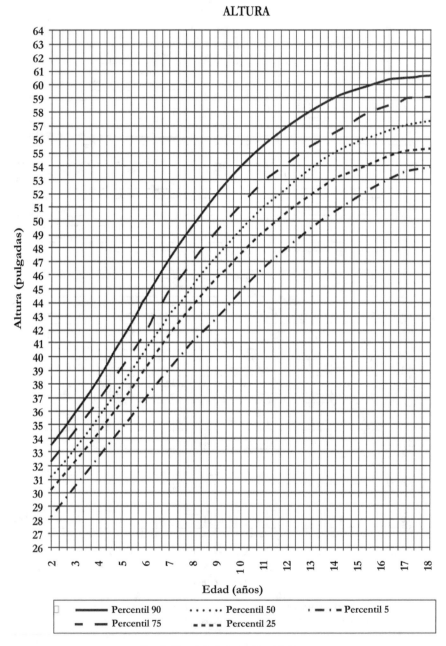

Edad (años)

——— Percentil 90   •••••• Percentil 50   ▪ ━ ▪ ━ Percentil 5
━ ━ Percentil 75   ▬ ▬ ▬ Percentil 25

Cuadro de crecimiento para niñas con síndrome de Down (2-18 años)

PESO

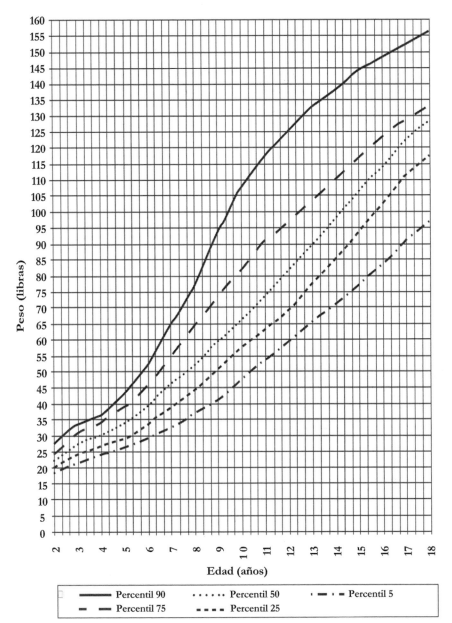

Reproducción autorizada por www.growthcharts.com
Reimpresión autorizada por la National Down Syndrome Society ▪ 800-221-4602 ▪ www.ndss.org ▪ info@ndss.org

5

LA FAMILIA Y
SU BEBÉ

Marian H. Jarrett, Ed.D.

Seguro que han pensado en los cambios que el nacimiento de su bebé les va a traer. Mucho de lo que se imaginan los hace felices, y con toda razón, porque su bebé les dará grandes alegrías. Pero la llegada de un bebé con síndrome de Down también puede causar tensión en los miembros de la familia y en las relaciones familiares. Es una situación que la familia deberá

encarar en conjunto. Usted tendrá que afrontar el reto a su manera, pero desde ahora debe saber que se puede superar. Miles de familias lo pueden atestiguar.

Hoy, el futuro es prometedor para la familia del niño con síndrome de Down. Lo mucho que se ha aprendido está ayudando a las familias a criar con éxito a sus hijos. Gracias a la intervención temprana, programas de educación especial, la inclusión, una mayor aceptación social, grupos de apoyo y adelantos médicos, la vida familiar es hoy mucho mejor que hace sólo una generación, ya que ahora se cuenta con muchas fuentes de información y apoyo.

A muchos padres les preocupa cómo impactará a su familia el bebé con síndrome de Down. Una de las inquietudes más frecuentes es si el bebé llegará a adaptarse. También se preguntan: "¿Serán tantas las necesidades de nuestro bebé que nos alteren la vida familiar? ¿Nos avergonzará a todos nuestro niño con síndrome de Down? ¿Se nos acabó la diversión en la familia?". Estas preguntas reflejan las inquietudes más frecuentes de los padres del bebé con síndrome de Down.

Otra preocupación de los padres es cómo responder al desafío que significa un niño con necesidades especiales. Criar un hijo con discapacidades requiere gran esfuerzo, y la crianza del niño con síndrome de Down no es la excepción. Fomentar el desarrollo, la autonomía y las destrezas sociales representa un desafío, y es natural que los padres se pregunten si podrán cumplir con todo lo requerido. ¿Cómo satisfacer todas las necesidades de su bebé con síndrome de Down sin desatender las responsabilidades para con sus otros hijos, su cónyuge, su empleo y su persona?

El temor a lo desconocido forma gran parte de esas preocupaciones. Pero recuerde que otros padres ya se han enfrentado a esos mismos temores e inquietudes. Ellos le dirán que criar a su niño con síndrome de Down los obligó a realizar cambios que requirieron gran esfuerzo y adaptación. También le dirán que esta nueva adición a la familia fue un acontecimiento positivo y que no se imaginan lo que hubieran sido sus vidas sin su bebé.

Los padres son la clave para que la familia se adapte al niño con síndrome de Down. Los hijos, los parientes y los amigos seguirán su ejemplo. Su actitud definirá el patrón de conducta de toda la familia desde el momento en que nazca el bebé.

■■ Ser padre o madre de un bebé con síndrome de Down

Antes de nacer su bebé, pueden haberse imaginado que lo criarían guiándose de su instinto natural. Pero los padres de un bebé con síndrome de Down enfrentan retos únicos y puede que usted tenga dudas sobre su capacidad para satisfacer las necesidades "especiales" de su bebé. Se pregunta: "¿Cómo alimentar a este bebé al que comer le cuesta tanto trabajo? ¿Necesitará ejercicios especiales para aprender a caminar? ¿Aprenderá a hablar y entenderemos lo que dice?". También se pregunta si este tipo de preocupaciones por el futuro impedirá que algún día su bebé llegue a ser parte de su familia.

Todos los padres pasan por inquietudes y emociones conflictivas durante las primeras etapas de vida del bebé. Al igual que los padres de los bebés con síndrome de Down, se preocupan por los cólicos, los horarios de lactancia, los sarpullidos, los resfríos y todos los demás detalles del cuidado infantil. Aprenden enseguida que el cariño, la aceptación y la disciplina son los ingredientes fundamentales para ser buenos padres, y no cabe duda de que también ustedes dependerán de ellos para criar a su bebé. Si bien esta sección sólo toca áreas de la vida familiar que son *diferentes* debido al síndrome de Down, la meta es la misma: que su bebé se convierta en miembro activo y valioso de la familia.

Sus familiares y amigos podrían ayudar con el desafío de criar a su bebé. También recuerde que los maestros y demás profesionales de su niño son fuente de apoyo invalorable. La asociación entre padres y profesionales, que se trata en el Capítulo 7, es también fuente importante de información práctica. Las tareas diarias son más fáciles si se tiene con quién conversar y a quién consultar. Podrá manejar sus incertidumbres, preocupaciones y dudas con prontitud. Y, más importante aún, los consejos de estos maestros y profesionales están basados en su experiencia colectiva con muchas familias y niños. Como resultado, esos consejos podrían serles muy útiles para resolver sus dudas y problemas.

Ser parte de la familia

Desde el primer día, usted debe esperar que su bebé con síndrome de Down sea parte de la familia, y no el centro. Sólo porque su bebé tiene una discapacidad no quiere decir que deba dominar la vida familiar. Esto no es bueno para el bebé, ni para el resto de la familia. Las necesidades especiales de su bebé exigirán recursos físicos y emocionales que otros bebés pudieran no exigir. Pero recuerde que su meta es equilibrar las demandas conflictivas de los miembros de su familia de manera que todos se sientan equivalentes y útiles. Todos los padres se enfrentan a este mismo reto, aun los que tienen hijos sin discapacidades.

La relación de cada miembro de la familia con el niño con síndrome de Down será un reflejo de su actitud como padre. Si usted carga, mima y ama a su bebé, si expresa sus sentimientos de afecto, si enfrenta sus desafíos con una actitud positiva, entonces los demás miembros de

la familia seguirán su ejemplo. Al ir realizando la tarea de integrar a su bebé y su discapacidad en su vida, usted y su familia lo irán amando cada vez más. Este amor será su aliado más decidido, su vínculo más sólido. Con paciencia y comprensión, su bebé será un miembro querido de su familia.

Además de crear un ambiente propicio, es fundamental la comunicación con sus demás hijos. Callar las cosas crea confusión y preocupación. Apenas puedan entender, explíqueles de manera apropiada para su edad que su hermano o hermana tiene síndrome de Down, y manténgalos informados. Los niños saben amar sin reparos, sobre todo a sus hermanos. Le sorprenderá su capacidad para entender y la facilidad para aceptar lo que muchos adultos reciben con tristeza o consternación.

Si usted acepta y se siente a gusto con él, su bebé con síndrome de Down formará parte de su familia y su estilo de vida. Su niño disfrutará de las cenas, de los paseos familiares, y de ir a la escuela con otros niños. Lo más probable es que su niño reciba parte de su educación, si no casi toda, en una escuela donde se le incluya en un aula para niños con desarrollo típico. Esto le permitirá imitar el comportamiento de sus compañeros de clase. Sus esfuerzos por incorporar a su niño al mundo "normal" de la escuela y la familia lo favorecerán en gran medida. Y los beneficios son dobles: ayudan a su niño, y ayudan a las personas en su entorno a enterarse del síndrome de Down y a sentirse cómodos alrededor de las personas con esa condición.

Lleve a su niño a la alberca, al supermercado y al restaurante. A menudo, la promesa de "salir a comer pizza" alegra el día y convierte la cena en ocasión especial para toda la familia. No deje de matricularlo en actividades comunitarias: deportes, jóvenes exploradores y clases de arte. Busque actividades que le gusten y donde pueda participar con otros niños. Los problemas médicos de algunos bebés con síndrome de Down pueden aumentar la tensión familiar. Aunque su meta sea incorporar al bebé a la familia, sus necesidades médicas podrían interferir. A veces será necesario que los padres centren toda su atención en su bebé con síndrome de Down. Esto es normal. Ocurre en toda familia cuando uno de sus miembros se enferma o tiene algún problema. Recuerde que no debe marginar a sus demás hijos. Anímelos a visitar al bebé en el hospital y a expresar lo que sienten. Sobre todo, manténgalos informados. Ellos se preocupan y quieren ayudar.

Cariño y aceptación

Para la mayoría de los padres, el nacimiento de un bebé con síndrome de Down es un acontecimiento traumático. Quieren proteger y amar a su recién nacido, pero también sienten tristeza y desilusión. Es probable que esos sentimientos conflictivos persistan al ir creciendo el niño, pero esté dispuesto a reconocerlos y aceptarlos sin sentirse culpable. Después de todo, ningún padre está contento con sus hijos todo el tiempo.

Conozca a su bebé. Infórmese acerca del síndrome de Down. Es posible que al principio hasta tema amar a su bebé porque conoce tan poco de él y de su síndrome. A medida que lo vaya conociendo, irá recobrando la calma.

Hoy en día es más fácil establecer una buena relación personal con el bebé gracias al apoyo y guía de profesionales especializados, grupos comunitarios, familiares y amigos. Esto permite que los padres, con la fuerza de su cariño, puedan desarrollar un ambiente donde el niño se realice como individuo.

Algunos padres sienten que no pueden mantener en su hogar a su bebé con síndrome de Down. Una alternativa es darlo en adopción. Algunas organizaciones tienen listas de personas específicamente interesadas en adoptar niños con síndrome de Down. La Down Syndrome Association of Greater Cincinnati[1] tiene un programa,

---

1 *Asociación de Síndrome de Down de Cincinnati.*

llamado Adoption Awareness[2], que ayuda a colocar en adopción a niños con síndrome de Down (ver Guía de Recursos). Otra alternativa factible es una familia sustituta, ya que la vida familiar es lo que más beneficia a las personas con síndrome de Down.

Expectativas

Todo bebé con síndrome de Down posee capacidades físicas e intelectuales innatas. Como se analiza en el Capítulo 6, a menudo

esas capacidades no son iguales a las de los demás niños pero, en todo caso, no es posible predecir el potencial íntegro de ningún niño a tan temprana edad. No piense en lo que su bebé no puede hacer. Esfuércese por lograr ese frágil equilibrio entre la evaluación realista del desarrollo de su bebé y las expectativas negativas que pronostican bajos rendimientos. Lo principal es que usted apoye y eduque a su niño desde pequeño para que lleve una vida provechosa y feliz.

Nadie dedica más tiempo a los hijos que sus padres y sus expectativas pueden influir de manera apreciable sobre ellos. Por ejemplo, si usted cree que su niño no va a aprender a vestirse solo, puede que nunca lo haga. Quizás, sin querer, usted no le ha dado la oportunidad para aprender. Puede que lo esté ayudando demasiado a vestirse o desvestirse porque, inconscientemente, sus expectativas son bajas.

No forme expectativas en un vacío, y no las base en estereotipos. Hable con médicos, maestros, terapeutas y otros padres de niños con síndrome de Down. Lea libros y revistas actuales, y asista a seminarios y conferencias para mantenerse al día con las últimas investigaciones. Para fijar expectativas realistas se requiere información y comunicación. Más importante aún, no haga muchos planes para el futuro. Concéntrese en el siguiente hito del desarrollo; fije metas a corto plazo. Después de todo, el futuro se va formando al andar.

Fijación de límites

Los padres son los responsables por la disciplina de sus hijos, incluido su niño con síndrome de Down. No le hace ningún favor a su

---

2 *Toma de Conciencia de la Adopción.*

niño cuando le deja de exigir que se porte bien porque le da pena o porque cree que no le entiende. Si deja que su niño se porte mal, dé por hecho que lo seguirá haciendo. La seguridad, educación e integración social de su niño dependen de comportamientos adecuados. Por el bien de su hijo, exíjale una conducta aceptable.

Es posible que le sea difícil disciplinar a su niño. Quizás le apena que tiene síndrome de Down. Duda si su niño puede entender lo que se espera de él. Después de repetir las instrucciones una y otra vez, pierde la paciencia y termina haciendo las cosas usted mismo. Es aún más difícil en público y delante de amigos. Quiere evitar escándalos, no quiere llamar la atención sobre su niño, ni que parezca difícil de controlar. Sin embargo, la experiencia de muchas familias es clara: la disciplina debe ser constante. El niño debe aprender cuál es la conducta aceptable para cada situación. La firmeza y la constancia son las mejores armas de los padres; no elija el camino fácil por comodidad, vergüenza o frustración. Si usted no le enseña a su niño a portarse bien, quizás continúe dependiendo de usted toda su vida.

El nivel de desarrollo social de las personas con síndrome de Down es a menudo más avanzado que su nivel de desarrollo mental. Déle a su niño todas las oportunidades para triunfar en la vida exigiéndole el mismo comportamiento que espera de sus hermanos y hermanas. Fije límites y hágalos cumplir. Y recuerde, enfatice lo positivo. El elogio y el afecto son poderosos motivadores para una buena conducta.

Para enseñarle a su niño a establecer la conexión entre el comportamiento y las consecuencias, podría emplear las tácticas siguientes: sacarlo de la habitación, sentarlo en una silla para un tiempo de exclusión, o negarle premios. Explique claramente lo que se espera de él empleando frases como: "No golpees", "Dile a Ben: Es mi turno". Así le hace saber lo que no debe hacer al mismo tiempo que le presenta alternativas aceptables. Cuando ya pueda entender, explíquele de manera breve y en tono calmado las consecuencias de no portarse bien.

Un método de disciplina muy eficaz es reforzar las conductas positivas. Para un niño de corta edad, un abrazo y "¡Me gusta cuando juegas así!" pueden incentivar comportamientos aceptables. En el caso del niño mayorcito, haga la prueba de colocar una estrella en un cuadro de gratificación cada vez que juega con la pelota sin tirarla sobre el cerco o cuando se baña sin mojarlo todo. Otra técnica eficaz es distraerlo. Si no se está portando bien, sugiera otra actividad que usted sepa le va a interesar.

Con algunos niños, el enfoque positivo es el único que obtiene resultados permanentes. Puede que su niño no entienda el motivo del castigo o que se ponga terco cuando usted se enoja. Pero quizás

usted descubra que su niño responde mejor cuando él ve que su expresión es placentera, su tono es alentador, y usted le explica con entusiasmo lo que necesita hacer. Esto puede lograr encauzar a su niño en la dirección que usted desea, evitando una prolongada batalla que bien podría ganar usted, pero que dejaría agotados a los dos.

Al disciplinar a su niño, debe tener en cuenta cómo lo tratan los demás. Con los cuidadores, abuelos, parientes y amigos a menudo se presenta la oportunidad de socavar la disciplina ya establecida. Es necesario que les deje saber, de manera cortés pero tajante, que la disciplina es importante para usted y para su niño. Defina lo que entiende por conducta aceptable e inaceptable. Hágales comprender y conviértalos en sus aliados. Aunque es una tarea difícil, su firmeza y constancia rendirán frutos.

Al fijar las pautas de conducta para su niño, usted debe aprender a darle tiempo a procesar la información. No espere resultados inmediatos o transiciones instantáneas de una actividad a otra. Es posible que su niño necesite un poco más de tiempo para entender lo que se espera de él y decidir cómo reaccionar. Lo que parece resistencia o terquedad puede ser simplemente la incapacidad para comprender órdenes verbales o adaptarse a la transición.

Para algunos niños, cualquier cambio de rutina es un paso emocional difícil y sienten ansiedad al pasar de una actividad a otra. Lo que verá en su niño no es tanto la terquedad del "no quiero", sino el disgusto de dejar de hacer algo que disfruta y la ansiedad de tener que hacer algo diferente. También puede que no entienda o no recuerde lo que sigue a continuación. Muchas veces son útiles los accesorios visuales para que el niño con síndrome de Down sepa lo que viene después. Por ejemplo, si van al parque, enséñele una figura del lugar o déle el baldecito con que juega en la arena. De gran ayuda para el niño mayorcito es un horario visual con fotografías o dibujos que le permita ver la secuencia de las actividades en su día.

Si tiene que enfrentar un patrón de resistencia, a menudo lo podrá romper ofreciéndole a su niño alternativas interesantes y estimulantes. Por ejemplo, sugiérale que trate de embocar la pelota a un bote de basura volcado en vez de patearla a la calle; o pregúntese en voz alta si todos sus juguetes caben en la bañera. Deberá observar a su niño y tener en cuenta su nivel de desarrollo y capacidad de comprensión para saber distinguir entre la resistencia a expectativas razonables y la incapacidad para procesar instrucciones. Usted, como padre, es el que mejor podrá discernir entre una situación y otra.

También debe tener en cuenta que la mala conducta podría en realidad ser un intento de comunicación, sobre todo cuando el niño tiene dificultad para expresarse con palabras y deba hacerlo mediante su comportamiento. Por ejemplo, cada vez que pasan delante de una casa con un perro grande que le da miedo a su niño, él comunicará que no quiere ir en esa dirección tirándose al suelo o poniéndose a llorar. Quizás el niño que no consigue llamar la atención de un compañero de juego decida que pegarle o morderlo sería una manera de hacerlo.

Si observa esa conducta en su niño, sobre todo si todavía no habla ni usa señas, consulte con el patólogo del habla y lenguaje para determinar maneras de comunicación apropiadas para él. Podría también solicitarle a su programa de intervención temprana o a su escuela una "evaluación funcional del comportamiento", la determinación sistemática de lo que la persona trata de comunicar mediante su comportamiento.

Autonomía

Es natural pensar que su bebé es más vulnerable porque tiene síndrome de Down. Es normal pensar que requiere más ayuda y necesita más protección. Sin embargo, por el futuro de su niño, debe tratarlo de la manera más normal posible. Su niño debe aprender a ser autónomo y responsable. Necesita sentirse orgulloso de quién es y de lo que puede hacer.

Una de sus primeras tareas será enseñarle a su niño las habilidades de autoayuda, por ejemplo, a vestirse o comer sin ayuda. Déle oportunidades para realizar actividades por sí mismo y permítale intentarlas antes de apresurarse a ayudarlo. Anime y elogie a su niño durante el proceso y déle un fuerte abrazo por cada trabajo bien hecho.

Lo más probable es que su niño participe desde pequeño en programas de educación y terapia, y habrá muchas situaciones en 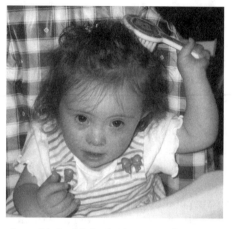 que tendrá que "valérselas por sí mismo". No deje que el llanto de su niño lo lleve a dejar una nueva escuela o programa. Déle tiempo para adaptarse. A menudo, los niños se adaptan bien y disfrutan de la escuela.

En lo posible, exponga a su niño a situaciones y experiencias variadas. Además, ayúdelo a adaptarse a lo diferente y nuevo. Llévelo al zoológico, hágalo jugar en la arena o permítale explorar el centro comercial. Asígnele tareas y responsabilidades en el hogar. De preescolar, insista en que recoja sus juguetes, pero ayudándolo a organizarlos en cajas o repisas. De más grande, asigne tareas de acuerdo a las preferencias de su niño, por ejemplo, sacudir el polvo de los muebles, sacar los periódicos para reciclaje o trabajar en el jardín. Dedique el tiempo que sea necesario para enseñarle a realizar la tarea asignada. Cuando toda la familia realice una actividad, incluya a su niño con síndrome de Down. Como toda persona, necesita sentirse miembro apreciado de su familia. Mantenga una actitud positiva hacia las posibilidades de su niño. Promueva su autoestima dándole la oportunidad de triunfar dentro de su círculo familiar. Esto lo preparará para su futura incorporación al mundo de sus amigos, escuela, trabajo y comunidad.

Si su bebé tiene algún defecto congénito al corazón, quizás no lo va a poder tratar como a cualquier otro bebé. Las visitas frecuentes al hospital, el riesgo a contraer infecciones respiratorias y la dificultad para alimentarlo requieren tiempo adicional y cuidados especiales. Atiéndalo y protéjalo debidamente, pero permítale incorporarse al mundo apenas pueda. Le aseguro que esto es muy difícil. Sus emociones conflictivas y los problemas médicos intensificarán el instinto natural de protección y complicarán el proceso de independización necesario. Consulte con su médico sobre las precauciones médicas requeridas.

▪▪ Los hermanos y las hermanas del bebé con síndrome de Down

Ser hermano o hermana de un niño con síndrome de Down es algo especial. La vida de sus demás hijos será diferente, y a veces de maneras no tan sutiles, porque tienen un hermano con una discapacidad. Pero no crea que esa diferencia es toda mala. Al contrario, tener un hermano con síndrome de Down es estresante y enriquecedor, frustrante y divertido, preocupante y gratificador. Sobre todo, es como tener cualquier hermano: un estorbo y una alegría. Esta sección examina cómo el niño con síndrome de Down influye en sus hermanos y examina el papel que usted deberá desempeñar para forjar relaciones saludables entre sus hijos.

Lo que sienten los hermanos

Apenas lleguen a la edad de comprender, sus demás hijos tendrán sus propias ideas y sentimientos sobre su hermano o hermana con síndrome de Down. Quizás al principio sólo perciban que su hermano

se demora más en caminar o hablar, pero más adelante empiecen a comprender que tiene una discapacidad. Los pensamientos y sentimientos típicos de los hermanos y las hermanas del bebé con síndrome de Down se resumen a continuación.

Dos a cuatro años. El niño de esta edad es muy intuitivo, por lo que es posible que reaccione ante la ansiedad que usted siente por su bebé con síndrome de Down. Es poco probable que vea diferencias en su hermano o que capte lo que es el síndrome de Down, pero el niño en edad preescolar puede intuir las diferencias en el desarrollo del hermano e intentará enseñarle habilidades a su manera. Quiere ayudar. En general, ésta es la edad en que se encariña con él y en que quiere participar de su cuidado.

Cuatro a seis años. Al ir creciendo, el niño de esta edad empieza a preguntarse qué "anda mal" con su hermano. Puede temer contagiarse del síndrome de Down o que algo en él mismo también sea diferente. Además, a menudo se siente culpable por los pensamientos negativos sobre su hermano. Por ejemplo, el enojo que causa la frustración, una reacción perfectamente normal en el niño de corta edad, puede hacerlo sentirse culpable. Otras veces, intenta compensar los problemas del hermano con una conducta realmente ejemplar. Se vuelve tan cooperativo y obediente que sobrepasa el límite de lo que es bueno para él, su familia y su hermano con síndrome de Down.

Seis a doce años. El niño de esta edad suele tener emociones conflictivas. Por una parte, puede sentirse bien porque su hermano con síndrome de Down lo necesita y, por otra, puede considerarlo un estorbo. Si alguien se burla de su hermano, puede reaccionar volviéndose contra el ofensor o protegiendo a su hermano. Al mismo tiempo, puede resentir las tareas adicionales relacionadas con las necesidades especiales de su hermano.

El niño de esta edad tiende a "corregir" el comportamiento de su hermano. Por ejemplo, puede pensar que su función es recordarle a su hermano a usar la servilleta o decirle a su hermana que hable en voz baja en la biblioteca. Este comportamiento seudopaternal puede irritar al niño con síndrome de Down, sobre todo si es mayor que su hermano o hermana. El niño de esta edad puede interpretar la preocupación de sus padres por su hermano como engreimiento, situación que le puede parecer injusta. Pero tenga presente que al niño de esta edad muchas cosas le parecen injustas, estén o no relacionadas con el síndrome de Down. Por ejemplo, es posible que al niño le parezca injusto que uno de sus hermanos vaya de excursión, y él no; o que una de sus hermanas falte a la escuela para ir al dentista, y él no.

Doce a dieciséis años. Durante este importante período de la adolescencia, la vida social de su hijo a menudo ocasiona problemas muy normales. Es usual que al adolescente lo avergüence su familia. Cuando sus amigos y amigas lo visiten, es posible que se avergüence de su hermano con síndrome de Down. El adolescente seguirá queriendo y cuidando a su hermano, pero también buscará libertad e independencia.

En esta etapa, podría resentir las responsabilidades que le imponen sus padres, como la responsabilidad por su hermano con síndrome de Down. También pueden surgir inquietudes por el futuro. Es posible que a sus demás hijos les preocupe tener que asumir algún día el cuidado de su hermano especial o que puedan ellos tener hijos con esa condición médica.

Estos son sólo algunos de los sentimientos que el niño con síndrome de Down puede provocar en sus hermanos. Las emociones tienen muchos matices y los sentimientos de cada niño son únicos, pero algunas emociones parecen ser universales. En algún momento, el niño sentirá amor, temor, celos, resentimiento, ira, orgullo y frustración, como cualquier adulto. El objetivo central de todo padre dedicado a sus hijos es reconciliar todas estas emociones humanas, sinceras y conflictivas a la vez.

Cómo manejar las emociones de sus hijos

Los hermanos y las hermanas de los niños con síndrome de Down pasan por las mismas tensiones emocionales que sus padres. El factor más importante en el proceso de adaptación de los hermanos es la reacción de los padres. Ellos seguirán su ejemplo. Sin embargo, tenga en cuenta que ellos también sentirán emociones conflictivas. Sería más fácil lidiar con esas emociones si los niños expresaran abiertamente sus sentimientos, pero lo común es que los oculten o no sepan cómo manifestarlos. Los padres tienen que volverse detectives y seguir las pistas en la conducta de sus hijos para llegar a descifrar sus emociones. Ante todo, lo más importante para manejar las emociones es observar y escuchar.

Información. Los niños pueden manejar mejor la situación de un hermano con síndrome de Down si tienen información, y los padres deben ser su fuente principal. Provea información aunque no la pidan. Déles explicaciones apropiadas para su edad y actualícelas periódicamente. Hay libros excelentes para hermanos y hermanas del niño con síndrome de Down y otras discapacidades. (Ver la Lista de Lectura al final del libro.) Otra buena estrategia es aprovechar los "momentos de aprendizaje". Por ejemplo, si alguno de sus hijos ve a una niña con síndrome de Down en el parque o en el cine, intente usar esa situación como punto de partida para una conversación.

Aun con una explicación de lo que significan la discapacidad intelectual y los retrasos en el desarrollo, sus otros hijos podrían quedarse sin entender. Quizás teman contagiarse, tener hijos con el síndrome o tener que hacerse cargo de su hermano en el futuro. O quizás crean que en algún momento a su hermano se le va a "desaparecer" el síndrome de Down. Continúe proporcionando información y apoyo. Prepárese a aclarar los mitos que escucharán reemplazándolos por la realidad.

Es importante que converse ocasionalmente sobre el síndrome de Down con sus demás hijos aunque crea que ya les dio la explicación perfecta. Es posible que descubra que las diferencias que ellos notan no son las que usted cree. Por ejemplo, el niño de corta de edad podría preguntarse por qué su hermano con síndrome de Down no puede silbar o montar bicicleta sin ruedas auxiliares, pero podría ni darse cuenta de los retrasos en sus habilidades cognitivas.

Comunicación. Es importante que estimule y hasta empuje a sus hijos a hablar sobre lo que sienten por su hermano. Déjeles saber que sus sentimientos son normales y que es saludable expresarlos. Si fuera posible, anímelos a reunirse con otros hermanos y hermanas de niños con discapacidades para examinar sus sentimientos. Existen diversas organizaciones que patrocinan grupos de apoyo filial (ver Guía de Recursos). Anime a sus hijos a aprovechar toda oportunidad para analizar sus sentimientos y experiencias.

Los niños se molestan, fastidian y frustran, como todo el mundo. Incluso pelean. Pero cuando el motivo del enojo es el hermano con síndrome de Down, el problema se complica. A veces se sienten culpables cuando se enojan porque sienten pena por su hermano y sus padres. Es posible que eviten interactuar con el hermano con síndrome de Down, o que le toleren comportamientos que no aceptarían en otros niños. Como padre, es vital hacer saber a sus demás hijos que a veces es razonable molestarse con su hermano especial y manifestar su enojo.

Todos sus hijos necesitan comunicar su enojo por cosas como juguetes rotos o cosas perdidas. Si usted protege a su niño con síndrome de Down del bien merecido enojo de sus hermanos, lo único que logrará es cortar la comunicación familiar y esconder resentimientos. El enojo es un componente natural en la vida familiar y, en algún momento, a todos les va a tocar. Tener un niño con síndrome de Down no debería cambiar esto.

Equilibrio. Es importante que usted equilibre las necesidades de todos sus hijos. Anime a todos a salir adelante y a realizar su potencial. No centre su atención únicamente en su hijo con síndrome de Down, ya que no es saludable que un solo hijo acapare la atención de los padres. Más bien, divida hábilmente su tiempo y atención entre todos los miembros de su familia.

No acostumbre a su niño con síndrome de Down a depender de sus otros hijos. Más bien, busque que sus hijos participen en los programas educativos y terapéuticos de su hermano con síndrome de Down. Así, se creará un lazo emocional entre ellos y se alegrarán con cada paso del hermano hacia su autonomía. Permita que sean parte de este proceso como hermanos o hermanas evitando presionarlos a desempeñar el papel de padre o madre aunque ellos estuvieran dispuestos a asumirlo. No pretenda que su hijo mayor alimente, bañe y vista a su hermano todos los días. No insista en que lleve siempre a su hermano con síndrome de Down a hacer los mandados, y no le exija que cambie de planes para cuidarlo. Todo esto puede provocar resentimientos permanentes. Es preferible reunirse en familia para decidir cómo compartir las responsabilidades del hermano de manera que no se perjudiquen las necesidades del resto.

Organización. Con todo lo que el bebé con síndrome de Down impone a sus padres —la intervención temprana, el seguimiento de problemas médicos, el cuidado diario— es fácil desatender, sin querer, las necesidades de sus otros hijos. Su capacidad tiene límite y el día sólo tiene veinticuatro horas. Intente organizar su tiempo. Es más difícil cuando se tiene un bebé con necesidades especiales, pero se puede hacer.

Los niños no programan sus crisis. Cuando se lastiman, molestan o emocionan, exigen la inmediata y total atención de los padres. A menudo los padres no pueden controlar sus propios horarios, pero pueden tomar algunas medidas para que su hogar funcione de manera más o menos ordenada. He aquí algunas sugerencias:

- Dedíquele tiempo a su cónyuge y a cada uno de sus hijos. Y a su persona también.

- Planifique su horario de manera que, en lo posible, los momentos en que atienda a su niño con síndrome de Down coincidan con los momentos en que sus otros hijos están fuera de casa u ocupados en otras actividades.

- Cuando estén todos en casa, organice juegos que incluyan a todos sus hijos. Que los mayores den la pauta y que los menores los sigan.

- Mantenga ocupados a todos sus hijos. Fije horas de juego, visitas a amigos y paseos al parque. Pero no exagere. Evite el síndrome de correr todo el día tratando de hacer demasiado. Deje que todos disfruten de algunos momentos libres.

- No intente hacer todo por su cuenta. Participe en grupos de juego y de transporte compartido. Contrate a una niñera que cuide a su niño o túrnese con otros padres.

Individualidad. Así como hacemos hincapié en que trate como individuo a su niño con síndrome de Down, debe hacer lo mismo con sus demás hijos. Ellos necesitan una vida al margen de su familia. Necesitan amigos de su edad, aceptación social y responsabilidades fuera del entorno familiar. Su identidad no debe estar limitada a la de ser el hermano del niño con síndrome de Down. Anímelos a participar en actividades fuera del hogar con sus amigos. Incentive sus intereses y talentos, y su autonomía. Esfuércese por asistir a sus conciertos y juegos, o a cualquier otro evento que sea importante para ellos. Promueva su autoestima al igual que la promueve en su niño con síndrome de Down. Los niños que llevan una vida equilibrada se adaptan mejor a su familia, y están más dispuestos a apoyar a sus padres y a su hermano.

Las expectativas de los padres son importantes. Espere y exija relaciones familiares normales, y esfuércese por mantenerlas. Permítales a sus hijos actuar como niños. Y déjeles saber que ustedes esperan que su niño con síndrome de Down también se porte bien. Los hermanos y las hermanas resienten los favoritismos. Es importante para todos sus hijos que usted le exija a su niño con síndrome de Down que cuide de sí mismo y que participe en las tareas familiares. No se conforme con menos.

Ser especial. Además de incentivar a sus otros hijos a llevar sus propias vidas, es también muy importante dejarles saber lo especiales que son. Una manera es enfatizar su individualidad, como ya describimos. También les puede dejar saber lo mucho que ustedes aprecian su ayuda en casa. La mayoría de los hermanos sienten satisfacción con sólo saberse necesitados por su hermano con síndrome de Down. Los padres pueden reforzar ese sentimiento elogiando su compasión, las tareas que realizan en casa y la adaptación especial que se requiere de ellos. Demuéstreles que sus esfuerzos son reconocidos y apreciados.

Cómo manejar los problemas

Si bien la sociedad de hoy es mucho más sensitiva y compasiva hacia las personas con discapacidades, no hay garantía de que algunas bromas o comentarios ocasionales no lastimen a sus hijos. Los hermanos y las hermanas del niño con síndrome de Down saben que su hermano es diferente y tienden a protegerlo. Los padres son generalmente los encargados de aliviar los sentimientos heridos. En estos casos, es indispensable una buena comunicación familiar.

Cuando es un adulto el que expresa comentarios desatinados, la reacción de los hermanos del niño con necesidades especiales puede causar sorpresa. Quizás califiquen al adulto como ignorante o malo, pero si el adulto es una persona conocida y de confianza, pueden entonces surgir la confusión y la incertidumbre. Los padres deben confrontar estos incidentes directamente. Tranquilice y apoye a sus hijos dándoles compasión e información.

Quizás sea más difícil lidiar con los comentarios y las bromas de otros niños que con los comentarios de los adultos. La interacción social y la aceptación por los compañeros de la misma edad cobran importancia a medida que el niño va creciendo. En ocasiones, su niño con síndrome de Down avergonzará a sus hermanos quienes, a su vez, podrían defenderlo alienando a sus amigos o podrían reaccionar en contra de su hermano. Además de tranquilizar y de incentivar a sus demás hijos a ventilar sus sentimientos, los padres deben asegurarse de que cuenten con tiempo para ellos mismos y para sus amigos.

Los niños a veces repiten los comentarios y las burlas que ven y escuchan en la escuela. Cuando los padres escuchan estas burlas, a veces se enojan e intervienen para corregir la situación. Sin embargo, los niños tienen que aprender a solucionar sus propios problemas. Salvo la posibilidad de riesgo de daño físico o emocional, resista la tentación de entrometerse. Pero si uno de sus hijos verdaderamente corre peligro, no dude en intervenir. Comuníquese con las autoridades escolares si el incidente ocurrió en la escuela, o con los padres de los niños involucrados si piensa que esto ayudará más.

Los niños pueden formular sus propios sistemas de defensa y lo pueden lograr sin perder el cariño de su hermano especial ni la amistad de sus compañeros. Converse con sus hijos. Anímelos a expresar lo que sintieron cuando fueron el objeto de burla. Converse sobre los motivos por los cuales alguien haría tales comentarios. Ayúdelos a pensar en maneras de responder y de reaccionar en el futuro. Incentívelos a pensar en maneras de explicar las diferencias de su hermano a sus amigos y compañeros. A menudo, basta con explicar brevemente que su hermano tiene dificultad para hablar y se demora más en aprender. Sus hijos van a tener que lidiar con las reacciones de los demás por mucho tiempo, así que evite pelear sus batallas. Todos se sentirán mejor cuando ellos mismos encuentren la fórmula que más les acomode.

Si un niño tiene problemas para aceptar al hermano con síndrome de Down, le podría beneficiar un consejero profesional. Conversar con alguien fuera de la familia, como un profesional compasivo e imparcial puede ser de gran ayuda. No todos los problemas tienen que ser resueltos en familia. Darle al niño espacio para adaptarse con la ayuda de un consejero a veces puede lograr lo que usted no ha conseguido. No deje de pedir ayuda por temor u orgullo. A menudo los padres solicitan información de consejeros para niños a sus pediatras, terapeutas, educadores y consejeros escolares. No olvide que también cuenta con la experiencia de otros padres y las organizaciones citadas al final de este libro.

El futuro

Conforme sus demás hijos crezcan, empezarán a imaginarse el futuro con su hermano o hermana especial, y harán preguntas sobre su cuidado y otras responsabilidades. Nuevamente, necesita proporcionar información confiable. Déjeles saber que ellos no tienen la obligación de responsabilizarse por su hermano adulto con síndrome de Down, salvo que así lo eligieran. Una buena planificación patrimonial y el acceso a programas y beneficios sociales generalmente son suficientes para evitar que los hermanos tengan que mantener a su hermano con síndrome de Down.

Lo más probable es que el hermano con síndrome de Down influirá en el futuro de sus demás hijos, y en ellos como personas. Tener un hermano con síndrome de Down puede ocasionar problemas y frustraciones, pero también puede llenar el corazón de por vida. Muchos hermanos desarrollan una marcada capacidad para amar y aceptar a las personas diferentes. No sólo desarrollan comprensión social, sino también responsabilidad social. Puede que elijan una carrera de vocación social con la intención de ayudar a las personas que son diferentes. Además, podrían desarrollar el sentido de ser una familia única, unida por vínculos especiales.

Esta sección ha enfatizado la importancia de la comunicación entre padres e hijos. Tenga presente que los padres no son infalibles y que no siempre tienen todas las respuestas: también sufren, se preocupan y se frustran. No siempre es necesario aparentar felicidad ante los hijos. Déjeles saber que usted no tiene todas las respuestas, que necesita su apoyo, y que están en esto todos juntos. La gran capacidad de comprensión y cariño de los niños sorprende a los padres. Asegúrese de que todos sus hijos tengan toda la información y apoyo necesarios para convertirse en miembros activos y valiosos de la familia.

❚❚ La relación con su pareja o cónyuge

Como padres de un bebé con síndrome de Down, uno de los recursos más importantes es el apoyo mutuo. Si bien el síndrome de Down puede causar tensión personal y conyugal, los padres deben apoyarse

mutuamente para enfrentar este acontecimiento inesperado en sus vidas. El punto de partida es identificar las estrategias utilizadas en el pasado para afrontar problemas. Empleen esas mismas estrategias para manejar las necesidades de su niño con síndrome de Down.

Si su relación conyugal es sólida, es posible que su matrimonio resista la tensión emocional impuesta por el nacimiento de su bebé. De hecho, algunos padres piensan que su bebé los ha unido aún más. Hablan de una toma de conciencia hacia sus roles y su responsablidad como padres: "Sentimos que debemos mantenernos unidos y apoyarnos mutuamente para enfrentarnos a cada nueva crisis".

Una de las maneras más eficaces de brindarse apoyo es compartiendo los sentimientos sobre su niño con síndrome de Down. Recuerde que van a sentir toda una gama de emociones conflictivas: amor, odio, ira, temor y culpa. Esto es muy normal y debe dejarle saber a su cónyuge que es razonable sentirse así. Si comparten y reconocen esos sentimientos, podrán superarlos mediante apoyo mutuo o asesoría profesional. Quizás sea beneficioso durante este importante proceso conversar con algún amigo, otros padres, un sicólogo o un consejero, o con su sacerdote, rabino o pastor.

Es posible que al principio su bebé sólo requiera la atención y cuidado que requiere cualquier otro bebé. Sin embargo, cuando vaya creciendo sus necesidades educativas y físicas irán reduciendo el tiempo y la energía que puedan compartir entre ustedes. ¡Sin embargo, recuerde que esto es verdad con todo niño! Un padre describe cómo su bebé con síndrome de Down ha influido en la relación con su esposa:

Lo más difícil ha sido encontrar tiempo a solas para atender nuestra relación. Son tantas las citas médicas. Además, debemos esforzarnos mucho por estimular a nuestra bebé. En realidad, no pasamos más tiempo jugando con ella, pero sí gastamos más energía. Hacerla reaccionar requiere mucha energía sicológica.

Como todo padre, usted se preocupa por el futuro de su niño. Piensa en su educación, en su capacidad para participar en deportes y otras actividades apropiadas, en sus perspectivas de empleo y en su capacidad para una vida independiente. Aunque querrá informarse acerca de estos temas a su debido tiempo, debe también aprender a vivir el día. Aprenda a concentrarse en los pequeños pasos del desarrollo de su bebé: ya rueda y agarra lo que quiere, no se orina de noche, permanece sentado a la hora del cuento, juega al fútbol con otros niños en el recreo. Aprenda a disfrutar del presente con su niño. Celebre los pequeños triunfos que le brinda la vida.

Ya hemos mencionado que su niño o niña con síndrome de Down no debe convertirse en el centro de la familia. Si lo permite, es posible que usted y otros miembros de su familia se enojen y se resientan. Asimismo, su niño no debe dominar la vida de sólo uno de los padres o ser la responsabilidad exclusiva de uno de ellos. Ambos deben compartir el cuidado, la motivación, la educación y el placer de amar a su bebé. Deben planificar juntos las estrategias que más les convenga. Aunque lleguen cansados al final del día, una breve sesión de juego o algunos momentos divertidos a la hora del baño pueden aliviar la tensión. Por ejemplo, si su niño aún no puede participar en las actividades que disfrutan sus otros hermanos, mamá podría llevarlos al museo mientras papá se queda con él en casa y lo lleva de compras.

Es probable que su niño necesite tiempo y atención adicional durante ciertas edades, aunque no necesariamente durante todas, y que usted sienta que debe actuar como "super mamá" o "super papá". Puede que las expectativas de ambos difieran radicalmente o que no puedan brindarse apoyo mutuo al manejar las necesidades especiales de su niño. Quizás sus sentimientos de ira o culpa lo impulsan a facilitar la vida de su niño haciendo todo por él. Todas estas situaciones los pueden dejar agotados y frustrados, sin tiempo para el resto de la familia. No trate de hacerlo todo. Está bien dejar de hacer cosas de vez en cuando. Dedíquele tiempo a su persona. Examine lo que está haciendo y porqué. Converse con su pareja; no hay sustituto para una comunicación franca y abierta. Busque ayuda si la necesita. Converse con su pastor o consejero familiar. Lea libros sobre la crianza infantil y las relaciones familiares, y esfuércese por fortalecer sus lazos conyugales y familiares.

❚❚ Conclusión

Un niño con síndrome de Down en la familia puede brindar muchas

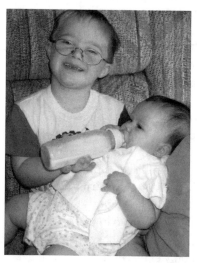

satisfacciones, pero también puede originar tensión en los niños, los padres y toda la familia. No hay fórmula ideal para afrontar el síndrome de Down. Sus mejores aliados para una vida familiar normal y plena son el amor, la comunicación, la aceptación y la firme creencia de que, al final, su familia se verá enriquecida.

Se ha escrito mucho sobre las familias de niños con necesidades especiales. Cuando empiece a integrar a su bebé con síndrome de Down en su familia, ayuda mucho enterarse de las experiencias de los demás, así como conversar con otros padres de niños con síndrome de Down. Sus consejos, basados en lo que les dio buen resultado, podrían ser muy útiles. El solo hecho de compartir problemas y triunfos similares le dará la perspectiva para apreciar su vida. Y más importante aún, recuerde que usted, su cónyuge y toda su familia están juntos en esta empresa.

❚❚ Testimonios de padres

Todos mis parientes se portaron muy bien. En realidad, nos sorprendieron. Mis hermanos y mi hermana le dedicaron toda su atención a nuestro hijo y él los cautivó por completo. Y mi mamá lo trató como si nada.

Las reacciones de nuestros parientes han sido variadas. Uno de ellos fue condescendiente y nos dijo: "Bueno, es uno de los niños de Dios; qué se

va a hacer". Estaba tratando de consolarnos, pero me parece que
se equivocó.

Beto nos ha convertido en familia. Es un niñito y, ¿saben qué?, su
síndrome de Down realmente no nos importa. La familia la forman la
mamá, el papá y los hijos, y él ha sido muy cariñoso e inocente y todo
lo demás propio de un niño. Es lo que nos hace familia.

Decidimos que nuestros hijos tendrían que amoldarse a nuestras vidas.
Por ejemplo, Laura tendrá muchas citas médicas y necesidades especiales,
pero yo había decidido regresar a trabajar y adapté mi horario a tiempo
parcial. Era algo que necesitaba para mí misma. También teníamos que
salir algunas noches. Y necesitábamos momentos a solas.

Pienso que cada niño con síndrome de Down necesita, aparte de sus
padres, a alguien que le transmita energía, como un hermano, una tía o
un vecino. Conozco a tres niños con síndrome de Down que han tenido
mentores como esos y los tres irradian vida.

La reacción en nuestra familia ha sido variada. Creo que hubo mucha
pena. Pero pienso que nuestra actitud de "estamos encantados con
nuestro bebé" contribuyó a cambiar ese sentimiento. Esto nos ayudó
mucho a todos.

Tratamos a Samuel como a cualquier otro niño. Si decidimos ir de
compras, lo llevamos. Come lo mismo que nosotros. Tratamos de no
sobreprotegerlo. Tiene que vivir en un mundo que no se va a adaptar a él.
Cuanto más salga, más fácil le será vivir en el mundo.

Unos viejos amigos tienen un hijo de cinco años. No nos habíamos
visto en dos años y hace poco los fuimos a visitar. Ellos decidieron no
mencionarle el síndrome de Down de nuestro José a su hijo para ver qué
pasaba. El niño lo trató como a cualquier otro amigo; ni le fastidió que

José no hablara mucho. Es más, se llevaron muy bien. Tal vez cuando uno no crea prejuicios, los niños se aceptan entre ellos tal como son.

Tenemos dos hijos, uno es muy inteligente y el otro tiene síndrome de Down. A veces es difícil alternar de un extremo a otro. Eso requiere mucha paciencia y bastante falta que me hace.

No me había sentido desilusionada o triste hasta hace poco cuando me llegó el momento de matricularlo en la escuela e integrarlo en el vecindario. Es entonces cuando me di cuenta de lo mucho que venía esforzándome para facilitarle las cosas, más que con mis otros dos hijos. A veces me encuentro deseando que fuera más fácil.

Controlamos estrictamente su conducta. Nos decimos: "Eso será simpático a los cuatro años, pero a los ocho no va a caer muy bien".

Disciplinamos a nuestra hija con mucha consistencia y mucha paciencia. Nunca esperamos más de lo que ella está en condición de comprender.

A veces me preocupa que los adultos le prodiguen tanta atención a Diego. Tiene a maestros y terapeutas viniendo a la casa y adulándolo por toda una hora. Me temo que siempre va a hacer de las suyas por ser tan encantador.

Hemos probado varias formas de disciplina. El educador de nuestro hijo nos sugirió enseñarle lo que tiene que hacer. Los resultados fueron instantáneos: cuando tiró la comida al suelo, la recogimos, se la colocamos en la mano, y le dijimos que la pusiera sobre la mesa. Lo hizo y quedó tan contento que ahora lo hace de rutina.

Creo en la disciplina estricta y trato de mantener los mismos estándares para nuestros tres hijos. Pero con Julia no podemos dejar pasar mucho tiempo entre el incidente y el "no, eso no se hace".

Estamos convencidos en fijar límites precisos a nuestros dos hijos y en esperar comportamientos adecuados para su edad. Empleamos un lenguaje claro para comunicarnos, damos el ejemplo, esperamos buenos modales y respeto, y no hemos tenido problemas de conducta. No siempre es fácil o cómodo, pero somos consecuentes con los castigos. Los tiempos de exclusión, el sistema de "contar hasta tres" y el reenfoque nos han dado buenos resultados. Tenemos mucho cuidado en no justificar su conducta sólo porque tiene síndrome de Down, ni en usar su discapacidad como pretexto para disminuir nuestras expectativas. Después de todo, si nuestro hijo no obedece las reglas de la sociedad, la sociedad nunca lo va a aceptar.

Debemos disciplinar a nuestra hija de tres años con cuidado porque es una niña muy susceptible. Nuestra principal medida disciplinaria es el tiempo de exclusión explicándole por qué mamá y papá no aceptan determinada conducta. Si nos limitamos a decirle "no" sin darle una explicación, parece repetir el comportamiento indeseado, pero con una explicación sencilla esa conducta negativa parece desaparecer. También contamos hasta tres cuando, por ejemplo, no quiere recoger la chaqueta que se quitó y dejó tirada en el piso.

Es importante que la hermana de Gaby siempre pueda expresar lo que siente. Sus sentimientos no tienen por qué ser iguales a los nuestros. Van a ser diferentes y no debemos infundirle los nuestros como si fueran los únicos sentimientos aceptables.

Hay una gran rivalidad entre nuestros dos hijos, pero igual existiría. Además, con cada semana que la maestra de intervención temprana venía a casa, su hermano mayor fue captando que había algo diferente en su hermano y se resintió porque él no recibía tanta atención.

Tenemos tres hijas y la mayor es una gran compañera para Julia, la menor.
La del medio se siente atrapada junto a esta niñita que a veces se pone
muy pesada. Pero una hermanita de cuatro años puede caer pesada, con
o sin síndrome de Down.

Las burlas de otros niños parecen no inmutar al hermano mayor de José.
Sus amigos paran en la casa todo el tiempo. Para ellos, José es parte de
la casa.

Me preocupaba cómo reaccionaría Valeria cuando la bebé llegara del
hospital y viera que ya no era hija única. Pero la mayoría del tiempo
Valeria ha sido muy dulce y cariñosa con la bebé. La llena de besos, le
sacude la sonaja, intenta darle el biberón, y se pone el dedo en los labios
y nos dice "chis" a todos cuando su hermanita está durmiendo.

Lo que más nos ha sorprendido es lo complejo que es integrar a Julia
en el vecindario. Nuestros vecinos son amables y tienen muy buena
opinión de Julia, pero sus hijos, también de cuatro años, son normales,
competentes, capaces y juegan juntos muy bien. No es que sea malicia,
pero hay toda clase de actividades que se llevan a cabo sin Julia.

Hay poca diferencia de edad entre nuestras dos hijas y por ahora son
buenas amigas. Claro, de vez en cuando se les hace difícil compartir,
como a cualquier niño, pero les gusta jugar a la ronda, tomar el té con sus
animales de peluche y sentarse juntas a ver películas.

Pienso que si la relación matrimonial no es fuerte, el síndrome de Down
sería un obstáculo entre los cónyuges. Mi marido tuvo dificultad para
adaptarse a la nueva dinámica familiar. Hasta que nuestra hija cumplió los
dos años, la única que realmente atendió todas sus necesidades fui yo. A
él le quitaba tiempo.

Los efectos sobre nuestro matrimonio y familia han sido positivos y negativos, pero con un saldo favorable. Más que nada, es trabajo extra. Es la lucha con las actividades educativas y terapéuticas: toda una nueva dimensión de trabajo que repartir. Pero ambos también sentimos que nuestra familia se ha enriquecido. A veces pienso que la vida sería aburrida si todos nuestros hijos fueran "normales".

Se da por hecho que los hijos formarán parte de la vida conyugal por unos dieciocho a veinte años y que luego la pareja se quedará sola. Pero cuando la pareja tiene un hijo con síndrome de Down, en un momento cree que podría quedarse con ellos toda la vida. Luego viene la etapa en que uno comprende que no tiene por qué ser así: que el niño con síndrome de Down puede desarrollarse y tener vida propia. Es cuando surge la emoción del "no queremos que se vaya". Sé que ya llega el momento de la separación y que va a ser difícil.

Tener una bebé con síndrome de Down no disminuyó nuestro deseo de tener más hijos. Pero como resultado del parto me hicieron una histerectomía. Decidimos adoptar inmediatamente. De hecho, no nos hacía gracia que fuera hija única y por eso pensamos en adoptar. Todos nos preguntan —"¿Cómo saben que el bebé no tendrá algo malo?"— y les respondemos —"Bueno, nosotros mismos también podríamos haber producido uno con algo malo".

Me es difícil hacer planes a largo plazo. No es que ande en la luna, pero sólo puedo planificar un día a la vez. No creo que sea necesariamente porque nuestro bebé tiene síndrome de Down. Tengo amigos de bebés sin síndrome de Down que se quejan de lo mismo. Creo que algún día llegaré a superar esta etapa y volveré a hacer planes como antes.

Con Benjamín en la familia, nunca hay un momento aburrido. Cuando era pequeño, se presentó una mañana en la cocina sin sus anteojos. Siempre se los pone porque sabe que ve mucho mejor con ellos. Le pregunté dónde estaban y me dijo que "en la lavadora". ¿Dónde? No estaban en la lavadora ni en la secadora, ni en los tachos de basura, ni

siquiera en el grande de la cocina, tampoco en el inodoro y, felizmente, tampoco en el triturador de desperdicios ni en los otros sitios que él iba mencionando. No estaban por ninguna parte y Ben se divertía de lo lindo viéndome buscarlos. Finalmente, los vi de casualidad en el piso de su closet. Cuando se los di, no pude dejar de notar lo desilusionado que estaba por habérsele acabado la diversión.

El desarrollo del bebé con síndrome de Down

Sue Buckley, OBE, BA, CPsychol, AFBPsS

Desde sus primeros días de vida todos los bebés se desarrollan: crecen, cambian, progresan y aprenden. El bebé con síndrome de Down se desarrolla como todo bebé, pero con más lentitud y algunas

variaciones. Las investigaciones de los últimos años han revelado cómo se desarrolla el bebé con síndrome de Down, algunas de las causas de su desarrollo más lento y algunos de los factores que influyen en su progreso. Estos conocimientos permiten a padres, terapeutas y educadores proveer ambientes y oportunidades de aprendizaje a favor del desarrollo del niño con síndrome de Down de manera que realice su potencial y lleve una vida provechosa y feliz en su comunidad.

Hoy, la mayoría de los bebés con síndrome de Down progresarán más que las generaciones anteriores gracias a un mejor entendimiento de las necesidades especiales, servicios de intervención temprana que atiendan esas necesidades y apoyen a la familia, oportunidades para una buena educación, e inclusión total con los otros niños de su comunidad.

Este capítulo se propone compartir con usted la información disponible sobre el desarrollo del bebé y el niño con síndrome de Down, su progreso, los factores que lo influyen, y las medidas que usted puede tomar para asegurarle apoyo y ayuda eficaces. La información de este capítulo se basa en los resultados de las investigaciones científicas más recientes cuya bibliografía encontrará al final del capítulo.

▪▪ ¿Cómo describir el desarrollo?

Para entenderlo y describirlo, generalmente dividimos el desarrollo infantil en cinco áreas principales: 1) comunicativa, 2) socioemocional, 3) motora, 4) cognitiva y 5) autoayuda.

Desarrollo de la comunicación: abarca desde formas de comunicación no verbal que el niño usa para "hacerse entender" como señalar o realizar gestos y expresiones faciales hasta que comienza a expresarse verbalmente empleando sus habilidades del habla y lenguaje.

Desarrollo socioemocional: incluye cómo comprender a los demás y llevarse bien, hacer amigos, portarse de maneras socialmente aceptables, y comprender y controlar los sentimientos. La personalidad y el temperamento del niño influyen en el desarrollo socioemocional.

Desarrollo motor: incluye las maneras en que el niño desarrolla sus habilidades motoras, que generalmente se clasifican en gruesas y finas. Las gruesas abarcan el control de todo el cuerpo para dominar destrezas como sentarse, parase, caminar y correr. Las finas abarcan el control de las manos y los dedos para dominar destrezas como recoger cosas, comer, escribir y asearse.

Desarrollo cognitivo: incluye las maneras en que el niño desarrolla sus habilidades mentales para procesar información, pensar, recordar y razonar. Al principio, el juego es importante para el desarrollo de la cognición cuando el niño explora su mundo a través del juego, descubre lo que hacen las cosas, y resuelve problemas sencillos planteados por juguetes y rompecabezas. La curiosidad y la motivación para explorar y perseverar influyen en el desarrollo cognitivo.

Desarrollo de la autoayuda: describe cómo el niño adquiere la independencia práctica necesaria para comer, dormir, lavarse, vestirse y asearse; y más adelante, viajar, administrar su dinero, ir de compras, cocinar y ocuparse de su cuidado personal.

Cada una de estas áreas ha sido descrita en detalle por especialistas en desarrollo infantil. Dentro de cada área, el desarrollo progresa en una secuencia ordenada y cada paso siguiente se construye sobre el anterior. Por ejemplo, antes de hablar, el niño emplea señales y gestos, luego una serie de palabras aisladas y, finalmente, las une para formar oraciones. El niño se sienta antes de pararse, y se para antes de caminar. La secuencia de los pasos dentro de cada área del desarrollo es generalmente la misma para todos los niños con síndrome de Down. Por lo tanto, conocer esos pasos en detalle permite diseñar actividades para que el niño progrese paso a paso.

Sin embargo, es importante resaltar que el progreso en cada área puede influir en el progreso de otras, y es necesario tener esto en cuenta al pensar en las oportunidades de aprendizaje del niño. Por ejemplo, sus habilidades motoras influirán en su lenguaje e interacción social. El niño que ya se mueve puede ir a la puerta para ver quién ha llegado, o puede acompañar a sus padres durante sus tareas cotidianas escuchando su conversación. El niño que no puede moverse podría perderse estas experiencias. Asimismo, los retrasos en las habilidades motoras pueden influir en la habilidades de cognición y autoayuda, ya que el niño necesita coordinar sus dedos para encajar piezas en agujeros, construir con bloques, armar rompecabezas, sujetar una cuchara o abrochar botones. Los retrasos en el habla influirán en el desarrollo social y las oportunidades de aprendizaje.

:: ¿Qué influye en el desarrollo infantil?

Algunos factores que influyen en el desarrollo infantil son: las características genéticas, la vida familiar, la salud, las oportunidades educativas y la vida social en la comunidad. Si bien mucho depende de los genes, el desarrollo humano es un proceso (o procesos complejos) y requiere experiencias sociales desde los primeros días.

El bebé sonríe como parte de su interacción social, se mueve para alcanzar juguetes interesantes, sólo aprende a hablar si se le habla, y es así como aprende a comprenderse a sí mismo y a los demás. Además, el bebé necesita sentirse amado y seguro a fin de adquirir la confianza necesaria para aprender, explorar el mundo y realizar su potencial. Si se colocara al bebé típico en un orfanato sin servicios adecuados, no se desarrollaría bien y su desarrollo se vería truncado o distorsionado en todos sus aspectos. El impacto de las familias, escuelas y comunidades sobre el crecimiento, aprendizaje y desarrollo infantil es considerable. Y esto también es cierto para el bebé con síndrome de Down.

Si deseamos ayudar al niño con síndrome de Down a realizar su potencial, necesitamos entender cómo lo afecta su biología, es decir, cómo la presencia de un cromosoma adicional puede influir en las maneras cómo percibe el mundo, aprende y se desarrolla. Sin embargo, debemos estar siempre conscientes de que el factor biológico es sólo una parte del total, ya que el desarrollo del niño con síndrome de Down también se verá influenciado por su ambiente y las oportunidades que se le brinden, como sucede con el resto de los niños. Tenga esto presente al leer la siguiente sección.

∷ ¿Cómo se desarrolla el bebé con síndrome de Down?

En un contexto general, la respuesta a esta pregunta es que el progreso del niño con síndrome de Down en la mayoría de las áreas del desarrollo es igual al del niño sin discapacidades, pero más lento. Sin embargo, si examinamos en detalle, resulta que su desarrollo es más rápido en algunas áreas que en otras, y con el tiempo veremos el patrón de sus puntos fuertes y débiles en cada una de las principales áreas del desarrollo. Por ejemplo, en la mayoría de los niños con síndrome de Down el desarrollo social es uno de sus puntos fuertes,

sin grandes retrasos para sonreir e interactuar, pero sus habilidades motoras y del habla tienden a retrasarse.

A su vez, también veremos puntos fuertes y débiles al examinar en detalle el progreso dentro de cada área del desarrollo. Por ejemplo, en el área de la comunicación es hábil para expresarse mediante gestos pero tiene dificultad para hablar, es decir, entiende más de lo que puede decir. En el área de la cognición, procesa y recuerda la información visual (lo que ve) mejor que la información auditiva (lo que oye). En otras palabras, tanto en el área de la comunicación como en el área de la cognición, empezamos a ver no sólo retrasos sino también *diferencias* en cómo progresan y aprenden el bebé y el niño con síndrome de Down.

Como veremos en la siguiente sección, esta información nos permitirá diseñar maneras eficaces para impulsar y reforzar el progreso del niño. Podemos utilizar sus puntos fuertes para ayudarlo a aprender más rápida y eficientemente, y podemos mejorar sus puntos más débiles mediante intervención directa.

▪▪ Desarrollo socioemocional

Interrelaciones personales

Los primeros pasos del desarrollo social y emocional se ven desde muy temprano cuando su bebé los mira y comienza a sonreir. En general, el bebé con síndrome de Down es muy sociable: le gusta mirar rostros, sonreir y reconocer a las personas. El bebé aprende a interpretar expresiones faciales, tonos de voz y posturas corporales, medios que utilizamos para transmitir lo que sentimos.

Es frecuente que el bebé con síndrome de Down pase más tiempo que otros bebés mirando rostros e interactuando con personas. Ese interés y deseo por interactuar con los adultos y otros niños persistirá en el futuro. Esta interacción favorece sus habilidades sociales y su capacidad para relacionarse con los demás, pero por buscar la atención de los demás dejará de jugar o explorar sus juguetes y entorno. Esto puede estar vinculado a retrasos en sus habilidades motoras, que son necesarias para jugar y explorar. Sin embargo, si los padres se mantienen alerta, pueden aprovechar ese interés social de su niño para jugar con él y enseñarle cómo funcionan las cosas.

Manejo del comportamiento

Otro aspecto del desarrollo social y emocional que se inicia en la infancia es la autorregulación: el control de las emociones y del comportamiento. El niño debe aprender a adaptarse a las rutinas de la familia y a esperar, es decir, a entender que no siempre puede hacer lo que quiere. El bebé empieza a aprender esto cuando sus padres establecen rutinas de comer y dormir que se amoldan a las del resto de la familia. Establecer este tipo de rutinas durante el primer año es un paso importante para fijar límites y ayudar a su niño a que aprenda a manejar su comportamiento.

A menudo el niño con síndrome de Down sabe captar muy bien el comportamiento de los demás y a veces emplea esta habilidad social para portarse de maneras que no son apropiadas. En resumen, sabe manipular las reacciones de los adultos, pudiendo volverse difícil de manejar o diestro en asumir control y portarse de maneras desafiantes, como rehusarse a dormir, salir corriendo a la calle o no quedarse quieto en clase.

Muchos niños con síndrome de Down en edad preescolar son fáciles de educar, pero un tercio de ellos no lo serán, en parte por sus problemas con la comunicación. Por lo tanto, es importante fijar límites, ya que los estudios demuestran que el progreso en la escuela del niño de tres años con síndrome de Down y de comportamiento inapropiado es más lento, quizás porque no puede estarse quieto, escuchar y aprovechar las oportunidades de aprendizaje.

Además, si deseamos que la inclusión en guarderías y jardines preescolares con niños sin discapacidades beneficie a nuestros niños, debemos exigir que se porten de acuerdo a su edad en la medida de lo posible. Es importante explicarle esto a los abuelos y a las tías para que no lo traten como a un bebé ni lo consientan demasiado. Finalmente, conviene ayudar al niño a modificar su comportamiento, ya que así la vida familiar será más divertida. El niño de conducta difícil trastorna la vida familiar y aumenta la tensión en todos los miembros de la familia.

El temperamento y la personalidad también intervienen, ya que algunos niños son plácidos y de trato fácil desde que nacen, mientras que otros son activos, exigentes o nerviosos. Aunque nuestros niños con síndrome de Down son muy diferentes el uno del otro, algunos estudios sugieren que suelen tener una personalidad positiva, además de ser alegres, amables y sociables.

El aprendizaje con otros niños

Todo niño aprende el uno del otro y, según estudios, el que tiene síndrome de Down también hace amigos como cualquier otro en la etapa media de la niñez. De pequeño, le favorece jugar con otros niños en la guardería o en el jardín preescolar donde pueda imitar el comportamiento social de sus compañeros, aun cuando sus retrasos en el lenguaje interfieran con sus interacciones. Los niños sin discapacidades de esta edad aceptan las diferencias con facilidad y pueden ser amigos, maestros y promotores muy eficaces.

■■ Desarrollo motor

La capacidad de mover y controlar el cuerpo influye en todas nuestras acciones, y los movimientos con soltura y eficacia requieren mucha experiencia y práctica. Mediante repeticiones, el cerebro desarrolla y perfecciona patrones motores aprendidos que le permitan mantener el control al caminar, sujetar un vaso, escribir, atrapar una pelota o evitar obstáculos.

El recién nacido tiene poco control motor, pero pronto comienza a sostener la cabeza, rodar, sentarse, arrastrarse o gatear, y por último, a caminar. También aprende a estirarse para agarrar una sonaja, y así va aumentando gradualmente su habilidad para usar las manos, los brazos y los dedos hasta alcanzar el control fino necesario para manipular *Legos* o escribir.

El bebé y el niño con síndrome de Down darán esos mismos pasos durante su desarrollo motor, pero tardarán más en adquirir fortaleza y control porque eso requiere práctica. Toda habilidad motora empieza de manera algo torpe e incontrolada y sólo mejora con la práctica. Piense en los primeros pasos de un bebé y en el tiempo que le toma aprender a caminar con la soltura de un adulto. Las articulaciones del niño con síndrome de Down son hiperflexibles y parecen laxas (hipotonía), pero aún no está claro su efecto sobre el aprendizaje de los movimientos. También puede tardar más en adquirir el equilibrio necesario para pararse y caminar.

El niño aprende movimientos al moverse; y el cerebro aprende a controlar el cuerpo, los pies y las manos con la práctica. Según estudios, cuando al niño con síndrome de Down se le echa de espaldas e incentiva a patear un juguete musical que lo recompense con sonido, aprenderá a caminar antes. También se puede lograr este mismo resultado sosteniéndolo mientras camina sobre una faja rodante para niños.

Diferencias individuales en el desarrollo motor

Algunos terapeutas opinan que el perfil de retraso motor no es igual en todos los niños con síndrome de Down. Algunos tienen bastante fuerza y poco retraso; otros tienen más fuerza en la parte superior del cuerpo, lo que influye en la edad en que empiecen a caminar; otros tienen más fuerza en la parte inferior del cuerpo; y unos cuantos tienen poca fuerza y bastante retraso en el área motora. Se requiere mayor investigación para evaluar la importancia de estas observaciones.

El progreso en las diferentes áreas del desarrollo también es variable. Como cualquier niño, algunos niños con síndrome de Down aprenden a caminar rápido pero se demoran en hablar, y otros hablan primero y caminan después. Mientras el niño típico empieza a caminar a los 13 meses, el niño con síndrome de Down lo hace entre los 22 y los 24, con una variación muy amplia en el promedio de ambos grupos.

Todo bebé con síndrome de Down requiere la asesoría de un fisioterapeuta pediatra especializado en este síndrome, que además le enseñe a los padres a estimular el desarrollo motor grueso de su bebé. Más adelante, la guía de un terapeuta ocupacional será beneficiosa para el desarrollo de las habilidades motoras finas, como usar el tenedor y la cuchara, dibujar y escribir.

Deportes y juegos activos

Si bien el desarrollo motor temprano del niño con síndrome de Down es más lento, muchos llegan a destacar en deportes como natación, gimnasia, esquí, carreras, y muchos más. Si bien sólo algunos llegan a competir con atletas sin discapacidades, casi todos alcanzan niveles que les permiten divertirse, mantenerse en forma y hacer vida social.

En mi experiencia, el niño con síndrome de Down que es hábil en los deportes viene de una familia que le dio esa oportunidad. Vale la pena buscar clubes deportivos o programas recreativos donde el niño pueda participar desde pequeño. Por ejemplo, al niño en edad preescolar le beneficia la natación, la música y el movimiento, y la gimnasia infantil en grupo. Otra manera de estimular las habilidades motoras de su niño es llevarlo al parque para que practique a jugar con la pelota o en los juegos del parque.

** La comunicación, el habla y el lenguaje

La comunicación se inicia cuando su bebé lo mira y le sonríe y, luego, aprende a balbucear alternando con otros. Para hablar bien son necesarios cuatro componentes: comunicación, vocabulario, gramática y pronunciación.

Comunicación

La comunicación abarca todas las formas en que transmitimos mensajes, que pueden ser no verbales, como las expresiones faciales y los gestos; o verbales, como el uso de palabras y oraciones para transmitir nuestro mensaje de manera comprensible al oyente.

La comunicación implica aprender a alternar, a escuchar cuando otro habla, a establecer contacto visual y a captar si nos están comprendiendo. Los investigadores y los terapeutas denominan *pragmática* a la ciencia de las habilidades de la comunicación.

El bebé empieza a desarrollar las habilidades de la comunicación durante los primeros meses, y las irá usando y perfeccionando por el resto de su vida. Generalmente, el bebé o el niño con síndrome de

Down es buen comunicador: entiende la comunicación no verbal desde pequeño, establece contacto visual y aprende a alternar en los juegos de balbuceo. Sabe valerse de los gestos y, aunque tarde en hablar, aprende a transmitir lo que quiere decir. En un contexto general, sus habilidades de la comunicación son uno de sus puntos fuertes.

Vocabulario

Para poder hablar necesitamos adquirir un vocabulario, es decir, aprender palabras y entender sus significados. Este proceso se inicia en la infancia cuando miramos y escuchamos a nuestros padres decir cosas como "allí está el gato", "acá está tu agua", "es hora de bañarse". El bebé y el niño aprenden los significados de las palabras cuando las oyen en situaciones cotidianas donde pueden "ver lo que significan". Aprenden a entender palabras antes de poder pronunciarlas. Es decir, el niño entiende (vocabularios de comprensión o recepción) más de lo que puede decir (vocabularios productivos o expresivos).

Cuando el bebé y el niño se van dando cuenta de que todo tiene "nombre" a menudo se convierten en aprendices activos señalando cosas para que usted se las identifique. El bebé y el niño comienzan a hablar usando palabras aisladas, como "gato", "mamá", "auto", "agua", "no" y "más". Luego van juntando palabras para formar frases como "papá calle", "más agua" o "papá auto". Los investigadores y los terapeutas denominan *semántica* a la ciencia del aprendizaje del vocabulario.

Los niños con síndrome de Down tardan más en hablar que los demás niños. Mientras el niño típico dice sus primeras palabras entre los 10 y 18 meses, y junta de 2 a 3 palabras a los 24, los niños con síndrome de Down generalmente empiezan a hablar entre los 24 y 36. Sin embargo, los niños con síndrome de Down entienden más de lo que pueden decir (debido a dificultades motoras que examinamos más adelante) y aumentan el vocabulario constantemente, por lo que se considera que al llegar a la adolescencia su vocabulario será uno de sus puntos fuertes.

Gramática

Cuando el niño haya adquirido un vocabulario de 200 a 220 palabras y pueda juntar de 2 a 3 palabras, necesitará aprender la gramática del idioma. Esto incluye aprender a indicar posesión (el zapato es de mamá), a usar el plural (hay dos perros), a indicar el tiempo de la acción usando terminaciones verbales (saltar, saltando, saltó) y a ordenar las palabras según el significado de la oración ("Papá ha salido."

"¿Ha salido papá?"). Los investigadores y los terapeutas denominan *morfología y sintaxis* al estudio de las reglas gramaticales.

El niño con síndrome de Down tiene dificultad con la gramática y de pequeño a menudo se expresa con frases "telegrama", como "yo voy escuela" o "yo escuela lunes". Se deja entender pero no domina oraciones completas con facilidad, quizás por muchas razones que aún no comprendemos, incluidas las limitaciones de su memoria verbal y dificultades motoras con el habla (examinadas más adelante). Es decir, la gramática es uno de los puntos débiles del niño con síndrome de Down.

La pronunciación

Para hablar bien haciéndose entender, el niño debe ser capaz de pronunciar las palabras con claridad. Es un proceso por el que pasan todos los niños, y a muchos es difícil entenderles cuando comienzan a hablar. Para hablar con claridad es necesario pronunciar todos los sonidos del idioma y juntarlos en palabras (*fonología*). También es necesario aprender a controlar la voz, a entonar y enfatizar debidamente las palabras en las oraciones, y a controlar la velocidad al hablar. Éstas son las habilidades motoras del habla. La mayoría de los niños con síndrome de Down tiene marcada dificultad para hablar de manera clara e inteligible. No comprendemos totalmente las causas de estas dificultades, pero algunas son: pérdida auditiva, diferencias anatómicas en la boca y cara, dificultades en la planificación y el control motor. Es decir, el habla es uno de los puntos débiles del niño con síndrome de Down.

Con la edad, las pruebas no verbales indican que la capacidad de habla de la mayoría de los niños con síndrome de Down se va retrasando en comparación a su nivel de comprensión. Esto puede deberse a que, por lo general, los niños aprenden su primer idioma escuchando. Muchos niños con síndrome de Down tienen dificultad con este tipo de aprendizaje debido a problemas auditivos. Unos dos tercios de bebés y niños en edad preescolar presentan pérdida auditiva de leve a moderada y memoria verbal deficiente, ambas esenciales para aprender a hablar.

Para enseñarle a hablar al niño con síndrome de Down y con dificultades auditivas, necesitamos valernos de todos los medios posibles para enfatizar lo visual en el lenguaje: señas (lenguaje por señas), figuras y símbolos (como letras). Algunas observaciones indican que con esta técnica el desarrollo del habla puede alcanzar el nivel correspondiente a sus capacidades no verbales.

Lenguaje por señas

Los estudios sugieren que nuestros niños aprenden nuevas palabras más rápido cuando ven una seña o figura que ilustre el significado de la palabra *al mismo tiempo* que la escuchan. Parece que este incentivo visual los ayuda a recordar mejor lo verbal. Combinar señas con palabras durante el primer año ayudará a su bebé a entender palabras más rápidamente. Si siempre se usan las señas de esta manera, es decir, en combinación con palabras, su niño también podrá comunicarse mediante señas antes de aprender a hablar y no se sentirá tan frustrado. Las investigaciones sugieren que, por lo general, el vocabulario del niño en edad preescolar que usa señas es más amplio. Por lo común, el niño dejará de usar señas cuando pueda pronunciar palabras, pero podrá seguir recurriendo a ellas mientras no hable con claridad, lo cual le servirá de estímulo para seguir comunicándose.

Al usar las señas con palabras, también enfaticen una buena pronunciación. Desde pequeño, debemos estimular el desarrollo del habla del niño a través de juegos y actividades para estar seguros de que pueda escuchar y distinguir todos los sonidos, lo que mejorará su claridad y fluidez de palabra.

A partir del primer año de vida, todo niño con síndrome de Down debe recibir terapia del habla y lenguaje que incluya los cuatro aspectos necesarios para comprender y transmitir mensajes: comunicación, vocabulario, gramática y pronunciación. El terapeuta debe tener conocimientos especializados en el síndrome de Down.

La lectura como apoyo al desarrollo de la comunicación

Las extensas investigaciones realizadas por nuestro equipo y otros científicos revelan que muchos preescolares con síndrome de Down aprenden a leer, algunos antes de los tres años, y que su capacidad para recordar la letra escrita puede ser un medio eficaz para aprender a hablar. Se pueden diseñar actividades de lectura que mejoren el vocabulario y la gramática, y el material de lectura permite practicar palabras y oraciones.

La palabra escrita convierte el lenguaje oral en visual, y le permite al niño con síndrome de Down utilizar su capacidad visual para desarrollar su lenguaje oral. Al ver y practicar oraciones cortas como: "Papá come", "Pepe come", "Mamá come", "Lucy come", ilustradas con imágenes de él y su familia, comenzará a juntar dos a tres palabras al hablar. Más adelante, lo más probable es que cuando vea oraciones con palabras cortas como "la" ó "un", ó terminaciones verbales como "aba", las aprenda y las use al hablar, lo que lo ayudará a superar sus dificultades con la gramática.

Según estudios, durante los años escolares la lectura es a menudo uno de los puntos fuertes del niño con síndrome de Down. Puede que se demore más que el resto en leer, escribir y deletrear, pero su habilidad para la lectura será a menudo superior a su capacidad cognitiva y oral. Con una buena instrucción a partir de la preescuela, un 10 por ciento de los niños con síndrome de Down leerá al nivel de su edad cronológica. Sin embargo, cualquier grado de progreso cuenta, y las actividades de lectura dirigidas pueden mejorar el habla y el lenguaje incluso en el niño que no está leyendo independientemente. Nuestra investigación ha demostrado que la lectura puede mejorar las habilidades  del lenguaje oral y la memoria operativa. Para mayor información sobre cómo promover el desarrollo del habla, el lenguaje, la lectura y la escritura, consulte los recursos bajo el Capítulo 6 en la Lista de Lectura al final del libro.

:: La cognición y los juegos

El aprendizaje temprano y el juego

El desarrollo cognitivo temprano se denomina *desarrollo sensorimotor* debido a que el niño explora el mundo con sus sentidos. El bebé palpa, recoge y se lleva los juguetes y objetos a la boca para explorar su apariencia, textura, sabor y lo que puede hacer con ellos. Así aprende cómo la información que le transmiten sus sentidos le permite conocer los objetos. El niño con síndrome de Down aprende de la misma manera, pero su capacidad para explorar podría verse afectada por retrasos en el desarrollo motor. En algunos casos también lo podrían retrasar ciertas sensibilidades sensoriales, como la aversión a mojarse o ensuciarse las manos, algo que irá superando con la edad.

En la siguiente etapa, el niño aprende sobre la relación causa y efecto, por ejemplo, que un juguete se puede mover si lo tira de la cuerda o que puede sonar si lo sacude. Luego pasa a resolver problemas sencillos como encajar la pieza en el agujero correspondiente. También aprende sobre la permanencia de los objetos, que las cosas siguen existiendo cuando se las cubre, y entonces buscará objetos fuera de su vista.

El bebé con síndrome de Down aprende todo esto, pero cuando sea algo mayor que el resto. Además, tiene dificultad para resolver problemas cada vez más complejos. Le favorecerá emparejarse con un "compañero de juego" que le enseñe qué hacer pero que no lo haga por él, lo que se denomina *andamiaje*. Es un recurso que empleamos con todos los niños, pero con el síndrome de Down se podría necesitar más de ese juego compartido, y por más tiempo. Puede que sin ayuda no vea las posibilidades del juguete y se limite a juegos repetitivos (golpear, lanzar y alinear juguetes) porque necesita ayuda para ver el siguiente paso.

Según estudios, es posible que el niño con síndrome de Down carezca de la perseverancia para resolver problemas y que incluso emplee sus habilidades sociales como distracción para evitar que usted le enseñe. Como resultado, al desaprovechar oportunidades de aprendizaje se puede retrasar el progreso del niño para razonar y puede dejar de experimentar el placer de una tarea bien terminada. Más adelante ofrecemos estrategias pedagógicas divertidas y eficaces.

Memoria

Los investigadores han examinado el desarrollo de las habilidades de la memoria, la cual se puede explorar de varias maneras. La memoria a largo plazo puede incluir las memorias implícita y explícita. La implícita se refiere a la memoria para habilidades como montar bicicleta que, una vez aprendidas, son automáticas; y la explícita se refiere a la memoria para almacenar eventos y experiencias. El niño con síndrome de Down tiene más dificultad con la memoria explícita, quizás porque la evocación consciente requiere lenguaje.

Las investigaciones se han centrado en la memoria operativa, es decir, en el sistema de memoria inmediata que apoya las actividades conscientes de escuchar, ver, recordar, pensar y razonar. Esta información se procesa en la memoria operativa antes de ser almacenada en la memoria a largo plazo. La memoria operativa incluye la memoria verbal (auditiva) y la memoria visual, ambas a corto plazo.

Las habilidades de la memoria visual a corto plazo del niño con síndrome de Down son mucho mejores que sus habilidades verbales. Es decir, aprende más fácilmente con información visual que con información auditiva. Por ejemplo, ilustrar los puntos clave de una historia le permite al niño entenderla y recordarla. Le sería más difícil si sólo la escuchara. Asimismo, aprende los movimientos de un baile mirando e imitando a la maestra, pero le sería difícil seguir esos movimientos sólo con instrucciones verbales. Un cronograma visual con ilustraciones de las actividades del día puede ayudar al niño con síndrome de Down a recordar lo que tiene que hacer ese día en su casa o en la preescuela.

Estos descubrimientos sobre las dificultades con la memoria verbal a corto plazo son muy importantes, debido a que mucha de la información cotidiana del niño proviene de lo que le dicen, información que el niño con síndrome de Down tiene dificultad para procesar y recordar. Además, la memoria auditiva a corto plazo es importante para hablar, es decir, para aprender a decir palabras y oraciones.

Además de apoyar el aprendizaje con material visual como gestos, señas, imágenes, símbolos y programas de computadora, las observaciones indican que los juegos de memoria pueden mejorar la memoria visual y auditiva a corto plazo del niño con síndrome de Down.

Pensar y razonar

Existe muy poca información sobre la capacidad para pensar y razonar del niño con síndrome de Down. Sin embargo, usamos el lenguaje para pensar y razonar. Por lo tanto, podemos deducir que un retraso en el lenguaje dificultará las actividades cognitivas mientras un mejor lenguaje las mejorará.

Edad mental y coeficiente de inteligencia (CI)

Es frecuente que el desarrollo cognitivo o las capacidades mentales se midan mediante pruebas estandarizadas. La mayoría de los niños con síndrome de Down obtiene puntajes que los sitúa en el rango de discapacidad cognitiva de leve a moderada, con variaciones individuales. En mi opinión, esos puntajes tienen poco valor práctico como predictores de lo que el niño pueda lograr en su vida cotidiana, ya que su funcionamiento en situaciones académicas, sociales y prácticas a menudo es más avanzado que lo indicado por sus puntajes de "edad mental" o "inteligencia".

Permítanme añadir un par de comentarios sobre algunos mitos. Puede que lean que el CI del niño con síndrome de Down disminuye durante sus primeros años. Sin embargo, esto no significa una disminución real de sus capacidades cognitivas. Es simplemente la consecuencia de un artificio estadístico. El CI se basa en la edad del niño y se calcula comparando el puntaje de todos los niños de la misma edad. El niño con síndrome de Down aprende y progresa más lentamente que el niño de CI promedio. Por lo tanto, el progreso del niño con síndrome de Down no será suficiente para obtener el mismo CI anualmente. Como resultado, su puntaje disminuirá.

Otro mito es que el desarrollo cognitivo del niño con síndrome de Down alcanza su máximo nivel entre los 7 y 8 años. Esta creencia proviene de estudios muy obsoletos cuando los niños no recibían la educación que reciben ahora. Según estudios recientes, las habilidades verbales, cognitivas, académicas y sociales de la mayoría de las personas con síndrome de Down continúan progresando hasta de adultos, sobre todo si reciben instrucción en aulas inclusivas y no en aulas para educación especial.

▪▪ Desarrollo de la autoayuda

La mayoría de las habilidades de autoayuda dependen del progreso de las habilidades motoras finas. Por lo tanto, el niño con síndrome de

Down se demorará más en sujetar su taza o comer con cuchara que el típico niño. Sin embargo, la práctica también influye en el progreso, por lo que es importante permitirle a su niño comer sin ayuda y no apresurarse a ayudarlo por no tener que estar limpiando. Igual será cuando deba aprender a asearse, vestirse, y ser independiente en el baño. Se demorará, pero su niño aprenderá con la práctica.

Aprender a usar la bacinica demora más, pero la mayoría de los niños con síndrome de Down no necesita cambio de pañal durante el día a los 4 años o antes. El proceso de aprender a usar la bacinica requiere adiestramiento y una rutina que eduque y recompense al niño. Para aprender, no es necesario que el niño sepa hablar, basta con que se comunique mediante señas.

Cuando el niño con síndrome de Down vaya a la preescuela o al jardín infantil debe poder colgar su chaqueta, guardar sus zapatos y colocar su portaviandas en el lugar correspondiente, como todos los demás niños. También tiene que saber turnarse para repartir lápices, recoger libros, asear el salón y recibir mensajes, como todos los demás. La independencia en la autoayuda beneficia la autoestima del niño. Con la edad, esa independencia puede ser uno de los puntos fuertes del niño con síndrome de Down, siempre que se incentive.

:: Generalidades: El desarrollo a los 5 años

Aunque con variaciones considerables en el progreso individual, los niños con síndrome de Down de cinco años son sociables, amigueros, se llevan bien con todos, y saben cómo portarse. Encajan en el típico jardín infantil o el kindergarten, y saben seguir las reglas. La mayoría sabe usar la bacinica, comer sin ayuda, usar tenedor y cuchara, y beber de taza. Puede desvestirse y ponerse algunas prendas, pero aún requiere algo de ayuda para ponérselas y manipular broches. Ya sabe caminar y subir escaleras, ha comenzado a correr, y a patear y atrapar bolas grandes. Pronto empezará a dibujar y escribir.

Su método principal de comunicación es verbal. Algunos emplean oraciones cortas, otros juntan de 2 a 3 palabras, y unos cuantos siguen empleando palabras aisladas o señas. Hay quienes pueden leer palabras y oraciones. La mayoría sabe reconocer los colores y las formas comunes, y están aprendiendo a contar. Disfrutan de los mismos programas en la tevé que los demás, y les gusta escuchar cuentos y compartir libros.

❚❚ Qué influye en el progreso

Variaciones genéticas

Los niños con síndrome de Down no son todos iguales. Como con todo niño, se ven variaciones en personalidad, temperamento, capacidad y aptitud. Tienen un cromosoma adicional, pero es sólo una copia más de los genes de su familia. Es decir, es más probable que sean más parecidos y compartan más rasgos con su familia que con otros niños con síndrome de Down. Por ejemplo, si una familia destaca en las matemáticas o en la lectura, podríamos ver esta habilidad en su hijo con síndrome de Down. O podría tener autismo si lo hubiere en la familia.

El niño con síndrome de Down en mosaico, con menor cantidad del cromosoma adicional en sus células, tiende al mismo perfil de puntos fuertes y débiles que los demás niños con el síndrome, pero a veces en menor grado. No se puede predecir si su desarrollo será más acelerado en algunas o todas las áreas.

Ambiente familiar

Como ocurre con todo niño, la familia influye en el progreso del niño con síndrome de Down mediante el amor, atención, expectativas, guianza y oportunidades de sus padres, hermanos, hermanas, tías, tíos y abuelos.

La familia puede ayudar en todas las áreas del desarrollo, pero sin perder la perspectiva. El objetivo no es "emparejar" a su niño con los demás, ni siquiera con otros que

también tengan el síndrome de Down, sino ayudarlo a realizar su propio potencial. Algunas áreas del desarrollo se prestan a influencias familiares positivas, como la comunicación, la conducta y la autoayuda. Con algunas otras habilidades, como las matemáticas, por más altas que sean sus expectativas y por más oportunidades que le brinde, lo más probable es que su niño no logre todo lo que usted desee.

Con frecuencia los padres se sienten culpables porque piensan que no están haciendo lo suficiente. Ciertamente, no es esta nuestra intención. El objetivo es darle a su niño el mismo tiempo y atención de calidad que reciben los demás niños, ni más ni menos.

Salud

Las enfermedades graves y las estadías en el hospital perjudican el progreso de todo niño, incluido el bebé con síndrome de Down que nace con problemas médicos graves. Puede que el progreso del bebé con defectos cardíacos sea lento hasta que se le repare el corazón y que luego se ponga al día con rapidez. Las complicaciones posquirúrgicas, así como la epilepsia desde la infancia, pueden afectar al progreso a largo plazo. Por causas que aún no entendemos, algunos bebés parecen ser más discapacitados y progresar más lentamente que los demás. Algunos niños nacen con discapacidades físicas adicionales, como la hemiplejía, daño al control motor de una mitad del cuerpo. Toda discapacidad adicional puede afectar al progreso y su tratamiento es el mismo que recibiría cualquier otro niño.

Un asunto que tiende a obviarse es el sueño. Muchos bebés y niños con síndrome de Down no duermen bien. Pueden tener sueño intranquilo, apnea, o ser madrugadores. Las causas del sueño deficiente deben ser investigadas, ya que la falta de sueño repercute de manera negativa sobre el aprendizaje y la conducta diurna. Además, es motivo de tensión en la familia. Si se han descartado las causas fisiológicas del problema y su niño aún tiene dificultad para dormirse, se despierta durante la noche o madruga, podría necesitar ayuda profesional, ya que generalmente esos comportamientos son adquiridos y susceptibles de modificación.

No hay pruebas científicas que sustenten que los suplementos vitamínicos y minerales favorecen el desarrollo o la salud del niño con síndrome de Down. Simplemente, no han reportado beneficios bajo experimentos controlados. Es más, no está claro si los ingredientes clasificados como "intervenciones nutricionales dirigidas" no son dañinos. Incluso pueden tener efectos adversos y causar que el niño rechace su comida si contiene suplementos disimulados en ella.

La audición y la visión

El niño con síndrome de Down presenta mayor riesgo de trastornos auditivos y visuales. Ambos repercuten en el progreso del desarrollo, por lo que es importante diagnosticarlos y tratarlos. La pérdida auditiva de leve a moderada, que puede fluctuar en el caso de la pérdida auditiva por conducción, influirá en el aprendizaje del habla. Si fuera necesaria una timpanostomía (ver Capítulo 3), debe contarse con aparatos auditivos, lenguaje por señas e instructores especializados para apoyar al niño. Asimismo, todo trastorno visual requiere tratamiento oportuno. Se sigue investigando el desarrollo visual; el uso de lentes bifocales está ayudando a muchos niños a desarrollar sus habilidades de acuidad y enfoque.

Autismo

Es posible que el niño con síndrome de Down también presente dificultades autistas, algo que no es fácil de diagnosticar. Según estudios, de 7 a 10 por ciento de los niños con síndrome de Down podría también tener trastornos del espectro autista.

Algunos síntomas de autismo o trastornos del espectro autista son: falta de sentido social y empatía, incapacidad para interactuar socialmente, problemas de comunicación, problemas con la imaginación y el juego. Además, puede que el niño desarrolle conductas repetitivas o presente sensibilidades sensoriales, por ejemplo, le disgustan las caricias o le molestan los ruidos. Estos comportamientos por sí solos no denotan autismo, ya que algunos niños podrían manifestar cada uno de estos síntomas aisladamente. Sin embargo, para el diagnóstico del autismo o de los trastornos del espectro autista se requiere que estén presentes todos los síntomas mencionados, y deben también considerarse los retrasos en el desarrollo del lenguaje y la cognición que acompañan al síndrome de Down. Si bien muchos niños con síndrome de Down atraviesan etapas de sensibilidad táctil y auditiva o emplean patrones repetitivos para jugar, esto no significa que necesariamente tengan deficiencias sociales o autismo.

El niño con alto grado de deficiencia cognitiva probablemente exhibirá conducta autista, además de un marcado retraso en la comunicación y el juego. No está claro si conviene clasificarlo como autista. En algunas comunidades, esta clasificación ayudaría a obtener mejor instrucción y terapias. En otras comunidades, llevaría a una disminución en las expectativas y se le dejaría de dar apoyo e instrucción eficaces. El niño con más retrasos necesita ayuda para aprender a comunicarse y romper el ciclo de juegos repetitivos y, si esos comportamientos se clasifican como síntomas de autismo y no como retrasos cognitivos, se le podría negar la ayuda adecuada.

Si le preocupa que su niño pudiera tener problemas adicionales debido a que su progreso es más lento que el de otros niños con síndrome de Down, consulte con su pediatra o equipo de intervención temprana.

■■ La intervención temprana

Los servicios y el apoyo que brindan la intervención temprana favorecen a la familia y al niño. La familia se beneficia cuando tiene información y se siente en control, así que busque información, grupos de apoyo y servicios en su comunidad.

Las investigaciones revelan que la mayoría de las familias se adaptan muy bien a la crianza del niño con síndrome de Down y generalmente pasan por menos tensión emocional que las familias de niños con otras discapacidades. Esto podría deberse a las habilidades sociales y personalidad positiva de la mayoría de los niños con síndrome de Down. Los estudios sobre adaptación familiar también revelan que es beneficioso aprovechar los servicios y nexos familiares disponibles. Asimismo, los miembros de la familia que se comunican y se apoyan mutuamente no tienen mayores problemas. Mi experiencia durante todos estos años me ha llevado a concluir que lo más importante para todo niño es sentirse parte de una familia feliz, y esto también se aplica al niño con síndrome de Down que aprende sin cesar cuando se le ama, habla y juega con él, y cuando participa en la vida familiar como cualquiera. Insisto en este punto para que usted mantenga en contexto la intervención temprana, las terapias adicionales y la enseñanza.

Ya he descrito las necesidades especiales y las maneras como podemos ayudar a nuestros niños cuando entendemos su desarrollo. Mis conocimientos y experiencia señalan que el desarrollo de su niño mejorará con más educación, juegos y actividades, pero pocas intervenciones tempranas han sido sometidas a evaluación científica. Las que se han investigado indican que los padres son los mejores terapeutas, y que las mejores "terapias" o intervenciones ocurren en el hogar. Lo ideal es incorporar las terapias o actividades didácticas dentro de los juegos y rutinas cotidianas, o impartir instrucción adicional por no más de 20 a 30 minutos al día.

Para que su niño con síndrome de Down sea parte de una familia feliz, es importante llevar una vida familiar normal que no se trastorne con las idas y venidas de la terapia adicional. Es obvio que esto implica buscar un punto de equilibrio en su vida familiar. Su niño con síndrome de Down tiene necesidades adicionales, pero también es importante no subestimar lo que puede aprender durante las actividades familiares del día, como ir de compras, jugar, pasear en el parque, visitar a abuelita, recoger a sus hermanos de la escuela, comer y bañarse. Todas estas actividades son oportunidades para intercambio social y conversaciones con su niño sobre lo que hace y siente.

:: La educación temprana y las terapias

Es obvio que los programas educativos tempranos, la fisioterapia, la terapia ocupacional y le terapia del habla y lenguaje beneficiarán al bebé y al niño con síndrome de Down, siempre que los profesionales que impartan esos servicios tengan experiencia con el síndrome de Down, estén dispuestos a compartir sus conocimientos y deseen mostrarle cómo ayudar a su niño en el hogar. De igual importancia es que su niño tenga la oportunidad de jugar con niños sin discapacidades en aulas inclusivas en la guardería, el jardín infantil o el kindergarten, donde pueda escuchar y ver cómo juegan y se portan otros niños de su edad.

▪▪ Actividades didácticas en casa

Al realizar actividades didácticas en casa, es importante amenizarlas y premiar el esfuerzo. Le recomiendo que lea con su niño desde la primera infancia, ya que es un buen sistema para que se quede sentado y preste atención. Por lo general, al niño con síndrome de Down le gustan los libros y le reportan los mismos beneficios que a los demás niños: impulsan el desarrollo del lenguaje y crean apreciación por la lectura. Clasificar formas geométricas, construir con bloques, emparejar figuras y armar rompecabezas refuerzan la concentración y el aprendizaje por imitación. Alterne con su niño ("tú pones un bloque, yo pongo otro") para que el juego sea divertido y no una ocasión para exigir rendimiento. Si ameniza el juego de su niño y lo apoya con las técnicas antes mencionadas, mejorará su capacidad para estarse quieto, prestar atención y aprender.

También sugeriría el *aprendizaje sin errar*, es decir, inducir a su niño a completar bien cada tarea. Por ejemplo, cuando jueguen a emparejar figuras, guíele la mano las primeras veces hasta que ponga la figura en la posición correcta; luego, guíelo cada vez menos hasta que pueda colocar la figura sin ayuda. El aprendizaje sin errar promueve el éxito, acelera el aprendizaje y ameniza los juegos didácticos.

Es también importante saber cuándo intervenir y cuándo esperar, ya que el niño tiene que aprender a resolver sus propios problemas y a perseverar hasta encontrar una solución. Sin embargo, la solución debe estar situada en el nivel preciso de dificultad y los juguetes se deben simplificar para promover el éxito. Por ejemplo, déle una pieza a su niño para que la encaje en el juguete multiformas y cubra todos los agujeros excepto el correcto; luego cámbiele de pieza y deje dos agujeros sin cubrir; luego dos piezas y dos agujeros, y así sucesivamente. Vaya aumentando el grado de dificultad al mismo tiempo que promueve el éxito. De igual manera, arme un rompecabezas y retire una pieza para que su niño la coloque, luego retire dos, y así sucesivamente. En el juego de concentración, que requiere emparejar figuras, empiece con dos pares y vaya añadiendo más de acuerdo al progreso de su niño.

Muchos niños con síndrome de Down disfrutan de actividades con computadora y hay muchos buenos programas para niños de 3 a 4 años de edad. La computadora potencia los puntos fuertes de nuestros niños. Presenta imágenes visuales y le permite al niño elegir la respuesta con el maus. No necesita hablar para demostrar que ha entendido. La computadora se adapta a su velocidad y no se irrita si la respuesta es incorrecta. Los juegos en computadora son una buena manera de practicar todo tipo de actividades didácticas.

❚❚ Las necesidades especiales y la inclusión en la comunidad

Regresemos a un tema que ya vimos. Si hemos de brindarles a nuestros niños las mejores oportunidades para realizar su

potencial, necesitamos atender sus necesidades especiales en un mundo totalmente inclusivo. Este es el reto que acabo de esbozar para las familias: cómo criar a su niño en un ambiente familiar normal sin desatender sus necesidades especiales. De igual importancia es que su niño pueda participar en las actividades y asistir a los mismos lugares y clubes de la comunidad que sus hermanos y amigos. El niño con síndrome de Down que participa en su comunidad podrá integrarse con éxito, algo muy importante para su vida adulta.

❚❚ Las necesidades especiales y la educación

El mismo principio se aplica a la educación escolar de su niño. Los estudios revelan que el niño con síndrome de Down desarrolla mejor sus habilidades del habla, lenguaje, lectura y escritura, adquiere confianza social, y tiene menos problemas de conducta cuando se le incluye totalmente en aulas escolares típicas asisitido por planificación y apoyo eficaces. Los sistemas escolares aún dejan mucho que desear en lo que se refiere a la inclusión, pero debemos luchar por lograrla, ya que también contribuirá a cambiar las actitudes de los demás niños, aquéllos que en el futuro serán los colegas y vecinos de nuestros hijos.

▪▪ Conclusión

Espero que toda la información que he compartido con ustedes en este capítulo les sea útil para entender y apoyar el desarrollo de su niño. Sin embargo, el consejo más importante que puedo darles es sencillamente que amen y aprecien mucho a su niño, ya que su progreso será motivo de gran felicidad y orgullo. Roberta, mi hija con síndrome de Down, ya cumplió 38 años y durante toda su vida nos ha dado mucho amor y alegría. Ella vive con su pareja en una comunidad de viviendas supervisadas, trabaja a tiempo parcial y disfruta de la vida a plenitud.

▪▪ Impresiones de los padres

Quiero enfatizar la importancia de aprender sobre el desarrollo típico. Por ejemplo, para ayudar a sentarse a su niño, necesita saber cómo lo hacen los demás. No vaya a ser que lo siente con las piernas abiertas y le haga más mal que bien. Además, necesita conocer lo que viene después. Es posible que observe que su bebé comienza a hacer algo y que no sepa interpretar ese movimiento como preparación hacia el siguiente paso, sobre todo si es su primer hijo.

Con nuestro primer hijo, esperábamos que el desarrollo ocurriera por su cuenta, pero con Beto cada logro es un triunfo. Cuando gatea o usa su cuchara nos alegramos tanto que andamos contándole a todo el mundo de su progreso. Algunos piensan que exageramos, pero nos sentimos muy orgullosos con cada una de sus pequeñas victorias.

La gama de aptitudes de los niños es muy amplia. Usted no puede predecir cómo se va a desarrollar su bebé. Como padre, lo único que puede hacer es ofrecer los mejores estímulos y trabajar con el material genético que le tocó.

Durante un par de años, tuve la ventaja de vivir con Emilia en un lugar donde no habían bebés de su misma edad, así que no andaba comparándola con los demás todo el tiempo.

Cuando estaba encinta, me imaginaba que mi bebé iba a ser tan avanzada que aprendería todo tres meses antes que los demás. Por eso es tan difícil tener que esperar a que mi hija aprenda las cosas.

Nuestro programa de intervención temprana está dispuesto a proveer fisioterapia para estimular el desarrollo motor grueso, pero se muestra reacio a ofrecer terapia del habla a los bebés y niños pequeños. Ni siquiera tienen suficientes terapeutas. Algo anda mal. Esto no tiene sentido. Todos los adultos con síndrome de Down que he conocido pueden caminar, subir escaleras, y cosas por el estilo, pero todos tienen problemas con la pronunciación o algún otro aspecto del habla, que es el área del desarrollo que más me preocupa.

Cuando veo a un niño con síndrome de Down de la misma edad que mi hija, lo observo para ver si puede hacer cosas que mi hija no puede. Si no las puede hacer, o si mi hija puede hacer más, siempre me alegro. Sé que parece ruin, pero necesito signos que me indiquen que mi hija es una persona con síndrome de Down "con funcionamiento de alto nivel". Sé que muchos padres de hijos con síndrome de Down nunca comparan y se limitan a alegrarse con cada milímetro de progreso de su hijo pero, desafortunadamente, yo todavía no he llegado a ese punto.

En este momento no me preocupa el desarrollo de Isabel, pero a veces me pregunto cómo me sentiré cuando esté en el primer grado o sea

adolescente. Trato de no angustiarme por el futuro porque no tengo idea
de cómo será. Por ahora le va bien y confío en que siga igual.

El nuevo padre podría preguntarse: "¿Sonreirá? ¿Me abrazará?
¿Jugará? ¿Me reconocerá?". Por experiencia propia, les aconsejo
que no se preocupen por eso. Puede que se frustren cuando vean
que su niño no puede hacer lo mismo que el hijo del vecino, pero
con el tiempo se nivelará con el resto, un poco después, pero
lo hará.

Pienso que el horizonte de mi hijo es ilimitado. Soy realista y no
pretendo que sea físico nuclear, pero espero que sea independiente y
lleve una vida plena. Creo que esto contentaría a cualquier padre.

Pienso que deben tener cuidado y no echarle la culpa de todo al
síndrome de Down. Por ejemplo, nuestra hija de año y medio tenía
dificultad para comer con cuchara. Según el terapeuta ocupacional,
la causa era una "separación deficiente" entre el labio superior y la
lengua. Pero creo que el motivo era que no le habíamos dado la
oportunidad de comer sin ayuda para no estar limpiando todo.
Creo que el problema era que no la habíamos dejado practicar.

Ningún hijo viene con garantías. Aunque la persona nazca con
cromosomas normales o salud perfecta, no se puede predecir el
futuro. Podría enfermarse, o ser una persona sana pero incapaz de
enfrentarse a los problemas de la vida. Las capacidades de muchas
personas en este mundo son normales, pero no saben cómo
emplearlas o las usan mal.

Antes asistía con Gabriela al jardín infantil una vez por semana, y cuando
regresaba a casa pensaba que debía empujarla más porque no veía
progreso en tal o cual área. A menudo pensaba que ella nunca contaría
hasta diez, y ahora cuenta eso y más. Es frustrante que los maestros y los
terapeutas se la pasen repitiéndonos todo lo que necesitamos hacer y

que, así y todo, no veamos cambios de una semana a otra. Pero si uno se la pasa monitoreando a sus hijos, los cambios no serán obvios.

A veces parece que Bruno no progresara por meses y de pronto se dispara como cohete, y su progreso es obvio y emocionante. En nuestros demás hijos, los períodos de estancamiento son muchos más cortos. En cambio, cuando Bruno progresa, se nota.

Estaba barriendo el piso de la cocina cuando entró mi hijito a buscarme. Al ver lo que estaba haciendo, fue al closet, sacó el recogedor de basura y me lo alcanzó. ¡Me emocionó hasta la médula ver lo observador y listo que Benjamín puede ser!

Además de tener síndrome de Down, nuestra hija nació seis semanas antes de tiempo y es melliza. Nunca estoy segura si sus retrasos se deben al síndrome de Down, a que fue prematura, o a que es melliza.

A veces la gente descubre que al tener un hijo con necesidades especiales aprenden mucho sobre el desarrollo infantil, y la crianza de sus otros hijos se vuelve muy interesante. Me puedo pasar horas observando al hermanito de José. Ahora, el proceso del aprendizaje me parece fascinante por todo lo que he aprendido: cómo se desarrollan las habilidades motoras gruesas, las motoras finas y el habla. Apreciamos más a nuestro bebé porque comprendemos mejor este proceso.

Para que Isabel aprenda, hay que entusiasmarla, por ejemplo, con música. Usamos la música para lograr objetivos como seguir instrucciones, secuenciar actividades y aprender conceptos. Cuando la entusiasmamos, aprende mucho mejor.

Nuestro hijo pone mucho empeño para algunas actividades como subir las escaleras, pero otras ni le importan. Llegó al punto de negarse a

realizar ciertas actividades que no le gustaban, como garabatear
con creyones.

❧

Nos ha costado trabajo dejar solo a Marcos para que disfrute de
momentos libres. Siento que debería estar cargándolo, estimulándolo
o sacudiéndole la sonaja todo el tiempo. Nos parece que tenemos que
cuidarlo más sólo porque tiene síndrome de Down.

❧

Una de sus mejores promotoras ha sido nuestra hija mayor. Cuando su
hermanita la ve montando triciclo, ella también quiere montar triciclo.
Cuando la ve usando el maus de la computadora, ella también quiere
usar el maus. Cuando la ve poniéndose la chaqueta, ella también quiere
hacerlo. Es muy competitiva, de una manera positiva.

❧

Los padres no deberían fijarse barreras mentales sobre lo que su hijo
pueda lograr porque eso es imposible de predecir. Nos la pasábamos
descubriendo cosas que Beto ya hacía que no sabíamos que podía hacer.
Si no fuera porque estábamos trabajando con terapeutas y otras personas
que sí sabían en qué fijarse, no nos hubiéramos dado cuenta. El ejemplo
más obvio fue cuando nos reunimos por primera vez con la terapeuta del
habla. No teníamos la menor idea de que Beto podía entender palabras.
Le enseñó una pelota, un teléfono y algunos juguetes y le preguntó:
"¿Dónde está la pelota?" y él señaló la pelota. Luego le preguntó: "¿Dónde
está el teléfono?" y él señaló el teléfono. Nos quedamos asombrados y nos
sentimos culpables por no habernos dado cuenta.

❧

Me encanta leerle a mi hija. Primero, porque es una actividad tranquila
que nos permite unirnos como madre e hija; segundo, porque es una
excelente manera de ampliar sus habilidades de la comunicación y de
desarrollo de conceptos. Aunque a menudo leemos los mismos libros
una y otra vez, siempre es posible encontrar algo nuevo: un color, el
número de gatitos en una página, un objeto que esté **debajo de** otro, y
mucho más.

❧

Cuando se trata de libros, la duración de la atención de Sam es bastante buena. Le gusta señalar cuando le preguntamos algo, pero además mira sus libros él solito. Desde pequeñito los empezó a sujetar derecho. Creo que hasta la maestra de intervención temprana se sorprendió. En una ocasión decidió hacer la prueba de darle los libros volteados al revés y él los enderezó todas las veces.

Primero debe determinar la prioridad para cada etapa del desarrollo y, como con todo hijo, debe ofrecer los estímulos adecuados. Una vez que usted ha determinado lo que realmente es importante, debe olvidarse del resto, algo que no siempre es fácil de hacer.

▪▪ Bibliografía

Abbeduto, L., Warren, S. F. & Conners, F. A. (2007). Language development in Down syndrome from the prelinguistic period to the acquisition of literacy. *Mental Retardation and Developmental Disabilities Research Reviews* 13, 247-61.

Baddeley, A. & Jarrold, C. (2007). Working memory and Down syndrome. *Journal of Intellectual Disability Research* 51, 925-31.

Bray, M. (2008) Speech production in people with Down syndrome. *Down Syndrome Research and Practice* 12 (3).

Buckley, S. & Bird, G. (2001). *Memory Development for Individuals with Down Syndrome.* Portsmouth, UK: Down Syndrome Education International.

Buckley, S. (2001). *Reading and Writing for Individuals with Down syndrome - An Overview.* Portsmouth, UK: Down Syndrome Education International.

Buckley, S., Bird, G., & Sacks, B. (2001). *Social Development for Individuals with Down Syndrome—An Overview.* Portsmouth, UK: Down Syndrome Education International.

Buckley, S., & Johnson-Glenberg, M. C. (2008). Increasing literacy learning for individuals with Down syndrome and fragile X syndrome. In J. E. Roberts, R. S. Chapman, & S. F. Warren (Vol. Eds.), *Communication and Language Intervention Series: Speech and Language Development and Intervention in Down Syndrome and Fragile X Syndrome* (pp. 233-54). Baltimore: Paul H. Brookes.

Buckley S. J. The significance of early reading for children with Down syndrome. (2002). *Down* Syndrome News and Update 2 (1),1 (and case studies in this issue). (www.down-syndrome.org/practice/152)

Cebula, K. R. & Wishart, J. G. (2008). Social cognition in children with Down syndrome. *International Review of Research in Mental Retardation 35,* 43-86.

Fidler, D.J. (2005). The emerging Down syndrome behavioral phenotype in early childhood: Implications for practice. *Infants and Young Children 18,* 86-103.

Fidler, D. J. (2006). The emergence of a syndrome-specific personality profile in young children with Down syndrome. *Down Syndrome Research and Practice 10* (2), 53-60. (www.down-syndrome.org/reprints/305)

Roberts, J. E., Price, J., & Malking, C. (2007). Language and communication development in Down syndrome. *Mental Retardation and Developmental Disabilities Research 13,* 26-35.

Snowling, M.J., Nash, H. M., & Henderson, L. M. (in press). The development of literacy skills in children with Down syndrome: Implications for intervention. *Down Syndrome Research and Practice 12* (3). (www.down-syndrome.org)

Ulrich, D. A., Ulrich, B. D., Angulo-Kinzler, R. M., & Yun, J. (2001). Treadmill training of infants with Down syndrome: Evidence-based developmental outcomes. *Pediatrics 108* (5), 84.

La intervención

temprana

Mary Wilt, BSN, RN, CCM

Cuando mi hija Emily tenía dos semanas de nacida, recibí la llamada telefónica de quien habría de convertirse en mi primer aliado en su desarrollo: el Coordinador de Servicios de Intervención Temprana (IT)[1] . Desde el primer día, su pediatra y los otros miembros de su equipo médico nos mencionaron eso de la "intervención temprana" y nos dieron el teléfono de nuestro programa local. Finalmente, y con algo de ansiedad (ya que no tenía claro qué era "intervención temprana"), hice la llamada que dio apoyo y conocimientos a nuestra vida familiar. Junto con el Equipo de Intervención Temprana di los primeros pasos para sentar las bases del futuro aprendizaje y desarrollo de Emily.

Si bien los servicios de intervención temprana han progresado considerablemente en los dieciséis años que ahora tiene Emily, el beneficio de trabajar con un equipo de especialistas en desarrollo infantil con amplia experiencia en los recursos de la comunidad sigue siendo el mismo. El objetivo de la intervención temprana es apoyar el máximo desarrollo del bebé y el niño en su familia y en su comunidad y, además, puede ser un recurso valioso para la familia.

---

1   *Early Intervention (EI).*

▪▪ ¿Qué es la Intervención Temprana?

La Intervención Temprana (IT) es un servicio y una filosofía. Significa lo que su nombre dice: intervenir temprano en la vida del niño para promover su crecimiento y desarrollo. En la IT participan muchos profesionales, incluidos especialistas en habilidades motoras, lenguaje y comunicación, aprendizaje y desarrollo socioemocional. Pero el centro y el objetivo principal de la IT es la familia. Como la situación de cada

niño en su familia y en su comunidad es única, la IT se debe adecuar a sus circunstancias particulares. Se deben considerar los puntos fuertes y débiles del niño, así como las circunstancias particulares de su vida cotididana: con quién pasa el tiempo, lo que hace su familia en sus ratos libres y las oportunidades que tiene para interactuar en su comunidad, como en su parroquia o en grupos de juego.

En Estados Unidos los niños de recién nacidos a tres años de edad pueden solicitar IT si tienen (o pueden tener) alto riesgo de discapacidades o retrasos en el desarrollo. Si bien cada bebé con síndrome de Down es un individuo, la presencia de material genético adicional casi siempre causa retrasos identificables en su desarrollo. Actualmente, en EEUU y en la mayoría de los países que ofrecen programas de IT, el diagnóstico del síndrome de Down es suficiente para que el bebé reciba los servicios aun cuando sus pruebas no hubieren revelado retrasos. Esto garantiza que un equipo de profesionales en IT controlen su desarrollo y, si fuera necesario, intervengan para optimizarlo.

Si bien los servicios de IT se adecúan a las necesidades individuales, también se apoyan en investigaciones sobre tratamientos eficaces para problemas específicos. Por ejemplo, la mayoría de los niños con síndrome de Down tiene hipotonía muscular, que puede alterar su manera de pararse o caminar. Como es un problema conocido, la IT debería incluirla en su plan de servicios. En otras palabras, ¿cómo atenuar los efectos de la hipotonía en este niño dadas sus circunstancias individuales?, ¿necesita terapia específica o es suficiente sólo incorporar actividades a sus juegos en grupo o con su instructor infantil?

Los retrasos en el lenguaje son otro ejemplo de un problema frecuente que podría requerir intervención individualizada. Muchos niños con síndrome de Down tienen retrasos en el habla. En este caso, los profesionales de IT deberán preguntarse: ¿Cómo ayudaremos a este niño a comunicarse? ¿Qué habilidades tiene y cuáles necesita? ¿Requiere formas alternativas de comunicación (como lenguaje por señas o una pizarra)? ¿Necesita alguna terapia o programa específicos? ¿Es su retraso en el habla parte de un retraso general en el desarrollo que es susceptible de mejora mediante técnicas que promuevan el crecimiento y desarrollo integral?

∷ ¿Quién ofrece Intervención Temprana?

La intervención temprana no es una entidad única o un programa aislado. En Estados Unidos cada estado ha establecido sus propios programas de los servicios que se conocen como intervención temprana. Generalmente, están a cargo de alguna entidad estatal educativa, de salud pública, o de servicios para personas con discapacidades. Debido a que las entidades que ofrecen IT varían en cada estado, también varían las maneras en que se proveen esos servicios a las familias.

En Canadá, la intervención temprana se ofrece a nivel provincial. Si bien los fondos para todas las provincias provienen del gobierno federal, cada una es responsable de sus propios programas. En la actualidad varían mucho los tipos de programas y las edades atendidas. También pueden verse muchas diferencias en los tipos de programas que se ofrecen en el resto del mundo.

Sin importar el lugar de residencia, un buen programa de IT incluirá profesionales con experiencia en crecimiento y desarrollo infantil, tales como los profesionales que se describen más adelante.

Un buen programa de IT también reconoce que la persona que imparta la mayor parte de los servicios será usted o su proveedor principal de cuidado infantil. Por lo tanto, el programa verificará que usted y su proveedor reconozcan los puntos fuertes y débiles del desarrollo de su niño, y que se capaciten en estrategias dirigidas a maximizar su desarrollo.

El educador

El cargo de educador infantil lleva distintos títulos según el estado. Estos educadores se han recibido en educación o desarrollo infantil y son expertos tanto en crecimiento y desarrollo normal como en técnicas pedagógicas. A menudo, también han llevado cursos adicionales de educación especial. Los educadores pueden evaluar el desarrollo del niño y establecer estrategias que enseñen nuevas habilidades, o que apoyen y amplíen las habilidades emergentes.

El educador puede ayudar a diseñar ambientes y actividades que refuercen y estimulen el desarrollo infantil, y enseñarles estas técnicas a los padres y los cuidadores. Por ejemplo, algunos niños con síndrome de Down tienen dificultad para imitar los movimientos de los adultos, un paso necesario para aprender cómo las acciones influyen en el entorno. El educador ayudaría a los padres a entender porqué la imitación es una habilidad esencial para aprender. También enseñaría cómo incorporar actividades imitativas y amenas a las rutinas cotidianas usando juguetes y otros artículos comunes para jugar con el bebé y premiar sus esfuerzos.

El terapeuta ocupacional

El terapeuta ocupacional ayuda al niño y al adulto a desarrollar, recuperar o mantener las habilidades que necesita para su vida cotidiana. En el bebé y el niño, esas habilidades básicas incluyen comer, beber y jugar. Este terapeuta es experto en técnicas de adaptación, es decir, ayuda a adaptar el entorno o los objetos para facilitar el desempeño de su niño en su ambiente cotidiano. Lo observará en el hogar y cuando juega, e ideará formas que mejoren su capacidad para participar en las actividades diarias.

A veces esto requiere intervención directa en las habilidades motoras finas de su niño, como para comer o para realizar actividades propias de su edad mientras juega. Por ejemplo, muchos niños con síndrome de Down tienen dificultad con el control de los movimientos de los músculos pequeños de la mano, es decir, con el control motor fino. Quizás entiendan cómo armar un rompecabezas, pero carezcan del control muscular para encajar las piezas. El juego es una habilidad básica para el niño: ¡es *esencial* que pueda jugar y divertirse! El terapeuta ocupacional está capacitado tanto para sugerir actividades específicas que mejoren el control de los dedos como para recomendar adaptaciones al rompecabezas (u otros juguetes) que faciliten el

juego hasta que mejoren las habilidades motoras finas. Puede mostrarle a la familia cómo estimular a su niño a usar esos grupos de músculos en otras actividades, y cómo incorporar actividades motoras finas a las rutinas cotidianas.

El fisioterapeuta

El fisioterapeuta ayuda a mantener y mejorar las habilidades motoras, y a prevenir dificultades adicionales, en el niño o el adulto con trastornos o retrasos motores. Además, puede asistir en la adaptación del entorno de la persona para facilitar las tareas cotidianas relacionadas con el movimiento.

Puede que el fisioterapeuta intervenga directamente en las habilidades motoras gruesas de su niño para que pueda participar en actividades familiares y juegos apropiados a su edad. Por ejemplo, la mayoría de los niños con síndrome de Down tiene problemas específicos de hipotonía muscular, que pueden alterar su postura y andar además de retrasar su caminar en general. El fisioterapeuta puede intervenir directamente utilizando ejercicios y movimientos específicos que fortalezcan los músculos y contrarresten los efectos de la hipotonía de su niño. Sin embargo, como el fisioterapeuta sólo lo verá una vez por semana y por tiempo limitado, también le enseñará esas técnicas a la familia para que las practiquen en casa. Si su niño lo necesitara, también puede recomendar equipo especial para sentarse, pararse o caminar.

El patólogo del habla-lenguaje

El patólogo del habla-lenguaje se especializa en el estudio y tratamiento de la comunicación humana, incluidos el habla y el lenguaje. El patólogo proporciona "terapia del habla", pero también ayuda con las habilidades de comunicación y deglución. Puede intervenir directamente para mejorar el habla o para enseñar alternativas de comunicación si su niño tiene retrasos y necesita hacer

conocer sus deseos y necesidades de otras formas. Además, su experiencia con el desarrollo motor oral lo capacita para asistir al niño que tiene dificultad con la deglución y la alimentación.

Debido a que el síndrome de Down es un trastorno complejo que involucra retrasos físicos y cognitivos, existe la tentación de desestimar los retrasos en el lenguaje como "parte del síndrome". A veces los padres escucharán que su niño con síndrome de Down no "necesita" terapia del habla, quizás porque "su retraso en el habla corresponde a su capacidad cognitiva general" o porque "su habla está al mismo nivel que su desarrollo general". No acepte estos argumentos para negarle terapia del habla-lenguaje a su niño. Al parecer, hay algunas diferencias características en cómo el bebé con síndrome de Down desarrolla sus habilidades preorales, memoria y capacidad motora oral. Es decir, no es cierto que los problemas del habla del niño con síndrome de Down sean simplemente parte de un desarrollo general más lento.

Todo bebé con síndrome de Down debe ser evaluado por un patólogo con experiencia en esta condición. Este patólogo podrá impartir terapia a su niño o ver que se incorporen metas concretas del habla y el lenguaje a su programa de intervención temprana.

Con la edad, la mayoría de los niños con síndrome de Down aprende a expresarse hablando. Sin embargo, si su niño se está preparando para dejar la intervención temprana y empezar la preescuela, y su retraso oral aún es marcado, asegúrese de consultar con su patólogo sobre otros métodos de comunicación, como el uso de una pizarra con figuras, lenguaje por señas o una combinación de técnicas. Este tipo de planificación no se puede dejar para último minuto.

Debido a que el síndrome de Down ocasiona retrasos y diferencias invasivas en el habla, todo equipo de IT debería contar con un patólogo del habla-lenguaje, por lo menos como asesor. Es más, muchos niños necesitarán servicios específicos para el habla y lenguaje. Es posible que muchos padres encuentren resistencia si su programa de IT tiende a negarle servicios al niño que no cumple con ciertos prerrequisitos, o si no incluye expertos en los retrasos en la comunicación que acompañan al síndrome de Down. No obstante, informarse le ayudará a abogar por la incorporación de profesionales en el habla y lenguaje al equipo de su niño.

El audiólogo

El audiólogo es experto en audición y puede diagnosticar y tratar la pérdida auditiva o la sordera con terapia auditiva y aparatos de audición. Los servicios de IT incluyen pruebas exploratorias auditivas, es decir, pruebas para determinar si su bebé presenta algún grado de pérdida auditiva. Si las pruebas indicaran un posible problema, necesitará consultar con el audiólogo para evaluaciones adicionales. Este profesional también puede asistir a su familia y a los otros profesionales de su equipo a entender las necesidades auditivas de su bebé. El audiólogo forma parte del equipo de IT del niño con pérdida auditiva "según se le necesite" y es el encargado de realizar evaluaciones y recomendaciones sobre aparatos y otros dispositivos auditivos.

El especialista en salud mental infantil

El objetivo del especialista en salud mental infantil es ayudar a desarrollar y mejorar las relaciones entre la familia y el niño. Su preparación profesional varía, pero podría incluir estudios de servicios sociales, sicología o enfermería. Además, está capacitado específicamente para apoyar a bebés, niños, padres y cuidadores. Este profesional interviene, directa o indirectamente, en la formación de vínculos emocionales saludables entre la familia y el bebé. También podría integrar el equipo de evaluación, ya que tiene experiencia en analizar las relaciones entre padres e hijos, o podría ser asesor del proveedor primario de su niño.

La mayoría de las familias del niño con síndrome de Down no necesitará de los servicios del especialista en salud mental infantil. El tener un hijo con necesidades del desarrollo no necesariamente significa la necesidad de apoyo mental o emocional. Sin embargo, si su familia tiene problemas, este especialista puede ofrecer asesoría y apoyo. Si bien criar bebés o niños con síndrome de Down es como criar cualquier otro, algunas familias tienen problemas durante el proceso de entender y atender las necesidades especiales de su niño. A veces la tristeza o la pena se prolonga y conduce a la depresión, condición que interfiere con la formación del vínculo paterno-filial. El especialista empleará técnicas específicas para identificar los problemas en la relación entre padres e hijos, y buscará solucionarlos junto con ustedes. El especialista en salud mental infantil puede ser miembro permanente de su equipo de IT o intervenir por un período definido. Es parte importante de la IT ofrecer apoyo y asesoría para capacitar a la familia a atender a su niño con necesidades especiales.

El trabajador social

El trabajador social es el profesional que asiste al individuo y a la familia a enfrentar los retos cotidianos. El objetivo del trabajador social es ayudar a la persona a encontrar recursos y apoyo en su comunidad que le permitan resolver sus problemas ambientales y sociales. Por ejemplo, puede ayudar a las familias a resolver sus problemas de vivienda, empleo o atención médica. El trabajador social está preparado para manejar crisis, ofrecer apoyo emocional y administrar recursos. El trabajador social puede integrar el equipo de intervención temprana como coordinador de servicios o especialista en salud mental infantil, o asistir a la familia durante la resolución de algún problema en particular.

Nuevamente, tener un niño con síndrome de Down no significa que necesite todos los servicios existentes. Sin embargo, si su familia requiere un trabajador social, solicítelo a través de su programa de intervención temprana.

El profesional en enfermería

El profesional en enfermería se especializa en promover la salud, prevenir enfermedades, y diagnosticar y tratar las reacciones humanas ante problemas de la salud. Muchos son expertos tanto en salud infantil y materno-infantil como en los problemas ambientales y sociales que podrían influir en la salud del niño o en la relación emergente entre madre y bebé.

Si su programa estatal o local de intervención temprana depende de un departamento de salud, puede que su coordinador de servicios sea un profesional en enfermería. Muchos programas administrados por otras entidades recurren a estos profesionales para coordinar los servicios del niño con varios problemas de salud. Sin embargo, aunque algunos niños (incluidos los niños con síndrome de Down) tengan problemas de salud, la ley federal de la educación especial no ofrece servicios directos de enfermería salvo en circunstancias muy especiales. Es decir, los profesionales en enfermería de los equipos de IT no proveen servicios de enfermería en sí. Más bien, coordinan el cuidado de la familia o la educan sobre temas de salud específicos.

El coordinador de servicios

En Estados Unidos la "coordinación" es un servicio obligatorio para las familias que reciben intervención temprana. Independientemente de las entidades que los ofrezcan, el niño y la familia con derecho a los servicios de IT deben contar con un coordinador de servicios que sirva de "punto único de contacto" entre los padres y dichas entidades. Este servicio de coordinación es gratuito para la familia.

Debido a la diversidad de modelos o programas de IT, no es posible precisar cómo el programa de su niño designará su coordinador de servicios. Algunas entidades ofrecen lo que se denomina "coordinación dedicada" donde esa es la única función del coordinador de servicios. Otros programas requieren que el equipo de IT elija como coordinador de servicios a uno de los profesionales que estén prestando servicios a la familia. Por ejemplo, si su niño recibe los servicios del educador una vez por semana pero ve a los demás miembros del equipo con menos frecuencia, su equipo podría decidir que la persona indicada para coordinar los servicios sería el educador. Independientemente del programa o entidad que se encargue de los servicios de IT de su familia, siempre se deberá designar un coordinador de servicios sin costo alguno.

La tarea del coordinador es asistir a los padres con los servicios de su niño, y tener acceso a esos servicios. La tarea del coordinador es ayudarlos. Si algún obstáculo impidiera obtener todos los beneficios del programa, consulte con su coordinador de servicios. Digamos que su familia no está satisfecha con uno de los proveedores de IT o no logra coordinar horarios con alguno. O quizás ustedes no han revelado los apuros económicos que están atravesando, y su coordinador desconoce cómo afectan a su familia y a su niño. Los padres no deben tener el menor reparo en conversar con su coordinador sobre cualquier problema, ya que se encuentra ahí para ayudar con cualquier asunto que impida obtener la intervención temprana para su familia.

▐▌ ¿Qué es "Equipo de Intervención Temprana"?

El equipo de intervención temprana está formado por personas que se reúnen para:

- evaluar el desarrollo de su niño,
- ofrecer recomendaciones basadas en esa evaluación,
- planificar los servicios para las áreas del desarrollo que requieran atención,
- proporcionar los servicios acordados, y
- reevaluar el desarrollo y medir el progreso de su niño conforme fuera necesario

Las siguientes secciones describen cómo el equipo identificará las necesidades de su bebé y su familia, y cómo las satisfará mediante la planificación individualizada de intervenciones y terapias específicas.

▐▌ La evaluación

La evaluación del desarrollo del bebé o del niño es prerrequisito de la IT. La evaluación es necesaria para obtener el perfil de las capacidades y necesidades específicas de su bebé, ya que cada bebé con síndrome de Down es único. Como su equipo de IT utilizará la evaluación para planificar intervenciones específicas, es importante primero entender los puntos fuertes y débiles de su bebé a fin de asegurar que los servicios estén basados en su desarrollo y no en estereotipos u opiniones académicas sobre lo que podría necesitar "un niño con síndrome de Down".

Las evaluaciones también se emplean para determinar el derecho a la educación especial de los bebés que no cumplen automáticamente con los requisitos para los servicios. Por ejemplo, el niño con síndrome de Down cumple automáticamente con los requisitos porque se considera que su condición tiene probabilidad alta de ocasionar retrasos en el desarrollo. Por lo tanto, la evaluación no se realiza para determinar si cumple con los requisitos sino para identificar sus necesidades individuales. En el niño con una condición médica desconocida, la evaluación también sirve para determinar si sus retrasos en el desarrollo justifican los servicios.

Muchos estados han agilizado el proceso de remisión de pacientes con síndrome de Down, y es posible que un representante de su programa local de IT se comunique con ustedes poco después del nacimiento de su bebé para conversar sobre el proceso de la evaluación. Si nadie se comunica con ustedes, pueden solicitar una evaluación en cualquier momento. La mayoría de las salas de maternidad y consultorios pediátricos tienen información sobre programas locales de IT. También pueden visitar la página web de NICHCY (National Dissemination Center for Children with Disabilities[2]) o llamar a su línea gratuita directa, 800-695-0285. (Ver Guía de Recursos.)

El equipo empleará una diversidad de pruebas e instrumentos para evaluar a su bebé, como tests estandarizados de desarrollo infantil, listas de control, información proveniente de observaciones y opiniones clínicas informadas (es decir, a falta de recursos para evaluar algún problema en particular, el evaluador utilizará su experiencia profesional). Para obtener una buena evaluación de todas las áreas del desarrollo, es importante recolectar información de diferentes tipos de pruebas y de diferentes disciplinas profesionales.

A menudo, la evaluación se realiza en ambientes conocidos, como en el hogar, pero a veces se realiza en algún centro específicamente diseñado para bebés o niños de corta edad. En todo caso, la mayoría de las evaluaciones de todas las áreas del desarrollo están basadas en el juego, es decir, se realizan mientras el niño juega. Puede que su equipo de evaluación utilice diferentes pruebas específicamente diseñadas para medir el desarrollo en una o más áreas, pero siempre mediante el enfoque

---

2 *Centro de Diseminación Nacional para el Niño con Discapacidades.*

amigable que ofrece el juego. El equipo identificará los puntos fuertes y débiles en el desarrollo de su niño observándolo jugar e interactuar.

Muchos padres dirán: "¡Bueno, parecía que sólo *jugaban* con mi niño! ¡No noté que *hicieran* nada!". Puede que los evaluadores se sienten en el piso junto a su bebé y le den juguetes para observar cómo los alcanza y manipula. Observarán lo que hace con determinados juguetes y evaluarán su capacidad para pensar y resolver problemas. Escucharán sus respuestas al señalarle las figuras de un libro. Observarán cómo busca consuelo si se altera mientras juega. Todos estos componentes que sólo parecen juego forman parte de una buena evaluación del desarrollo.

Usted es parte integral de su equipo de evaluación, así como de todo el proceso de IT. Estará presente durante la evaluación y se solicitará su aporte. Este proceso puede generar tensión en algunos padres porque sienten que es una especie de "juicio" o una prueba que podrían "desaprobar". Pero la evaluación no es una prueba académica con notas aprobatorias o desaprobatorias. Es sólo la instantánea de un día en la vida de su niño, diseñada para que el equipo pueda entender, a grandes rasgos, las capacidades y necesidades individuales de su bebé. Si usted sabe que su niño puede hacer algo que no está haciendo para los evaluadores, dígalo. Pero no trate de completar las tareas de su niño, ni de interrumpir innecesariamente la interacción entre su niño y los evaluadores. El equipo le hará muchas preguntas durante la evaluación, como cuáles sonidos o palabras usa su niño, o qué tipos de movimientos realiza. Esta información es tan importante como la que los evaluadores observen durante los juegos con su niño y será incluida en el informe final.

Los resultados de la evaluación de su niño

Al concluir la evaluación, el equipo asignará un puntaje a cada área del desarrollo (física, cognitiva, adaptativa, comunicativa y socioemocional) y luego revisará los resultados con ustedes. Como la evaluación mide el desarrollo, los puntajes se dan en edades de desarrollo. "Edad de desarrollo" describe el promedio de edad en que el niño domina ciertas habilidades físicas, socioemocionales, comunicativas y didácticas. Estas edades de desarrollo han sido establecidas estudiando a cientos de miles de niños por décadas.

Si se evalúa a su bebé poco después del nacimiento, es probable que su edad de desarrollo no difiera mucho de su edad cronológica. Sin embargo, la diferencia entre ambas edades podría acentuarse con el tiempo. Por ejemplo, si se evalúa a su niño a los 12 meses, le podrían decir que el nivel de desarrollo de su lenguaje expresivo corresponde al de un niño de 8 meses.

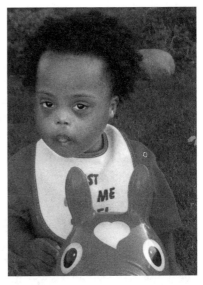

La evaluación de su maravilloso bebé suele ser una experiencia traumática para los padres. ¡No es esa la intención! Pero puede ser duro escuchar describir a su pequeño en términos de desarrollo aun si hubieran anticipado algunas diferencias. También puede parecer que sólo les dirán lo que está "mal" con su bebé, pero ese no es el objetivo de la evaluación. Los profesionales de la primera infancia evalúan los posibles retrasos en el desarrollo de su bebé sin perder de vista que es una persona real y completa, y también compartirán con ustedes todos los aspectos positivos que detecten durante la evaluación. De hecho, tienen la obligación de revelar tanto los puntos fuertes de su niño como las deficiencias percibidas. Si el informe de la evaluación de su niño no incluye esa importante sección, ¡haga preguntas! Todo el equipo debería estar concentrado en los puntos fuertes de su niño, ya que se usarán para intervenir en áreas menos fuertes.

Es posible que la evaluación del bebé de muy temprana edad no revele retrasos en el desarrollo. Esto no significa que no pueda solicitar los servicios (ver más adelante). Sin embargo, tampoco quiere decir que su futuro esté libre de retrasos en el desarrollo. La mayoría de los niños con síndrome de Down tiene retrasos en el desarrollo, por lo que automáticamente cumplen con los requisitos para IT aunque la primera evaluación no hubiese revelado retrasos de importancia. No rehúse los servicios de IT sólo porque los puntajes de la evaluación a muy temprana edad están "dentro de los límites normales". Las evaluaciones muy tempranas no predicen adecuadamente las capacidades futuras.

Además, las evaluaciones de la IT no deben utilizarse para predecir coeficientes de inteligencia (CI). El bebé o el niño con retraso cognitivo a causa del síndrome de Down generalmente seguirá teniendo retrasos al final de la niñez. No hay relación causal entre determinadas edades de desarrollo y puntajes específicos en el CI. Es decir, aunque los resultados de las pruebas de su bebé revelen retrasos marcados en una o más áreas, esto no significa que más adelante no logre progresar en esas mismas áreas. Asimismo, una edad de desarrollo normal en un área no significa que en el futuro continuará con esa misma edad en esa misma área. La evaluación del desarrollo de la IT se utiliza para la planificación de *un solo bebe: el suyo*. Sus resultados sólo indican áreas de relativa fuerza y debilidad, y no son útiles como pruebas estandarizadas ni como predictores absolutos del desarrollo.

▪▪ Requisitos para la intervención temprana

En Estados Unidos la intervención temprana (IT) se ofrece conforme a la Ley Federal para la Educación del Individuo con Discapacidades (IDEA)[3]. (Ver Capítulo 8.) Según IDEA, el niño debe cumplir con ciertos requisitos para poder recibir los servicios y, justamente, uno de los propósitos de la

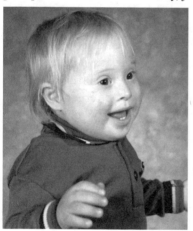

evaluación es determinar si cumple con ellos. Para recibir los servicios de IT según IDEA, el niño debe tener: 1) retraso del desarrollo en una o más de las áreas evaluadas ó 2) "una condición física o mental diagnosticada con probabilidad de producir retrasos en el desarrollo".

La mayoría de los niños con trisomía 21 (todas sus variantes) cumple con esos requisitos, ya que la trisomía es una condición conocida que se puede diagnosticar.

▪▪ Plan Individualizado de Servicios Familiares (IFSP)[4]

Finalizada la evaluación, el equipo se reunirá para decidir cómo proceder. El plan que surja se denominará Plan Individualizado de Servicios Familiares (IFSP). El IFSP es un plan para toda la familia: define

---

3 *Individuals with Disabilities Education Act (IDEA).*
4 *Individualized Family Service Plan (IFSP).*

tanto las metas de desarrollo para su niño como los servicios que requiere la familia para satisfacer las necesidades de su niño. El IFSP va desde el proceso de planificación hasta el plan resultante. En otras palabras, no es sólo el documento escrito. Los resultados de la evaluación son sólo un componente de esta planificación ya que las metas, sueños y esperanzas que usted tenga para su bebé también son parte esencial del IFSP.

El intercambio de ideas durante el proceso de planificación deberá incluir los siguientes pasos:

1. Revisar el desarrollo actual de su niño

El equipo, del cual usted forma parte, se reúnirá para revisar los resultados de la evaluación de las areas del desarrollo de su niño. Este es el momento para añadir información importante o para hacer comentarios. Por ejemplo, quizás quiera añadir información proporcionada por su pediatra o hacer preguntas sobre determinados resultados de la evaluación.

2. Identificar las fuerzas, prioridades y preocupaciones de su familia

El IFSP ha sido diseñado para toda la familia, y sus prioridades y preocupaciones forman parte integral del mismo. Por ejemplo, usted desea que el desarrollo del habla de su hijo se priorice porque esa es su preocupación principal. Puede que una de sus ventajas sea la suerte de contar con familiares cerca que se visitan con frecuencia. El equipo debería poder formular planes para mejorar las habilidades de comunicación de su niño aprovechando las oportunidades que presenta una familia numerosa.

3. Establecer metas basadas en la evaluación del desarrollo y la familia, así como su seguimiento y medición

El IFSP debe centrarse en los beneficios que la familia espera obtener de la IT, y no sólo en los beneficios para el niño. Después de todo, el niño crece y se desarrolla en el contexto de su familia, no como una pequeña unidad aislada del resto. No obstante, muchos de las metas del IFSP estarán vinculadas al progreso cuantificable que el equipo proyecte para determinadas áreas del desarrollo. A fin de verificar el progreso de su niño, usted y el resto de su equipo deberán definir metas, y determinar maneras para medir su avance.

Las metas se establecen pensando en lo que su niño puede hacer ahora, en lo que usted quisiera que llegue a hacer, y en lo que su familia necesita para ayudar a su niño a lograr sus metas. Digamos que usted desea que su niño pueda comunicarse: ¿Qué debe hacer? ¿Cuándo? ¿Por qué? ¿Cómo se medirá su progreso?

Usted podría decidir que quiere que su niño pueda decirle que tiene hambre, sed o cansancio; también quiere que pueda decírselo a su abuelita cuando la visite. Esto es importante para su familia porque su hijo se frustra y llora cuando nadie lo entiende. Su equipo examinará los resultados de las evaluaciones y definirá las metas empleando como guía general los resultados de las pruebas del desarrollo de su niño, y sus prioridades y preocupaciones como padres. El equipo en conjunto toma la decisión de enseñarle a su hijo cinco señas: beber, comer, más, abrazar y dormir. Así podrá comunicarse todo el tiempo, en su casa y en la casa de su abuelita. Su equipo incluirá esta meta como parte del IFSP.

Para comprobar si se está alcanzando la meta (aprender las cinco señas), el equipo observará a su niño para verificar que esté usando las señas. Su equipo podría dividir la meta general en objetivos más concisos, como enseñarle a su niño una seña por mes. El equipo decidirá quién, cómo, dónde, y cuándo deba medirse el progreso hacia las metas acordadas. El IFSP se puede revisar en cualquier momento conforme se vayan alcanzando metas o modificando prioridades, pero la ley ordena reevaluaciones semestrales.

4. Decidir sobre los servicios necesarios para alcanzar las metas

Ahora que su equipo fijó las metas, deberán decidir sobre los servicios que se necesitan para alcanzarlas. Usando el ejemplo anterior (aprender cinco señas), podría ser necesaria la intervención directa del patólogo del habla-lenguaje para enseñarle las señas al niño y a la familia, y maneras de incorporarlas a la vida familiar.

Sin embargo, puede que el educador de su equipo esté capacitado para enseñar tanto esas señas de uso común como maneras de incorporarlas a las actividades infantiles cotidianas. En este caso, su intervención podría ser lo más conveniente para ayudar a la familia a alcanzar esta meta.

Es fácil y tentador dividir las metas en categorías o ámbitos, y decidir que cada una de ellas requiere la intervención exclusiva de un especialista. Pero todos los miembros de su equipo de IT saben cómo guiar el crecimiento y desarrollo infantil, y los servicios deben adaptarse a las circunstancias particulares de su niño.

En ocasiones, un servicio específico requerirá una disciplina profesional específica. Por ejemplo, si la evaluación de su niño revela problemas para caminar o pararse (no sólo un retraso general en el caminar) se requeriría la terapia específica del fisioterapeuta. Asimismo, los problemas del lenguaje a causa de pérdida auditiva (no sólo un retraso general en el habla) requerirían los servicios del patólogo del habla-lenguaje y/o el audiólogo. Centre su atención en las metas, y luego deje que esas metas y las necesidades específicas de su niño le sirvan de guía para decidir sobre los servicios.

5. Decidir sobre los ambientes naturales en donde recibir los servicios y alcanzar las metas

Todo niño tiene derecho a pertenecer y participar plenamente en su comunidad, y una de las metas más importantes de la IT es ayudar al niño con discapacidades a ser incluido en todo aspecto de la vida familiar y comunitaria. Según estudios, es mucho más probable que el bebé o el niño desarrolle habilidades cuando las rutinas cotidianas se realizan en ambientes típicos como en su casa, guarderías o centros de recreo. Además, en Estados Unidos los programas deben proporcionar servicios de IT en ambientes naturales para el niño en la medida de lo posible. (Ver sección "Ambientes naturales".)

6. Identificar por nombre al coordinador de servicios

Usted tiene el derecho a conocer la identidad de su coordinador de servicios dada la naturaleza de sus responsabilidades ante el equipo del IFSP. El coordinador de servicios es quien asegura el cumplimiento del IFSP de su familia, la obtención de los servicios, la coordinación con otras entidades o las compañías aseguradoras, y la atención de las necesidades de su niño durante la transición de la intervención temprana a la preescuela.

Como ya se mencionó, muchos estados designan un coordinador de servicios cuya única función es coordinar los servicios. Su preparación profesional puede incluir el área del desarrollo infantil y servicios humanos, como servicios sociales, enfermería, educación o asesoría. En algunos estados, usted elegirá al coordinador de entre los miembros del equipo asignado a su familia.

7. Anticipar la transición durante la Intervención Temprana

En Estados Unidos la IT del niño con discapacidades generalmente finaliza cuando cumple 3 años. (Ver sección "Transición".)

▪▪ Enfoques de los servicios

Los profesionales del equipo de IT que evalúan y proporcionan servicios a su niño y su familia tienen varias opciones para trabajar en conjunto. Actualmente, el enfoque de trabajo en equipo más empleado en Estados Unidos es el transdisciplinario. Sin embargo, muchos programas aún emplean otros enfoques y es posible que ustedes se encuentren con otros métodos o "filosofías de equipo". A fin de familiarizarlo con la terminología que podría escuchar como parte del proceso de IT, he aquí una breve descripción de los tres enfoques más comunes: multidisciplinario, interdisciplinario y transdisciplinario.

El enfoque multidisciplinario

Tradicionalmente, muchos programas de IT han usado el enfoque multidisciplinario, donde cada especialista evalúa sólo su área del desarrollo y recomienda tratamientos relacionados con su disciplina. Por ejemplo, si su niño tiene muchos problemas con retrasos en sus habilidades motoras y verbales, el fisioterapeuta impartiría "terapia física" para tratar los problemas físicos y el patólogo del habla-lenguaje impartiría "terapia verbal" para tratar los problemas del lenguaje. Cada especialista incluye sus metas y objetivos por separado en el IFSP.

Sin embargo, el enfoque multidisciplinario ha caído en desuso porque ahora se sabe que puede producir atención fragmentaria, comunicación deficiente entre los miembros del equipo y pérdida de oportunidades para incentivar las habilidades emergentes en distintas áreas del desarrollo. Si cada proveedor de servicios sólo establece metas y objetivos en su área del desarrollo, puede desvincularse de las otras áreas o de los demás proveedores de servicios.

El enfoque interdisciplinario

El enfoque interdisciplinario es una variante del enfoque multidisciplinario donde un equipo de distintos especialistas se reúne para evaluar al niño y para preparar el IFSP. Así, cada miembro del equipo se entera de lo que el otro hace, y con qué frecuencia. Sin embargo, como cada proveedor sigue ocupándose solamente de su especialidad, el niño con muchos problemas podría tener que seguir acudiendo a diferentes profesionales, en diferentes lugares y con diferentes horarios. Al igual que con el enfoque anterior, el profesional sigue encargándose de sólo un área del crecimiento y el desarrollo.

Aunque en muchos lugares se practica el enfoque interdisciplinario, la mayoría de los programas de IT han evolucionado hacia el concepto "transdisciplinario".

El enfoque transdisciplinario

El enfoque transdisciplinario no altera el número o clase de profesionales que participan en los equipos de IT. Más bien, el equipo cambia su enfoque de la especialidad a la cooperación. Las investigaciones sobre aprendizaje infantil apoyan este enfoque. Además, reduce la atención fragmentaria e incentiva a familiares y profesionales a considerar al niño como unidad y no sólo como varias áreas de desarrollo.

De hecho, una de las principales filosofías de la IT es el apoyo de equipo transdisciplinario. El desarrollo de su bebé es un proceso integral donde todas las áreas se desarrollan simultáneamente, y los profesionales en equipos transdisciplinarios conocen técnicas de desarrollo apropiadas. Por ejemplo, las habilidades del lenguaje de su niño se desarrollan al mismo tiempo que sus capacidades motoras y cognitivas, siguiendo una secuencia ordenada y predecible. Puede que el desarrollo *individual* de su niño difiera de un área a otra, pero ninguna se desarrolla aisladamente.

"Transdisciplinario" significa que uno de los profesionales de la primera infancia, sin importar su experiencia educativa o clínica, será el principal encargado de proporcionarle apoyo a su niño en todas las áreas del desarrollo. Los sistemas de IT que utilizan este enfoque denominan "proveedor primario de servicios" a esta persona. Todo profesional calificado en la primera infancia, sin importar su título o especialidad, entiende el desarrollo infantil. El proveedor primario será el principal encargado de proporcionar los servicios de IT de su niño. Por ejemplo, si su niño tiene retrasos cognitivos y verbales, su equipo (incluido usted) deberá definir las metas para esas áreas deficientes. Ustedes son los que definirán las metas, cómo medirlas, en qué ambientes ofrecerlas y quién

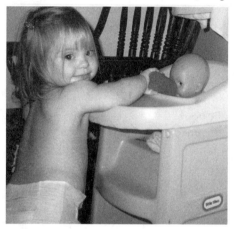

proveerá los servicios. Su equipo podría decidir que la persona más adecuada como proveedor primario sería el maestro en educación especial infantil.

¡Esto no significa que el educador de pronto se transformó en patólogo del habla-lenguaje! Más bien, significa que incorporará las metas para adquisición del lenguaje trazadas en el IFSP al mismo tiempo que intenta alcanzar las metas de aprendizaje en el ambiente natural del niño. El educador podrá realizar estas tareas porque tiene experiencia en pedagogía infantil, y porque el patólogo del habla-lenguaje del equipo que ayudó a establecer las metas para esta área lo considera apto.

Es obvio que no todas las necesidades del desarrollo se pueden tratar utilizando el enfoque transdisciplinario. Como ya vimos, si su niño tiene determinados problemas específicos, como pérdida auditiva o deficiencia motora oral, podría necesitar la terapia del patólogo del habla-lenguaje. En ese caso, y si el equipo lo considera adecuado, el patólogo del habla-lenguaje de su niño podría impartir su terapia al *mismo tiempo* que la terapia para aminorar los retrasos cognitivos y motores. Por ejemplo, cuando el patólogo vaya a su casa para ocuparse de las habilidades del lenguaje de su niño, podría además emplear técnicas consultadas con el fisioterapeuta para incentivarlo a caminar hasta la mesa.

Los profesionales y los padres encuentran a veces las mismas dificultades para entender este enfoque. Los profesionales también tienen dificultad en permitir que otro profesional imparta terapias que tradicionalmente no le corresponden. Sin embargo, cuando el equipo colabora empleando el enfoque transdisciplinario, cada profesional formula su plan con los demás miembros y, junto con la familia, eligen al proveedor primario de los servicios de IT. Siempre se pueden añadir tratamientos o terapias.

En los equipos transdisciplinarios, la participación principal de los terapeutas y otros profesionales ocurre durante la fase de evaluación y planificación del IFSP. Es cuando definen las áreas mas débiles del desarrollo, determinan las prioridades de la familia, y deciden quién proveerá qué servicio. Como ya vimos, generalmente se selecciona como proveedor primario al profesional en el área del desarrollo de mayor prioridad o necesidad.

A menudo los padres escucharán que este enfoque "reduce costos". Quizás se preocupen porque "el terapeuta del habla no debería estar impartiendo fisioterapia". La verdad es que la intención de este enfoque nunca fue ahorrar dinero, sino reconocer que el crecimiento y desarrollo del niño dentro de su familia y comunidad es un proceso integral. Además, el terapeuta del habla no pretende ser fisioterapeuta sino sólo ejecutar los servicios de IT. El proveedor primario, sea quien fuere, siempre requiere un equipo que incluya todas las especialidades profesionales y con el cual consultar cuando fuera necesario.

Puede que el enfoque transdisciplinario no sea el adecuado si el desarrollo de su niño en un área en particular es atípico y requiere técnicas de una especialidad o disciplina específica. Digamos que su niño tiene retrasos para caminar que corresponden a su desarrollo general. En este caso, su equipo puede decidir (con la asesoría del fisioterapeuta) que, por ahora, lo único que necesita son algunas buenas técnicas para incentivarlo a caminar y que el proveedor primario sería el encargado de incorporarlas a los servicios de IT. O su equipo puede decidir que lo más indicado sería una consulta con el fisioterapeuta para desarrollar un programa de ejercicios en casa que fuera supervisado por el proveedor primario.

Sin embargo, el niño con síndrome de Down a menudo tiene problemas específicos de postura o andar y podría requerir fisioterapia para alcanzar sus metas en esas áreas débiles. Si su niño tiene necesidades individuales que requieren terapia profesional, éstas pueden (y deben) incorporarse al IFSP.

Otro ejemplo es el niño con tanta dificultad para comer que ni permite que le pongan la comida en la boca. Esta dificultad no significa un retraso general en el desarrollo, sino un problema específico que requiere tratamiento específico. Este niño podría necesitar de un experto en terapia oral-motora que le enseñe a tolerar la comida en la boca.

La frecuencia del enfoque transdisciplinario en la primera infancia y en la IT va en aumento. Este enfoque adquirirá importancia cuando su niño se acerque a la edad escolar y usted esté pensando en incluirlo en aulas típicas en la medida de lo posible. Por ejemplo, cuando su hijo asista a una preescuela típica, usted podrá ver el enfoque transdisciplinario en acción cuando la patóloga del habla-lenguaje trabaje con un grupo de niños durante la clase. ¿Ha dejado de pronto de ser patóloga porque le "enseña" letras a un grupo de alumnos? Luego, cuando deje instrucciones precisas a la maestra para incentivar el habla de su niño durante las clases, ¿se convierte de pronto la maestra en patóloga del habla cuando ejecuta esas instrucciones? ¿O se convirtió de pronto la maestra en fisioterapeuta cuando emplea el aparato para caminar o el asiento de apoyo que el fisioterapeuta recomendó para su niño? Por supuesto que la respuesta a todas estas preguntas es "no". Estos son sólo ejemplos de prácticas transdisciplinarias en acción.

❚❚ Ambientes naturales

La intervención temprana se optimiza cuando se proporciona en "ambientes naturales", es decir, en los lugares donde el bebé o el niño vive y juega. Es más, IDEA *requiere* que la IT provea sus servicios en ambientes naturales, "incluidos el hogar y los ambientes de la comunidad donde participan niños sin discapacidades", salvo que el equipo decidiera que el niño no podría alcanzar sus metas en esos ambientes.

Debido a que la definición de ambiente natural "incluye el hogar y los ambientes en la comunidad donde participan niños sin discapacidades", es posible que su equipo decida proveer los servicios de IT en la guardería o preescuela del niño. Sin embargo, como los padres son las partes más importantes del plan de aprendizaje de su niño, puede que el equipo se resista a ofrecer servicios en su ausencia. Si su niño asiste a tiempo completo a estos programas, o va todos los días a la casa de su cuidador, se pueden proveer los servicios en esos ambientes. Sin embargo, un buen equipo de IT siempre buscará incluir a los padres en la enseñanza (y en el aprendizaje).

Si el equipo en conjunto decide que su niño no puede alcanzar sus metas en ambientes naturales, entonces podrían solicitar ambientes especiales para los servicios, como aulas para niños con discapacidades o retrasos en el desarrollo. En algunos casos podrían proveerse en la clínica o el consultorio del terapeuta. Por ejemplo, si su niño tiene sordera y requiere una técnica específica de comunicación que sólo se imparte en aulas para niños con sordera, su equipo podría decidir que necesita ese ambiente para alcanzar sus metas.

Recuerde que usted tiene derecho a los servicios de IT en ambientes naturales, salvo que su equipo decidiera específicamente que su niño no podría alcanzar sus metas en esos ambientes. Debido a que muchos de los programas de IT han existido por años, algunos han mantenido programas con base en centros que ofrecen atención exclusiva a niños con discapacidades o retrasos en el desarrollo. Sin embargo, su niño no tiene por qué recibir servicios en centros especializados sólo porque existen, les son convenientes al personal, o les son menos onerosos al programa. Su niño no debería prescindir de ambientes naturales sin previo debate en una reunión de su IFSP.

▪▪ Preguntas/Dudas más frecuentes sobre la Intervención Temprana (IT)

Mi equipo y mi pediatra no opinan igual. ¿Y ahora qué?

Tenga presente que el término "intervención temprana" describe un servicio específico para niños. No es un servicio médico o de salud como tal. Tampoco es una entidad de "atención domiciliaria" donde el médico le indica al profesional cuál terapia proporcionar y por cuánto tiempo. Con frecuencia, se genera falta de comunicación entre el pediatra, los padres y los profesionales de IT, y el equipo podría perderse la valiosa información que tiene el pediatra. Y es todavía peor en los estados donde los sistemas de IT facturan sus servicios directamente a los aseguradores (ver a continuación). Es un proceso de lo más confuso.

Esta es la situación típica: usted lleva a su niño al médico y éste le receta un servicio, como "terapia física dos veces por semana durante 60 minutos". El médico tiene motivo para pensar que su niño necesita ayuda para caminar y, según su experiencia, la fisioterapia es la mejor manera de proveer esa ayuda.

Pero cuando usted se reúne con su equipo de IFSP, el equipo decide que su niño no necesita esos servicios para alcanzar las metas de su IFSP. Esto no quiere decir que su equipo esté tomando decisiones médicas, tratando de ahorrar dinero, ni contradiciendo al médico. Sólo significa que el equipo *no está de acuerdo* con la necesidad de ese servicio específico para alcanzar las metas del IFSP y que, por lo tanto, no será ofrecido bajo la IT.

En este caso, usted tiene varias opciones. Primero, usted puede decidir que su equipo tiene la razón y que los servicios adicionales no son necesarios porque el IFSP ya está tratando ese problema y usted confía en los servicios que está recibiendo. Segundo, usted puede solicitar una nueva evaluación y un nuevo IFSP, con metas que demuestren específicamente la necesidad de fisioterapia para caminar. Tercero, usted puede suplementar la IT con terapia adicional que fuera cubierta por su seguro médico o sus fondos personales. (Dependiendo de su seguro médico, la receta de su pediatra podría ser útil para cubrir ciertas terapias.) Cuarto, usted puede decidir que no concuerda con su equipo y que necesita ayuda especializada para llegar a un acuerdo. Para mayor información, lea la siguiente sección.

¿Deberíamos suplementar nuestro IFSP?

Es importante reconocer que probablemente su IFSP no incluya todos los servicios que podrían beneficiar a su niño. De hecho, el IFSP especifica un número limitado de metas de desarrollo y, por lo tanto, un número limitado de metas significa un número limitado de servicios. Se enterará de muchos otros servicios a través de otros padres, libros, seminarios, conferencias e Internet. Muchos de los profesionales de su equipo no estarán al tanto de toda la información especializada sobre las nuevas terapias o tratamientos de los que usted se entere, y podrían además estar en desacuerdo sobre la necesidad de algunas de esas terapias o tratamientos.

Este es un buen momento para llamar al departamento de atención al cliente de su compañía de seguros, obtener copias de sus beneficios, y abogar por los servicios que no podrá obtener a través de la IT.

Muchos padres con buena situación económica deciden pagar por terapia física, del habla u otras. Quizás usted tenga esa opción. Sin embargo, hay muchos terapeutas que estarían dispuestos a ver a su niño, a dar indicaciones para la casa, y a controlar su progreso esporádicamente. Esto permitiría reducir los costos.

Aunque no puedan cubrir los costos de la terapia privada, piensen en maneras de interacción con otros bebés y niños. La intención de la IT es que su niño aprenda a funcionar en el contexto de su familia y la sociedad, así que encuentren oportunidades para explorar su comunidad e interactuar con otros niños.

Toda experiencia de aprendizaje que beneficia al niño típico también beneficia a su niño con síndrome de Down. Por ejemplo, las clases de movimientos o de música favorecen a muchos niños con síndrome de Down. En muchos centros de recreo se ofrecen actividades para bebés y niños, como natación o juegos en grupo. Puede que su biblioteca tenga una hora del cuento y otros divertidos programas para la familia. Usted es el educador primario de su niño. Muchas de las conversaciones con sus profesionales le darán ideas para promover el aprendizaje en todas las áreas del desarrollo.

¿Tenemos que impartirle terapia a nuestro niño constantemente?

Cuando se tiene un bebé con síndrome de Down, parece que siempre "hay algo que hacer". En lugar de ayuda, a veces se siente que la IT es sólo más trabajo: más citas que cumplir y terapeutas que ver.

Sin embargo, se *supone* que la IT es una ayuda para la familia. Con su énfasis en ambientes naturales, se *supone* que debería estar llevando los servicios a su familia, participando de sus quehaceres diarios y enseñando a incorporar actividades del desarrollo a las rutinas cotidianas. Sus proveedores de servicios deberían estar asistiendo a su familia a incentivar el crecimiento y desarrollo de su niño empleando los

elementos naturales de su vida diaria.

Digamos que su niño está aprendiendo sobre la "permanencia de los objetos", es decir, que los objetos existen aunque no se les pueda ver. Le puede repasar este concepto durante una "sesión de terapia", o lo puede hacer en cualquier momento jugando a taparse y destaparse la cara con una bufanda. No sólo es más divertido jugar con su bebé cuando muestra interés, sino que además es una técnica pedagógica eficaz. El niño que está sentado tratando de descifrar la "permanencia de los objetos" está realizando una tarea. El niño que juega a las escondidas está pasando un rato agradable y, de paso, está aprendiendo sobre la permanencia de los objetos.

Cuando la IT empiece a parecerle "otra tarea más" u "otra cita más" al extremo de ser causa de tensión y no un apoyo, ¡proteste! Llame a su coordinador de servicios para explicarle sus problemas o para disminuir la cantidad de servicios. O quizás le convenga unas "vacaciones" de la IT.

Todavía no se ha descubierto el número "mágico" de horas ni el tipo "mágico" de terapia que contrarresten todos los efectos en el desarrollo causados por ese cromosoma 21 adicional. Si la IT es más carga que ayuda, son ustedes quienes deben decidir cuánta IT están dispuestos a asumir. La IT es sólo una parte de la experiencia total del proceso de apoyo al crecimiento y desarrollo del niño con necesidades especiales. Para mejorar la probabilidad de éxito de su niño en la escuela y en su vida como adulto, son de igual importancia una familia amorosa y estable, atención médica adecuada, y una casa llena de juguetes y libros.

¿Por qué algunos niños con síndrome de Down reciben mejores servicios que otros?

La respuesta tiene que ver con la Ley Federal para la Educación del Individuo con Discapacidades (IDEA) que regula la intervención temprana. Primero, como ya se describió, IDEA establece la individualización de los programas de IT. Su niño sólo recibirá los servicios que su equipo de IFSP acuerde sean necesarios para alcanzar sus metas individualizadas. Es decir, si usted piensa que su niño se beneficiaría con el tipo o frecuencia de servicio que reciben otros (por ejemplo, una hora semanal de terapia del habla), puede que no reciba este servicio si:

1. su IFSP no incluye resultados/metas que justifiquen la necesidad del servicio,
2. los miembros de su IFSP piensan que puede alcanzar sus metas sin el servicio, o
3. su programa de IT emplea el enfoque transdisciplinario y el proveedor primario es el encargado de asistir a su niño a alcanzar todas sus metas.

Segundo, IDEA otorga libertad de acción a los estados para decidir qué servicios ofrecer a las familias y, si así lo decidieran, cuánto cobrar. Para entender porqué su estado (o comunidad) no ofrece el mismo nivel de servicios que otros, conviene enterarse sobre la historia de esta ley, que sigue a continuación.

▪▪ Breve historia de la intervención temprana

El concepto de intervención temprana no es nuevo. Durante años ha existido el interés por instruir al bebé y al niño con la esperanza de que esta instrucción tuviera un impacto positivo sobre su desarrollo. En 1968 el Congreso de Estados Unidos autorizó proyectos de demostración a nivel nacional con la intención de desarrollar programas modelo para la educación del niño con discapacidades desde su nacimiento hasta el tercer grado. Algunas entidades públicas y privadas sin fines de lucro financiaron proyectos por todo el país, pero no se ofrecían servicios a todos los niños. Gradualmente, algunos estados empezaron a ofrecer servicios de IT a sus ciudadanos, pero muchas zonas del país siguieron sin estos programas. La primera ley federal que garantizó

la educación pública al alumno con discapacidades (Ley de Educación para Todo Niño con Impedimentos[5] de 1975) sólo requería servicios para niños en edad escolar.

Con el tiempo y gracias a los movimientos de defensoría de padres y profesionales, las leyes empezaron a asegurarle servicios al niño de corta edad. Desde 1986 los estados tienen la obligación de proveer servicios de educación especial al preescolar que los necesite. En esa misma época, el Congreso instituyó un sistema de subvenciones para incentivar a los estados a establecer programas para bebés y niños de corta edad, que se conoce como la "Parte C" de la Ley de Mejora de la Educación para el Individuo con Discapacidades (IDEA)[6] del 2004.

Es importante tener en cuenta dos aspectos de esta ley: su vigencia no es permanente y no establece la gratuidad de sus servicios. IDEA 2004 es una ley de educación especial que garantiza educación pública apropiada y gratuita (FAPE[7]) a todo niño con discapacidades en edad escolar. La sección de IDEA 2004 que garantiza los servicios al niño en edad escolar tiene vigencia a perpetuidad, es decir, no caduca. Se considera una ley de derecho civil porque le garantiza el derecho a la educación al niño con necesidades especiales, el mismo derecho que tiene todo otro niño.

Sin embargo, la sección de IDEA 2004 que regula los servicios para el bebé y el niño de corta edad (Parte C) termina a fines del 2010. No se considera ley de derecho civil. Más bien, es un programa federal de subvenciones estatales para el establecimiento de programas de IT. Los estados que soliciten los fondos de ese programa están obligados a cumplir con los requisitos federales de la Parte C. Aparte de esto, tienen la libertad de operar los programas a su manera, incluida la decisión de

---

5 *Education for All Handicapped Children Act.*
6 *Individuals with Disabilities Education Improvement Act (IDEA) of 2004.*
7 *Free, appropriate, public education.*

cobrarle a la familia por los servicios prestados. Ningún niño que recibe servicios bajo la Parte C tiene garantizada una educación apropiada y gratuita.

¿Qué significa esto para los padres? Significa que los servicios varían considerablemente en cada estado. Significa la posibilidad de asumir los costos o pasarle la factura a su seguro por algunos de los servicios. Sin embargo, la ley es muy clara: la incapacidad de pago no constituye motivo para rehusarle servicios a la familia. Todos los estados reciben fondos en virtud de la Parte C, y todos tienen interés por proporcionar los servicios a los bebés y niños de corta edad que cumplan con sus requisitos. Su equipo de IT colaborará con ustedes para asegurar que reciban todos los servicios que necesiten.

:: La transición: ¿Qué haremos al finalizar la intervención temprana?

La intervención temprana termina cuando el niño cumple tres años de edad. (Según IDEA 2004, cada estado tiene la opción de prolongarla hasta los cinco años, pero hasta la fecha ninguno ofrece esa opción.)

En Estados Unidos la mayoría de los niños con síndrome de Down, cuya edad ya no les permite recibir IT, tiene derecho a los servicios de educación especial a través del sistema escolar de su estado. "Educación especial" quiere decir instrucción gratuita especialmente diseñada para atender las necesidades propias del niño con discapacidades. (En Canadá, y con variantes según la provincia, la mayoría de los niños con síndrome de Down también tiene derecho a los servicios de educación especial de su sistema escolar.) La educación especial incluye la enseñanza especializada y los servicios afines (por ejemplo, terapia física o del habla) que son necesarios para que el alumno alcance las metas del plan de enseñanza diseñado para él [Programa Educativo Individualizado (IEP)][8].

Requisitos para la educación especial

En la intervención temprana, el niño que tiene una condición con probabilidad alta de retrasos en el desarrollo (como el síndrome de Down) cumple automáticamente con los requisitos para la IT. Pero el mismo principio no se aplica a los servicios escolares. Para que su niño tenga derecho a los servicios de educación especial dentro del

---

8 *Individualized Education Program (IEP).*

sistema escolar de Estados Unidos, se le debe poder clasificar bajo una de las categorías contempladas en IDEA. Para el niño de tres años, esto generalmente significa que su condición debe corresponder a la definición estatal de "retraso en el desarrollo". (Se le podría clasificar bajo otras categorías, pero la definición de "retraso en el desarrollo" generalmente es aplicable a la mayoría de los niños con síndrome de Down.)

La definición de "retraso en el desarrollo" varía en cada estado, pero generalmente está basada en determinado porcentaje de retraso en una o más áreas del desarrollo obtenido mediante evaluaciones válidas. Por ejemplo, algunos estados requieren un retraso de 50 por ciento. Otros no requieren un porcentaje específico, más bien intentan definir el retraso con frases como "desarrollo que el personal competente considere fuera de lo 'normal' o 'típico' para otros individuos de la misma edad". El niño tiene derecho a la educación especial si sus retrasos en el desarrollo justifican instrucción especializada y servicios afines.

Como ya mencionamos, para fines de la educación especial también se puede clasificar al niño bajo otras categorías. Las categorías contempladas en IDEA son: retraso mental (discapacidades intelectuales); trastornos auditivos (incluida la sordera); trastornos en el habla o el lenguaje; trastornos visuales (incluida la ceguera); discapacidad emocional grave (denominada "trastorno emocional"); anormalidades ortopédicas (discapacidad física); autismo; lesión cerebral traumática; u "otros problemas de salud" (que perjudican la fortaleza, vitalidad y atención; se deben a un problema de salud crónico o agudo; y tienen efectos adversos sobre el rendimiento educativo); discapacidad de aprendizaje específica; sordera-ceguera; o discapacidades múltiples.

La categoría bajo la que se clasifique a su niño es simplemente eso: una categoría que permite solicitar los servicios de educación especial. Es sólo un medio para cumplir con requisitos legales. No se debe emplear la categoría en sí como instrumento de planificación. Por ejemplo, nadie debería decir que su niño deba acudir a determinada escuela en su distrito porque es donde van los niños bajo determinada categoría de discapacidad, o que no podrá alcanzar sus metas de lectura porque fue clasificado como retrasado en el desarrollo. La categoría no debería definir el plan, los cursos ni el ambiente. Para decidir sobre esos asuntos, se debe tener en cuenta a su niño como individuo y no a la categoría que permitió solicitar esos servicios.

Ningún padre le dirá que es fácil ver cómo se evalúa a su hijito para determinar si le corresponde recibir educación especial. Si bien su intención es sólo determinar la necesidad de educación especial y facilitar su planificación, la evaluación podría interpretarse como una crítica. Los padres deben tener presente que la evaluación es sólo un instrumento para que su niño  sea aceptado en el programa. No es una evaluación de su valía, dignidad ni potencial. Es de gran ayuda conversar con otros padres que han pasado por esa experiencia, aunque sólo sea para convencerse de que usted no es el único que ha atravesado por esa situación tan penosa.

El objetivo de la educación especial

El objetivo de la educación especial es simplemente educar. Ya no es sólo cuestión de incentivar o apoyar el desarrollo del niño, que también es una meta importante en la educación de todo niño. El diseño de la educación especial busca optimizar, en la medida de lo posible, la calidad del aprendizaje del niño con discapacidades. Así como el objetivo de la intervención temprana fue preparar al niño a aprender, el de la educación especial es que aprenda.

A menudo, esto significa que dejará de recibir los servicios de IT a los que estaba acostumbrado. El enfoque ahora se desvía hacia la instrucción especializada con el objetivo de ayudar a su niño a completar el plan de estudios típico de la escuela pública en la medida de lo posible. En otras palabras, el enfoque evoluciona hacia la obtención de educación escolar pública adecuada que, después de todo, es también una meta excelente.

Es posible que la IT proporcionó terapias, como la fisioterapia, para que su niño alcanzara las metas de su IFSP. Quizás proporcionó terapia ocupacional para que su niño alcanzara las metas relacionadas con la manipulación de objetos pequeños y pudiera participar en los juegos de la guardería o comer con cuchara y tenedor.

Sin embargo, en la escuela pública las terapias sólo se consideran servicios afines. Se ofrecen para que su niño pueda aprovechar la instrucción especial. Las metas educativas de su niño determinan la necesidad de terapias, como la terapia ocupacional: ¿qué necesita estar aprendiendo en clase? Si algunas de las metas educativas requieren terapia ocupacional, podría incorporarse al plan como servicio afín. Por ejemplo, si una de las metas en la preescuela es aprender a clasificar juguetes pequeños y su niño carece de la habilidad motora

fina para realizar esta tarea, el terapetua ocupacional podría intervenir para que alcance esta meta específica.

El plan educativo de su niño en la preescuela y la escuela se denomina Programa Educativo Individualizado (IEP). Es un programa que está basado en las evaluaciones que confirmaron la necesidad de los servicios para su niño, su rendimiento en esas evaluaciones (también puede incluir información suya o de otras fuentes), y el plan del equipo para mejorar las áreas que requieran educación especial. La elaboración del IEP es un proceso colectivo y, al igual que con el IFSP, usted también forma parte del equipo del IEP.

Pero el énfasis será: ¿Cómo puede mi niño obtener educación escolar pública? ¿Qué instrucción especializada necesita? ¿Dónde tendrá lugar (el tipo de aula o ambiente)? ¿Quién impartirá la instrucción? ¿Con qué frecuencia? ¿Y qué tipos de servicios afines (por ejemplo, terapia física o del habla-lenguaje) necesita para aprovechar la instrucción especializada?

Aunque deje de recibir algunos servicios de terapia de IT, la buena noticia es que, por ley, los servicios escolares son gratuitos. Todo servicio afín en el IEP es parte de la "educación pública apropiada y gratuita (FAPE)" a la que tiene derecho todo alumno de educación especial en Estados Unidos. Los servicios escolares públicos son gratuitos para todos los alumnos, incluidos los alumnos en educación especial, estén o no recibiendo servicios adicionales a través de su IEP.

Ambientes educativos especiales

Conociendo los beneficios de la intervención temprana en ambientes naturales, es fácil comprender la necesidad de la educación especial en ambientes similares.

La intención de la Ley de Educación para el Individuo con Discapacidades (IDEA) es que la educación escolar pública del alumno con discapacidades sea lo más similar a la del alumno típico, siempre que el resultado sea una educación apropiada. Es obvio que cuanto más se aproxime el ambiente de su niño al de las aulas típicas de los niños de su vecindario, más se aproximará su experiencia de aprendizaje al plan de estudios y ambiente académico de la típica escuela pública.

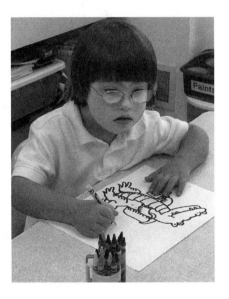

La ley requiere que el alumno en educación especial sea educado en el "ambiente menos restrictivo (LRE)"[9]. La intención de este término es que los servicios para el niño *con* discapacidades se proporcionen en ambientes y escuelas del mismo tipo que las del niño *sin* discapacidades, salvo bajo circunstancias claramente delimitadas. Por ejemplo, cuando su niño empiece el kindergarten, debería asistir a una típica escuela primaria, preferiblemente a la que asistan los demás niños del vecindario y en la misma aula que los demás niños del kindergarten.

Esto no significa que, debido a sus necesidades únicas, su niño no recibiría mejor educación en otro ambiente. Esta es una decisión que debe tomar todo el equipo del IEP, del cual también forman parte los padres. La escuela a la cual asista su niño no debe ser una decisión automática. Tampoco debe ser regla agrupar en ambientes segregados a los niños clasificados bajo determinadas etiquetas categóricas.

Es posible que su niño tenga menos opciones de educarse con niños de desarrollo típico en la preescuela que en el kindergarten. Esto puede ocurrir si su condado o estado no proporciona educación pública

9 *Least Restrictive Environment (LRE).*

gratuita a la mayoría de los preescolares sin discapacidades. Por ejemplo, su distrito escolar tiene un programa preescolar para familias de bajos recursos económicos, que podría ser el único ambiente inclusivo con financiación pública para el preescolar con discapacidades. Cuando una familia no está satisfecha con los programas preescolares públicos disponibles, podrían decidir matricular a su niño en una preescuela privada a cuenta propia. En este caso, su niño podría seguir recibiendo algunos servicios de educación especial y/o servicios afines en su escuela privada. Por ejemplo, el patólogo del habla-lenguaje podría impartir terapia en la escuela. Existen derechos y procesos específicos a nivel local, estatal y federal que podrían ayudarlo a obtener este tipo de acomodación. Comuníquese con su departamento local de educación especial para averiguar sus derechos.

La transición a la educación especial

La planificación de la transición de la IT a la educación especial es componente obligatorio de la intervención temprana de su niño, y su coordinador de servicios debería recordárselo constantemente. Sin embargo, he aquí algunas sugerencias para facilitar la transición:

1. Empiece a pensar en la *salida* de la IT apenas *ingrese* en la IT. Podría parecerle prematuro, pero no es así. Anticipar la transición le dará tiempo para encontrar los recursos adecuados y evitar problemas de último minuto.

2. Converse con otros padres que ya pasaron por esa transición para saber lo que les agradó y desagradó del proceso. Su coordinador de servicios de IT debería tener información de grupos de apoyo locales, o comuníquese con el NDSS[10] o el NDSC[11].

3. Inicie conversaciones con el personal del departamento de educación especial de su escuela pública. Hágales saber que su niño estará pasando de la IT a la preescuela en unos pocos años. Solicite fuentes de información: ¿Tienen un centro de recursos para padres? ¿Ofrecen visitas guiadas de las instalaciones? ¿Dictan clases para padres sobre la transición a la preescuela?

4. Realice el seguimiento de la información obtenida de otros padres o del sistema escolar. Si fuera posible,

---

10 *National Down Syndrome Society / Sociedad Nacional de Síndrome de Down.*
11 *National Down Syndrome Congress / Congreso Nacional de Síndrome de Down.*

visite las instituciones. Dése una idea de los estilos de enseñanza, de la proporción de alumnos a personal, de las aulas y de cualquier otro factor que incentive el aprendizaje.

5. Empiece a familiarizarse con los cursos de la preescuela y el kindergarten. La mayoría de los sistemas escolares (locales y estatales) publican listas de cursos para cada grado, y usted podría obtenerlas comunicándose con su escuela primaria o visitando la página web del sistema escolar. Examine los cursos y anticipe lo que su niño necesita aprender para llegar a ser alumno y lector competente. Así, podrá imaginarse la inclusión de su niño en cursos para la población general, y los recursos que necesita para aprovechar la preescuela o el kindergarten.

▪▪ Conclusión

Deben sentirse ya abrumados o confundidos por tanta información, términos, descripciones, leyes y programas. Deben estar pensando que tienen que enterarse de todo inmediatamente. ¡Pero no es así! La intención de los programas de intervención temprana es ayudar a los nuevos padres, y la gran mayoría de las familias encuentran mucho apoyo y consuelo en la IT. Ustedes tienen un lindo bebé y son las personas más importantes en su vida. La IT existe para apoyar a toda la familia durante el proceso de crecimiento y desarrollo del niño. Los años de la infancia y la niñez se van en un suspiro. No se desesperen: conozcan a su bebé y disfruten de esos primeros años. Ustedes irán aprendiendo en el camino e irán adquiriendo confianza y promoviendo a su bebé.

▪▪ Impresiones de los Padres

Lo que más me sirvió de la intervención temprana fue aprender a jugar con mi bebé. Durante ese par de años, me esforcé por estimularla constantemente. Me di el tiempo para jugar con ella y practicar actividades de intervención temprana en lugar de estar haciendo los quehaceres de la casa.

❧❀❧

Fue una ventaja tener al fisioterapeuta viniendo a casa para observar cómo Sofía se las arreglaba con los obstáculos. Por ejemplo, para ir a la sala hay que bajar un escalón. El fisioterapeuta nos enseñó cómo ayudarla a subir y bajar ese escalón para que después se sintiera más segura en las escaleras.

Al principio parecía que los de la IT llegaban justo cuando Antonio estaba de tan mal humor o soñoliento que no quería cooperar, así que lo único que hacíamos era conversar sobre su progreso y las diferentes maneras de incentivar sus habilidades. Sólo cuando empezó a dormir menos es que empezamos a avanzar más.

A fin de cuentas, son los padres quienes coordinan el caso.

Al principio me intimidó la idea de aprender sobre el desarrollo e instruir a Anita. Me imaginaba que iba a tener que estar enseñándole cosas de diez a doce horas diarias. Y es lo que traté de hacer, pero quedaba agotada. Finalmente, llegué al punto en que pude relajarme y disfrutarla, y creo que eso es lo que mejor le ha hecho.

Si se puede, es bueno fijar horas para la instrucción aunque lo mejor es emplear el enfoque informal, que quiere decir convertir los acontecimientos de la rutina diaria en oportunidades de aprendizaje.

En lo más intenso de la IT de Gaby, me servía imaginarme mis actividades del día y escoger un par de momentos para enseñarle cosas específicas. Por ejemplo, aprovechaba los veinte minutos de conducir a la guardería para incentivar su lenguaje cantándole y hablándole. Y al acostarla, sin la agitación de las mañanas, mi esposo y yo la hacíamos practicar actividades de autoayuda, como quitarse los calcetines.

Ahora me encuentro en la posición de querer proteger a los padres de recién nacidos con quienes converso. Les dejo saber que tienen que

seguir siendo como son y que, si les parece, está bien que se pasen cuatro días seguidos sin levantar un dedo. Si esa es su manera de reaccionar, es lo que deben hacer. Nuestras vidas no deben girar totalmente alrededor de nuestros hijos.

Algunos de nuestros profesionales de IT tienden a hacer sugerencias muy vagas, como: "Anímela a perseverar con lo que le parece difícil". Encuentro que recibimos los consejos más útiles cuando pedimos soluciones específicas a problemas específicos. Por ejemplo, Valeria no quería sujetar su biberón por nada. Consultamos con todos los terapeutas hasta que uno sugirió algo que funcionó: usar un popote para ayudarla a comprender que ella era capaz de hacerlo.

Los profesionales del programa de IT nos incentivaron a usar la comunicación total (señas con palabras) desde el principio. La idea no me entusiasmó porque pensé que le retrasaría el lenguaje. Pero la primera seña para "más" que hizo Valeria me convenció. Empecé a verla desde otro punto de vista, del de una personita que sabe lo que quiere y que se hace entender muy bien.

Las señas no han interferido con el desarrollo del habla de mi hija. A menudo aprende a decir la palabra al poco tiempo de haber aprendido su seña. Después de aprender la seña para "osito", empezó a decir "ito"; después de la seña para "manzana" empezó a decir "zana".

Muchas veces me gustaría tener a quien consultar sobre mi hijo "normal". La intervención temprana me pareció algo estupendo: tener a quien recurrir cuando no sabía cómo resolver algún problema. ¡Y mi hijo con necesidades especiales no era el único que me daba problemas!

Tuvimos muy buenos maestros. Iba donde ellos totalmente frustrada, sintiéndome incapaz de dedicar ni siquiera una hora diaria a lo que querían que hiciera, pero el coordinador del caso me decía: "Mire, hay maneras de incorporar esas actividades a su rutina diaria al cambiarla,

vestirla, bañarla y darle de comer". Cuando hacía eso, generalmente todo iba mucho mejor.

Prácticamente he dejado de realizar actividades terapéuticas en casa porque Diego no quiere saber nada con ellas. Pero cuando sólo jugamos, entonces sí puede aprender muchas cosas. Lo tenemos que engañar para todo. Tenemos lindos juguetes como rompecabezas, tableros y bloques, y él ni los mira. Creo que ya se dio cuenta de que son educativos.

Algunos de los terapeutas de Valeria tienen ideas preconcebidas sobre los niños con síndrome de Down. Aunque en teoría cada IFSP es único, a veces parece que los terapeutas recomendaran exactamente las mismas actividades para todos los niños con síndrome de Down. Por ejemplo, a los diez meses mi hija ya gateaba muy bien sobre manos y rodillas, y había otro niño en el programa que no avanzaba ni una sola pulgada sin ayuda. Sin embargo, el fisioterapeuta les seguía repitiendo a los dos los mismos ejercicios con la pelota para terapia.

Para actualizar las metas del IFSP de mi niño, los terapeutas periódicamente traen listas de control de habilidades y comportamientos para preguntarme si mi hijo ya hace ciertas cosas. Pero si a veces no puede hacer algo es porque no ha tenido muchas oportunidades para practicar. Por ejemplo, no puede señalar determinadas prendas de vestir porque no me he dado el tiempo de decirle cosas como: "Está bien, ahora ponte la **camisa**. ¿Me puedes traer la **camisa**? Qué **camisa** tan bonita, ¿no?". Muchas veces estas pruebas más ponen a prueba las habilidades de los padres que las del niño.

Me frustra que Valeria casi no muestre lo que es capaz de hacer durante las evaluaciones. Si el terapeuta la incentiva a hacer algo, ella se queda tiesa como estatua. Entonces le digo: "Pero si cuando estamos solas hace eso todo el tiempo" —y el terapeuta contesta— "Muy bien, pero sigamos reforzando la actividad para que la realice en forma consistente". Claro, aprender a usar las habilidades es más importante

que estarlas demostrando, pero detesto perder el tiempo en metas que
ya alcanzó.

Por suerte, tenemos muchos familiares que nos ayudan con la terapia
de nuestro hijo y eso nos hace la vida más llevadera. Pero aun así, nos
sentíamos presionados. Si teníamos un momento libre y el chico estaba
ahí sentado sin hacer nada, sentíamos que debía hacer sus ejercicios.
Llegó un momento en que lo presionamos tanto que se rehusó a
cooperar y tiraba sus juguetes por todas partes.

Cuando nos dijeron que Marcos necesitaba terapia intensiva, nos
excedimos. A veces le hacíamos sus ejercicios hasta que le salían
lágrimas. Por fin nos dimos cuenta de que lo estábamos empujando
demasiado. Ahora intentamos que su terapia sea divertida y eso nos ha
dado buenos resultados. Aprovechamos los pocos momentos en que
nos sentimos eficaces, y a la larga eso es lo que cuenta.

Los educadores serán educadores, pero usted tiene que fiarse de sus
instintos porque es la persona que mejor conoce a su hijo. Teníamos
una terapeuta muy buena, pero su voz chillona mortificaba a nuestro
hijo e interfería con su aprendizaje. Así que cambiamos de terapeuta y
encontramos otro más compatible.

Soy de la firme opinión que cuando se tiene un hijo con necesidades
especiales, hay que explorar todas las alternativas, aun las que al principio
no parezcan muy atractivas. Averigüé sobre todos los programas y
conversé con muchos terapeutas. Luego, mi esposo y yo nos sentamos
para hacer listas de las ventajas y desventajas de cada programa.

El fisioterapeuta fue esencial durante el primer año de nuestra hija;
el terapeuta del lenguaje, después del primer año; y el terapeuta
ocupacional, al cumplir los tres.

Un buen maestro de educación especial puede darle a los padres información que puedan utilizar por el resto de la vida de su niño, sobre todo la información para promover a su bebé.

Sentimos que nuestro trabajo ha valido la pena. El programa de intervención temprana ha sido magnífico. Además, hemos aprendido mucho. Realmente me enseñaron cómo ayudar a Jaime y eso no tiene precio porque yo no sabía cómo jugar con bebés y sólo conocía lo mínimo. No puedo creer todo lo que he aprendido.

Los maestros del jardín infantil de mi hijo se interesaron mucho por su aprendizaje y sus necesidades especiales. Festejaban en grande cada uno de sus logros quizás porque se esforzaba más que los demás niños. Quizás también sentían la necesidad de protegerlo más que al resto.

En la preescuela, el condado enviaba cada semana un maestro de educación especial para observar a Sofía en clase y para darle recomendaciones a los maestros sobre cómo tratarla. Además, nos dejaba notas con observaciones y sugerencias. Todo esto fue útil, pero no tanto como las visitas a domicilio de los profesionales de la intervención temprana.

Durante la preescuela hubo un período en que lo único que nuestra hija necesitó fue terapia del habla-lenguaje porque sus otras áreas del desarrollo no mostraban retrasos que justificaran otros servicios. Francamente, disfruté del descanso que significó no tener que hacer tanta terapia con ella.

La escuela ofreció enviarnos un autobús escolar para transportar a nuestra hija a la terapia del habla desde la preescuela hasta la escuela primaria local. (La escuela era considerada el ambiente menos restrictivo porque tenía un programa **Head Start**.) No estábamos nada preparados a dejarla ir solita en tremendo autobús, así que yo la llevaba y traía.

No es fácil que nuestro distrito escolar ofrezca información sobre todos sus programas para niños con discapacidades. Uno tiene que conversar con otros padres para averiguar qué tipos de programas conocen, investigar la página web de la escuela, e insistirle a los miembros del equipo de IT a explorar todas las alternativas posibles. Apuesto a que lo mismo sucede en muchas otras comunidades. Si no le gusta el primer, segundo o tercer programa que vea, siga averiguando.

Si no fuera porque tenía que trabajar, no sé si siquiera habría matriculado a mi hijo en la preescuela. A veces pienso que yo le hubiera dado mejor instrucción en casa. Por otro lado, tengo que reconocer que adquirió muchas habilidades sociales y verbales que luego necesitó en el kindergarten.

Cuando llegó el momento de la transición de la intervención temprana a los servicios escolares, nuestra coordinadora de servicios se portó muy bien. Ella sabía que queríamos que Sofía se educara en ambientes con inclusión total y nos respaldó en todas las reuniones anteriores a la transición. Felizmente, porque no habíamos considerado otras opciones.

8

DERECHOS E IMPEDIMENTOS LEGALES

Jo Ann Simons, MSW

❖ Introducción

Cuando se enteraron de que iban a ser padres, es probable que sintieron toda una gama de emociones. De hecho, yo las sentí. Me entusiasmaba la idea de la crianza y de formar una familia. Quería anunciar la noticia a cuanta persona me escuchara. Deseaba un bebé al cual amar y abrazar. Me imaginaba proezas atléticas y éxitos académicos. Como ustedes, yo también soñaba en grande.

Me ponía nerviosa que me faltara el dinero para cuidar de mi bebé y cubrir su educación universitaria.

Me preocupaba que me faltara el tiempo para trabajar y dormir. Si ustedes tienen otros hijos, quizás se preguntaban si alcanzaría su amor para todos. A veces me angustiaba la idea de lo que pasaría si no estuviéramos para nuestro bebé. ¿Quién lo cuidaría y criaría como nosotros?

Todas estas son preocupaciones cuando se espera un bebé. Pero cuando un bebé nace con síndrome de Down, como el suyo y el mío, uno se preocupa aún más. Al principio, uno se preocupa todo el tiempo. La intención original de este libro fue proporcionar información precisa sobre la crianza del bebé con síndrome de Down, y tranquilizar y acoger a las nuevas familias del síndrome de Down.

Este capítulo explica las protecciones, tanto legales como afines, vigentes en Estados Unidos. En un contexto jurídico, este es el mejor momento en la historia de nuestro país para ser padre de un bebé con síndrome de Down. Tenemos leyes que garantizan la educación del niño. Tenemos leyes que protegen de la discriminación a las personas con síndrome de Down. Una incluso le da a los padres el derecho a dejar de trabajar por un tiempo para cuidar de su niño sin temor a perder el empleo.

Existen programas sociales que pueden asistir a las familias de bajos recursos económicos suplementando sus ingresos y proporcionando seguros médicos. Los programas alimentarios y habitacionales disponibles podrían ser útiles. También podrían ser de beneficio algunas deducciones tributarias.

El valor de algunos de los temas que se tratan en este capítulo no será aparente durante los primeros años de vida de su bebé, pero los hemos incluido para que tengan información básica e importante. A pesar de esto, es esencial que comiencen a planificar el futuro de su niño. *Deben* hacer un testamento. *Necesitan* pensar en el caso improbable de no estar para criar a su niño y *necesitan* decidir quién se ocuparía de su niño con síndrome de Down y de sus otros hijos, o de los que pudieran tener en un futuro. Tienen que comenzar a planificar su patrimonio, aun si piensan que no tienen bienes.

A pesar de los esfuerzos por asegurar exactitud, este capítulo no pretende proporcionar consejos legales, contables o patrimoniales. Más bien, esperamos que su información sea suficiente para que puedan formular preguntas pertinentes y para reconocer cuándo solicitar asesoría profesional. Como en muchas situaciones, sus mejores consejeros serán otros padres de niños con síndrome de Down.

■■ La educación del niño con discapacidades

Ninguna otra ley ha contribuido tanto a ayudar a la persona con síndrome de Down y otras discapacidades como la que garantiza el derecho a la educación. Este derecho fue establecido gracias al incansable trabajo de familias que vinieron antes. En el pasado, la rutina en las escuelas públicas era marginar al niño con discapacidades. Es más, los médicos, otros profesionales y, a menudo, los familiares, insistían en que los padres internaran al niño en instituciones estatales aduciendo que allí recibiría capacitación adecuada. Además, se le recomendaba a la familia no visitar al niño, incluso olvidarse de su existencia. El bebé con síndrome de Down que era enviado a esos atestados y, a menudo, espantosos lugares recibía poca o ninguna educación.

A partir de los años setenta, las acciones judiciales y los medios de comunicación forzaron al gobierno a prestar atención a este asunto.

Si bien muchas familias eligieron internar a sus niños en instituciones, otras rechazaron la idea de alejarlos de sus familias y comunidades. Más bien, decidieron educar a sus niños en casa y, discretamente, empezaron a agruparse con otras familias. A principios de los años cincuenta algunas familias comenzaron a poner anuncios en los periódicos en busca de otras familias que criaban a sus hijos en casa. A menudo estos grupos informales formaban sus propios jardines infantiles en los sótanos de las iglesias. Al irse organizando, se afiliaron a la National Association for Retarded Children[1], actualmente *The Arc*.

Debido a estos esfuerzos, algunas escuelas empezaron a educar voluntariamente a algunos niños con retraso mental y establecieron clases para niños "educables" y clases para niños "entrenables". Ningún otro grupo de niños ha sufrido tanta discriminación como los niños con síndrome de Down, fácilmente reconocibles y casi siempre clasificados

---

1 *Asociación para el Niño con Retraso Mental.*

como "entrenables". Ya que la lectura y otros cursos académicos sólo se se dictaban en aulas "educables", toda una generación de niños con síndrome de Down nunca tuvo la oportunidad de aprender a leer y pasaron sus pocas horas en la escuela aprendiendo habilidades casi todas inútiles.

Hace ya muchos años fui a una reunión de mi grupo de apoyo donde las mamás hablaban sobre sus hijos y la lectura. Una de ellas, mucho mayor que yo, estaba de lo más consternada. Su hijo tenía más de 20 años y no sabía leer. De hecho, nunca se le había dado la oportunidad. Unos cuantos meses después esa misma mamá nos informó que su hijo estaba aprendiendo a leer. Tiemblo al pensar en todas las personas con síndrome de Down que nunca aprendieron a leer porque fueron enviadas al aula "entrenable".

Recién en 1975 cuando se promulgó la Ley Pública 94-142, la Educación para Todo Niño con Impedimentos[2], es que se garantizó la educación "apropiada y gratuita" del niño con discapacidades. Esta ley ha sido modificada varias veces y ahora se conoce como la Ley de Educación para el Individuo con Discapacidades (IDEA)[3].

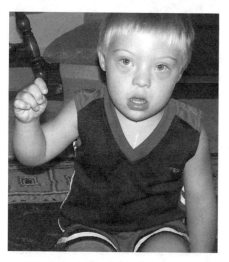

Ley de Educación para el Individuo con Discapacidades (IDEA)

El propósito de IDEA es garantizar la educación pública y gratuita del niño con discapacidades. Su coordinación está a cargo de la Autoridad Educativa Local (LEA)[4]. "LEA" es el término burocrático para distrito o sistema escolar estatal. La Parte B de la ley cubre al alumno desde los 3 hasta los 21 años de edad; la Parte C (ver Capítulo 7) cubre al niño desde recién nacido hasta los 2 años.

---

2 *Public Law 94-142, The Education for All Handicapped Children.*
3 *Individuals with Disabilities Education Act.*
4 *Local Educational Authority.*

Como toda familia desea lo mejor para su niño, procuran residir en los "mejores" distritos escolares: aquéllos con los mejores servicios para su niño o niña con síndrome de Down. Algunas familias investigan y comparan los fondos que se destinan a la educación general y a la educación especial. Otras consultan con organizaciones de defensoría. Es verdad que algunos sistemas escolares son mejores que otros. Pero la realidad es que no todas las familias pueden residir en esas comunidades, ya que sus ingresos o sus empleos no se lo permiten. Más aún, si un gran número de alumnos en educación especial se reubicara a esas pocas comunidades, recargarían tanto sus distritos que pronto dejarían de ser los mejores. IDEA contiene muchas garantías para la familia cuyo propósito es ofrecer igualdad de oportunidades.

La Parte B de IDEA incluye cuatro elementos importantes de protección. Si bien la redacción del estatuto es compleja, usted podrá entender la relación entre la ley su niño con síndrome de Down, y entre la ley y el papel que usted desempeña en su educación, analizando las siguientes cuatro áreas:

1. Educación Apropiada y Gratuita (FAPE)[5],
2. Ambiente Menos Restrictivo (LRE)[6],
3. Programa Educativo Individualizado (IEP)[7], y
4. Garantías Procesales[8]

Educación Apropiada y Gratuita (FAPE)

En esta situación, "gratuita" realmente significa gratuita. Quizás tuvo que pagar por algunos servicios de IT de su niño, pero no tendrá que pagar por su educación en el sistema escolar público. Bajo ciertas circunstancias, su niño podría incluso asistir gratis a una escuela privada, previa aprobación y colocación por LEA. Sin embargo, si decide enviar a su niño a una escuela privada por sus preferencias religiosas, por ejemplo, entonces usted deberá correr con los gastos. Aún así, su niño podría tener derecho a uno o varios servicios afines, como terapia del habla-lenguaje.

Aun cuando no tenga que pagar por la educación pública, si su niño está recibiendo servicios afines bajo Medicaid, LEA está obligada a cobrarle a Medicaid por los servicios (como terapia del habla, ocupacional o física) porque Medicaid es considerado pagador de primer recurso. Veremos Medicaid más adelante. Algunos distritos escolares

---

5 *Free Appropriate Education (FAPE).*
6 *Least Restrictive Environment (LRE).*
7 *Individualized Education Program (IEP).*
8 *Due Process Protection.*

podrían solicitar la información de su seguro médico privado para obtener reembolsos por algunos de sus servicios y, así, cubrir parte de sus altos costos por educación especial. Sin embargo usted no está obligado a proporcionar esa información. Es más, debe tomar muy en serio cualquier exigencia de este tipo, ya que a menudo las compañías de seguros fijan cantidades máximas de por vida para ciertas categorías de atención médica. Muchos de nuestros niños con síndrome de Down tienen problemas médicos complejos, y usted debe tener presente las necesidades médicas que su hijo podría tener durante toda su vida antes de permitirle a su distrito escolar cobrarle a su seguro privado. Por otra parte, quizás usted tenga mucho interés por ayudar a su distrito escolar a reducir los costos de educación especial.

El concepto de "apropiado" es difícil de definir. Según el diccionario, "apropiado" significa "adecuado para una persona, condición...", y he ahí el desafío. Puede que lo que es apropiado para un alumno con síndrome de Down no lo sea para otro. Puede que, para un alumno, "apropiado" sea una escuela privada y, para otro, sea la misma aula en la misma escuela a la que asisten los niños de su vecindario.

Podría sugerirse que la vaguedad de las reglas es intencional para que puedan adecuarse a las necesidades de cada alumno. Es importante recordar que la educación de su niño le debería permitir alcanzar las metas educativas en su IEP (Programa Educativo Individualizado). Sin embargo, tenga en cuenta que "apropiado" no necesariamente significa "mejor". Sólo porque existen maneras de mejorar la educación de su niño, no quiere decir que el sistema escolar las deba poner en práctica.

Ambiente Menos Restrictivo (LRE)

La ley establece que ". . . en la máxima medida de lo apropiado, el niño con discapacidades, incluido el niño en instituciones públicas y privadas o en locales de cuidado infantil, sea educado junto con niños *sin* discapacidades; y que la educación especial, educación aparte o cualquier otra exclusión del niño con discapacidades del ambiente educativo general ocurran solamente si la naturaleza o la gravedad de la discapacidad impidiera educarlo satisfactoriamente en clases normales empleando dispositivos y servicios suplementarios".

Esta es la sección de la ley que garantiza que la historia no se repetirá y que nuestros niños no serán marginados en aulas o escuelas especiales, salvo que usted estuviera de acuerdo con dicha colocación. Esto le da a su niño con síndrome de Down el derecho a ser educado con compañeros de vecindario de su misma edad, es decir, en ambientes "inclusivos".

Hoy, en Estados Unidos algunos alumnos con síndrome de Down asisten a la escuela primaria, intermedia y secundaria en ambientes totalmente inclusivos junto con alumnos sin discapacidades. Es más, algunos han logrado

graduarse de la universidad. Los alumnos con síndrome de Down aprenden más cuanto más acceso tienen a programas educativos generales.

"Inclusión" es diferente de "incorporación a la corriente principal". Éste último fue un concepto educativo común en los años ochenta y noventa cuando el alumno con síndrome de Down u otra discapacidad pasaba parte de su día en la "corriente principal", es decir, en ambientes escolares típicos. Sin embargo, a menudo esto quería decir en la cafetería, o en clases de educación física o música, y la realidad es que nuestros niños pasaban la mayor parte de su día en aulas de educación especial, a menudo denominadas aulas autocontenidas, lejos de sus contemporáneos sin discapacidades.

El principio de la inclusión es totalmente distinto. Se basa en el derecho de todo niño a ser educado en el ambiente donde más pueda interactuar con sus contemporáneos de desarrollo típico y donde mejor pueda alcanzar sus metas educativas. En otras palabras, el "ambiente menos restrictivo (LRE)" para su niño es el que más se aproxima al ambiente educativo del niño típico de su misma edad. Sin embargo, el LRE varía según el alumno.

Es importante entender que "ambiente menos restrictivo (LRE)" no es sinónimo de "inclusión". El ambiente menos restrictivo para un niño no es necesariamente el ambiente menos restrictivo para otro. Si su niño no puede alcanzar sus metas educativas en determinado ambiente escolar, entonces ese no es su ambiente menos restrictivo. Pueden existir muchas razones para considerar clases menos inclusivas para su niño durante parte de su día escolar. Un ejemplo sería que su niño usa señas para comunicarse y usted piensa que necesita estar en clases donde los maestros empleen la comunicación total. Otros ejemplos son: su niño se concentra mejor en ambientes sin distracciones; aprende más cuando el personal puede intervenir para corregir determinados comportamientos inaceptables, como escaparse del salón; o la escuela de su distrito no puede ofrecer todos los elementos del Programa Educativo Individualizado (detallado más adelante) de su niño.

Todo padre abriga la esperanza de que su niño o niña, con o sin síndrome de Down, sea una "súperestrella". En el caso del niño con síndrome de Down esto podría significar su participación a tiempo completo en aulas y actividades escolares típicas. Muchos niños con síndrome de Down lo lograrán. Sin embargo, algunos podrían necesitar pasar todo o parte de su tiempo en algún otro ambiente educativo. Otros podrían participar en programas inclusivos durante algunos de sus años escolares, y luego en ambientes más especializados. Todo cambia y usted debe mantener la mente abierta. Usted es quien mejor conoce a su hijo.

La inclusión en todo ambiente —escuela, centro recreativo, parroquia, trabajo— será siempre el objetivo principal para nuestros niños. No siempre lo logramos, pero seguimos intentando.

La escuela del vecindario aceptó a nuestra hija en un programa inclusivo de kindergarten. La maestra había sido maestra de educación especial, por lo que estaba al día con los diferentes estilos de aprendizaje. Además, tenía un asistente para ayudar al niño que lo necesitara. A veces, nuestra hija necesitaba instrucciones y tiempo adicional para completar las tareas, pero su progreso en la lectura y las matemáticas fue bueno, y se hizo amiga de un niño aún más tímido que ella. Al final del año no cabía la menor duda de su preparación para el programa inclusivo del primer grado.

Programa Educativo Individualizado (IEP)

Para recibir servicios educativos especiales, su niño necesitará ser "referido" a la educación especial. Su programa de intervención temprana podría iniciar este proceso, o usted mismo podría hacerlo. El procedimiento consiste en presentar una solicitud explicando que su niño necesita servicios educativos especiales. Luego, el distrito escolar realizaría una evaluación para determinar si su niño cumple con los requisitos para los servicios. Aunque le parezca que el sistema escolar ya tenga toda la documentación necesaria para decidir el caso, la escuela casi siempre realizará su propia evaluación.

*Quería que nuestro sistema escolar conociera a Mateo mucho
antes de cumplir los tres años para que estuvieran al tanto de sus
necesidades. Para esto, cuando cumplió 18 meses empecé a enviar*

∷ El Diseño Universal para el Aprendizaje (UDL) y la Inclusión

"Diseño Universal para el Aprendizaje" (UDL) es un concepto prestado de la arquitectura y del diseño de productos. El objetivo de un producto o local de diseño universal es que sea accesible a todo usuario, independientemente de su edad o discapacidad. De la misma manera, UDL considera las necesidades de cada estilo de aprendizaje para que el diseño de su plan de estudios sea accesible a todos. Este enfoque difiere de la práctica común que consiste en primero diseñar el plan de estudios para *luego* tratar de adaptarlo al alumno con discapacidades. El objetivo de UDL es apoyar a todos los alumnos y no depender del método antiguo de adaptar el plan existente al alumno con necesidades especiales.

A continuación siguen dos ejemplos de cómo integrar el UDL en el plan de estudios. Ejemplo 1: Todo alumno necesita aprender a comprender lo que lee. Un libro con los principios del UDL incorporará dispositivos para ayudar al lector principiante a captar el significado de la historia, y se irían eliminando conforme fuera aprendiendo a leer. Ejemplo 2: Su niña aún no lee. Se instalará un programa en su computadora que le narre la misma historia que los demás leen en silencio. Se eliminaría la capacidad narrativa de la computadora conforme fuera aprendiendo a leer. Otras capacidades disponibles son velocidad de lectura, y énfasis o repetición de palabras.

Con algo de suerte, su sistema escolar ya incorpora UDL a sus planes de estudios. En caso contrario, le podría interesar asistir a talleres sobre UDL a fin de abogar por su uso en las clases de su niño. Para mayor información, visite www.cast.org. Si realmente le entusiasma este concepto, visite http://bookbuilder.cast.org y descargue libros o cree los suyos empleando la tecnología de la página web. Este es un concepto prometedor para el alumno con síndrome de Down.

todas las evaluaciones de la intervención temprana y de otros profesionales al departamento de educación especial. Me pareció que así la solicitud para los servicios especiales no empezaría con la típica frase de la intervención temprana: "Este niño va a cumplir tres años…".

Evaluación y requisitos. Previo consentimiento de los padres, su niño será evaluado "en todas las áreas relacionadas con la supuesta discapacidad, incluidas, si fuera apropiado, discapacidades de la salud, visión, audición, condición social, estado emocional,

inteligencia general, rendimiento académico, nivel de la comunicación y capacidad motora" (34 CFR Sec. 300.532). La evaluación es realizada por profesionales que describen las áreas de necesidad de su niño. En el caso del niño con síndrome de Down, el equipo de evaluación generalmente incluye los siguientes profesionales: maestro de educación especial, patólogo del habla-lenguaje, terapeuta ocupacional, fisioterapeuta y sicólogo. Dependiendo de las necesidades de su niño, también podrían participar otros profesionales. Por ejemplo, si su niño tiene diabetes podría incluirse la evaluación de un profesional en enfermería para asegurar que reciba los servicios apropiados. Si usted discrepa con cualquier parte de la evaluación, puede solicitar una evaluación independiente a cuenta del distrito escolar. (Ver Capítulo 7.)

Su niño podrá obtener educación especial si tiene una de las discapacidades contempladas en IDEA, y si esa discapacidad interfiere con su aprendizaje. (Ver Capítulo 7.) Si su niño cumple con esos requisitos, se procede a preparar su Plan Educativo Individualizado (IEP). Éste es un contrato obligatorio que describe la participación de la escuela y los servicios especiales que le permitan a su niño alcanzar las metas que usted y el personal de la escuela seleccionen individualmente.

La categoría de "trastornos en el habla-lenguaje" permitió que mi hija recibiera los servicios en el kindergarten, pero esta clasificación no fue de mucha ayuda porque su escuela interpretó que sólo tenía retrasos en el habla-lenguaje. Como resultado, el asistente del salón no la ayudaba a prestar atención ni a concentrarse en sus tareas como era su rutina con los alumnos con IEP. En el primer grado, nuestro médico envió una carta explicando los efectos del síndrome de Down sobre la fortaleza y la concentración, y logramos cambiar su categoría a "otros trastornos de la salud". La escuela le asignó un nuevo coordinador cambiando al patólogo del habla-lenguaje por una maestra de educación especial, más capacitada para sugerir metas y acomodaciones en todas las áreas del aprendizaje de nuestra hija.

Educación especial y servicios afines. El IEP establece: 1) la *educación* especial, y 2) los servicios *afines* para su niño. Educación especial quiere decir instrucción especializada que promueva el aprendizaje del alumno con discapacidades. Los servicios afines son los servicios que le permiten al niño aprovechar la educación especial, como los servicios de audiología, asesoría, servicios de salud, terapia ocupacional, asesoría y capacitación parental, fisioterapia, servicios sicológicos, amenidades y recreación terapéutica, servicios escolares de salud, coordinación de servicios, servicios sociales escolares, patología del habla-lenguaje, costo de transporte y afines, y servicios y tecnología auxiliares. Es obvio que no todo alumno necesariamente requiere todos estos servicios afines. Los que reciba dependerán de las necesidades identificadas en su evaluación.

Sabía que mi hijo tenía derecho a servicios de transporte. Pero sólo tenía tres años y era hijo único, así que yo lo llevaba a la escuela cuando iba a trabajar. Me gustaba llevarlo y poder conversar todos los días con sus maestros. Cuando nació mi segundo hijo, aprovechamos el transporte que nos ofrecía la escuela. Esto funcionó bien hasta que Samuel empezó a ir a la escuela intermedia y me informó que ahora los encargados de recoger a los alumnos eran los padres. En la escuela secundaria lo llevaban sus amigos del barrio. Me parecía contraproducente incluirlo en todas las áreas académicas, y luego hacerlo ir a la escuela en el autobús de la "educación especial".

En la intervención temprana mi hija recibió terapia del habla-lenguaje, terapia ocupacional y fisioterapia. Pero dejó de recibir ésta última al ingresar a la educación especial preescolar porque sus habilidades motoras eran suficientes como para hacer lo que hacían los demás niños. En la escuela primaria empezaron a reducirle la terapia ocupacional, pasando de servicios directos (el terapeuta intervenía directamente para enseñarle caligrafía) a servicios de asesoría (el terapeuta se limitaba a asesorar a los maestros sobre sus dificultades motoras finas). Después de un par de años dejó de recibir la terapia ocupacional y sólo continuó con la terapia del habla-lenguaje.

Metas. El IEP también incluye descripciones de metas para períodos definidos, generalmente para un año escolar. Deben definirse metas para todas las áreas consideradas como débiles. El IEP de su niño debe contener metas para áreas académicas como la lectura, la escritura, las matemáticas y las ciencias, pero puede también incluir metas para las habilidades funcionales y del desarrollo que le permitan realizar su potencial. Por ejemplo, podría contener metas para mejorar las habilidades de caligrafía y digitación, turnarse, completar tareas y organizar materiales. También podrían establecerse metas para la educación física.

Las metas anuales deben ser cuantificables de manera que sea fácil determinar si se alcanzaron. En el pasado, IDEA requería objetivos a corto plazo (pasos intermedios hacia metas a largo plazo) para todos los alumnos. El establecimiento de estos objetivos a corto plazo ya no es obligatorio para la mayoría de los alumnos, pero usted podría solicitarlos. De otro modo, deben establecerse puntos de referencia que permitan medir el progreso. A menudo, las familias piensan que las metas a corto plazo son la mejor manera de medir el progreso hacia las metas a largo plazo. Un ejemplo de una meta a largo plazo sería aprender a leer el reloj de manecillas donde las metas a corto plazo serían aprender a leer la hora, la media hora, los cuartos de hora y los intervalos de cinco minutos.

Al recordar todas las metas de Sara cuando era niña, no cabe duda de que las más importantes fueron las académicas. Pero ahora que es mayorcita, me alegra que muchas metas estuvieron dirigidas a sus habilidades motoras gruesas y finas, ya que las ha

podido poner en práctica en clases de arte, boliche y equitación.
Adquirió valiosas habilidades que podrá disfrutar toda su vida.

A veces tenemos que esforzarnos para que la escuela realmente
individualice las metas de nuestra hija. Tienden a usar metas
"estándar" antes empleadas con otros niños. Es más, nuestra
escuela mantiene una base de datos de metas que los maestros
prefieren usar en lugar de colaborar con nosotros para fijar
metas realmente individualizadas. Una manera de obligar a los
maestros a adecuar las metas a las necesidades de nuestra hija es
citarles ejemplos específicos de problemas con sus clases y tareas.
Por ejemplo, guardo sus trabajos escritos y se los muestro a los
maestros en las reuniones de IEP como argumento para establecer
metas específicas de lectura o escritura.

Reuniones del equipo de IEP. El equipo redacta el IEP durante
una o más reuniones. Según IDEA, el equipo de IEP es el "responsable
de desarrollar, revisar y modificar el IEP". El equipo de IEP incluye
un maestro de educación general, un maestro de educación especial,
un representante del distrito escolar, los individuos invitados por la
escuela o la familia, y alguien que pueda interpretar los resultados de
la evaluación. También participan los alumnos de mayor edad. Debe
recordar que usted es miembro del equipo IEP con igual voz que el
resto, y que el resto del equipo no puede efectuar recomendaciones ni
modificaciones sin su conocimiento y participación.

Las reuniones del IEP pueden ser intimidantes debido a la
presencia de tantos profesionales analizando al niño. Siempre
fui con alguien que me apoyara. Es bueno ir con su cónyuge o
un amigo, alguien que tenga verdadero interés por su niño y que
pueda ayudar en caso de desacuerdos.

Extensión del año escolar. Muchas familias tienen interés por
prolongar el año escolar (ESY) para su niño. ESY se refiere a los servicios
que se ofrecen durante las vacaciones al alumno que cumpla con sus
requisitos. El equipo de IEP determina la necesidad de ESY para su
niño analizando puntos de consideración como: ¿Retrocederá (perderá
terreno) al dejar de recibir instrucción continua durante el verano?
¿Estaba por aprender habilidades importantes? ¿Se le hará difícil la

transición de las vacaciones a la escuela? El retroceso no es el único criterio que determina la necesidad de ESY. Después de todo, los alumnos retroceden durante el verano y es por esto que generalmente se dedica el mes de setiembre al repaso del material escolar del año anterior.

Aunque puedan solicitar ESY, algunas familias prefieren llevarse a su niño de vacaciones o enviarlo a un campamento de verano. Sin embargo, otras familias deciden que lo beneficiaría la prolongación del año escolar.

Nunca quise ESY para Emilia. Las clases de nuestro distrito escolar eran sólo para entretenimiento. El verano era cuando Emilia podía alternar con niños típicos y realizar actividades típicas. A partir de los tres años empezamos a enviarla a campamentos infantiles y, más adelante, a campamentos de verano.

Nuestro distrito escolar ofrece ESY en un par de escuelas centrales, pero no en escuelas de vecindario. Creo que lo hacen a propósito para desanimar a los padres.

Protecciones legales

IDEA otorga a los padres la oportunidad de disputar las decisiones del distrito escolar relacionadas con la identificación, evaluación, colocación, y educación apropiada y gratuita de su niño. Esto se denomina "garantías procesales".

Las decisiones se pueden disputar de cuatro maneras:
1. Resolución,
2. Mediación,
3. Proceso jurídico, y
4. Demanda civil.

El primer paso para disputar una decisión del distrito escolar es presentar un reclamo formal a la entidad educativa local con copia a la entidad educativa estatal. Iniciar un reclamo no quiere decir que usted necesariamente procederá a una audiencia judicial. Éste es un paso bastante drástico que podría agotar la energía y los recursos familiares. Por este motivo, existen otros pasos que se deberían de tomar antes de proceder a la audiencia. Cuando LEA recibe una notificación formal, debe convocar una "reunión de resolución" donde los padres puedan presentar los hechos que constituyen la base de su reclamo con el fin de intentar llegar informalmente a un acuerdo con LEA.

La reunión de resolución puede incluir representantes del personal de la educación especial y miembros del equipo de IEP. La familia haría bien en considerar la presencia de un defensor. El distrito escolar no puede llevar a su abogado a menos que la familia esté acompañada por el suyo. Si en esta reunión se llega a un acuerdo, éste se considera válido y obligatorio. Si usted discrepa con los resultados de la reunión, el siguiente paso sería solicitar una audiencia judicial.

También es posible que usted y el distrito escolar acuerden en proceder al siguiente paso, la mediación, o directamente a la audiencia judicial.

IDEA requiere que cada estado ofrezca mediación. Es un proceso similar al jurídico pero con muchas menos formalidades, donde un mediador intenta que la familia y el distrito escolar lleguen a un acuerdo. Es importante mencionar aquí que la mediación es voluntaria. Cualquier acuerdo mediado también se considera válido y obligatorio ante la ley.

Si la familia o el distrito escolar no quedan satisfechas con la resolución o la mediación, una o ambas partes pueden solicitar una audiencia judicial. La audiencia es dirigida por un funcionario imparcial que, luego de escuchar la versión de los padres, del personal de la escuela, de los testigos y de los abogados sobre la supuesta violación de IDEA, decide quién tiene la razón. Generalmente, usted tiene dos años a partir de la fecha del desacuerdo para presentar su reclamo y notificar a la otra parte. La notificación debe identificar al niño, describir la naturaleza del desacuerdo y proponer una solución, si usted tuviera alguna. Digamos que usted opina que el aula asignada a su niño por el distrito escolar no es el ambiente menos restrictivo y que la solución podría ser un cambio de aula. El distrito escolar podría responder con una explicación que incluya las opciones consideradas y los motivos del rechazo, las evaluaciones y valoraciones utilizadas, y los demás factores pertinentes que rigieron la decisión del sistema escolar. Realizadas todas las notificaciones requeridas, se designa un funcionario de audiencia y se fija fecha para la misma. El funcionario debe ser una persona sin vinculación al niño o al sistema escolar y que posea las calificaciones apropiadas.

Si recurre a audiencia judicial y no queda satisfecho con la decisión del funcionario, puede presentar una demanda civil ante el tribunal. Es más, su caso podría ser llevado hasta la Corte Suprema, un recurso poco frecuente, costoso y agobiante. También debe saber que IDEA le permite al tribunal obligar a las familias a cubrir la totalidad o parte del costo legal incurrido por el distrito escolar si determina que el litigio es frívolo o innecesario. Pero si usted prevalece, el juez podría obligar al distrito escolar a reembolsarle la totalidad o parte de los honorarios legales.

Ya sea que decida resolver sus diferencias por vía de resolución, mediación, audiencia judicial o demanda civil, necesitará excelente representación. Además de abogados especializados en educación especial, hay defensores capacitados y certificados en educación especial. Casi todas las familias inician la resolución, mediación y algunas audiencias con un defensor, y cuando este defensor lo considera necesario, les aconseja que contraten un abogado. Esto ahorra dinero. Si sus finanzas se lo permiten, podría presentarse a la sesión de resolución o de mediación con su abogado. Los distritos escolares emplean abogados bajo contrato en las disputas con familias, y saben que muchas familias no están en condición de obtener representación legal. Algunos distritos escolares rechazan la mediación para forzar a la familia a recurrir a la audiencia, un camino largo y costoso. Lo hacen porque saben que la mayoría de las familias no cuentan con medios económicos para pagar honorarios legales.

Por ley federal, cada estado debe tener un Sistema de Protección y Defensoría (P&A)[9] que proteja los derechos de los individuos con discapacidades y que podría contar con abogados para asistirlo en las disputas con su escuela. Para ubicar el P&A en su estado, comuníquese con la National Disability Rights Network[10] (ver Guía de Recursos).

Quizás el mejor consejo que puedo darles es edúquense bien sobre el derecho de su niño a la educación apropiada y gratuita. Por ejemplo, asistan a talleres de IDEA en su comunidad o exploren el sitio web del gobierno federal sobre IDEA, http://idea.ed.gov. La educación de su niño es demasiado importante como para dejarla en manos de su distrito escolar.

---

9 *Protection and Advocacy System (P&A).*
10 *Red Nacional sobre los Derechos para los Individuos con Discapacidades.*

Ley de Ningún Niño Rezagado (NCLB)[11]

Esta ley federal, distinta de IDEA, cubre áreas de interés y preocupación para las familias del niño con síndrome de Down. El propósito original de esta ley fue asegurar que, para fines del 2014, el nivel de lectura y matemáticas de todo alumno correspondiera al nivel de su grado escolar. Para esta comparación, se toman pruebas anuales en los grados 3 a 8, y una sola vez en la secundaria. Las escuelas cuyos alumnos no logran un "progreso anual adecuado" (AYP)[12] sufren consecuencias. Se supone que todos los alumnos —sin interesar la subcategoría bajo las que se les haya agrupado, incluida la subcategoría de la educación especial— deben cumplir con el AYP. Por este motivo, las escuelas con muchos alumnos en educación especial están siendo presionadas para exonerar de las pruebas a esos alumnos.

La meta de NCLB es crítica para los alumnos en educación especial que a menudo quedan rezagados. Antes de NCLB, muchas escuelas no incluían en sus informes a sus docenas de alumnos discapacitados. Bajo NCLB, el rendimiento de estos alumnos está siendo sometido a más escrutinio. Como resultado, se están realizando más esfuerzos por incorporar al alumno con discapacidades al plan de estudios general y por asumir más responsabilidad por sus éxitos y fracasos.

Todo distrito escolar está autorizado a tomarle pruebas alternativas a un pequeño porcentaje de sus alumnos en educación especial. Como resultado, generalmente se les niega acceso al plan de estudios general o a los más altos estándares de educación posibles. Mientras en Washington el gobierno y los defensores del síndrome de Down controlan y desarrollan soluciones aceptables, la familia debe vigilar que no se ofrezcan automáticamente esas pruebas alternativas a su niño. Debido a que todos nuestros niños tienen diferentes habilidades, usted debe verificar que las

---

11 *No Child Left Behind Act.*
12 *Adequate Yearly Progress.*

pruebas para su niño correspondan al nivel más alto de su capacidad. Las pruebas alternativas son adecuadas para algunos niños con síndrome de Down, pero otros rinden mejor cuando se espera de ellos lo mismo que de sus contemporáneos con desarrollo típico.

La Sra. Dune (la maestra de educación especial) opinó que yo no iba a poder. Pero yo quería intentarlo. Ahora voy a una nueva escuela y llevo ciencia terrestre e historia de los Estados Unidos. Quiero que la Sra. Dune venga a mi escuela para que vea que sí puedo. Pienso que otros chicos con síndrome de Down deberían tener la misma oportunidad.

❚❚ Planificación patrimonial

Como padres de un niño con síndrome de Down, pronto ingresarán en el mundo de la planificación patrimonial. Básicamente, los dos elementos que le interesan a la familia del niño con discapacidades son: el testamento y el fideicomiso para necesidades especiales. Ambos son instrumentos que requieren abogados especializados. En algún momento, también se enterarán de los planificadores financieros, de los que haré mención al final de esta sección.

Testamentos

Todo adulto debe hacer testamento, o Documento de Última Voluntad, pero en este país la gran mayoría de adultos no lo hace. Muchos tenemos dificultad en entender el concepto de tener que planificar la distribución de nuestro patrimonio y el cuidado de nuestros hijos menores de edad. Es exactamente por eso que se debe hacer testamento. Usted tiene un bebé con síndrome de Down y debe tomar estas decisiones por el bien de su bebé.

Algunos piensan que pueden redactar su propio testamento empleando formularios gratuitos obtenidos de la Internet. Sin embargo, con un bebé con síndrome de Down deben considerarse ciertos asuntos que sólo conocen los abogados especializados. Éste no es el momento de consultar con un amigo de la familia que además sea abogado. He visto muchos casos de abogados inteligentes y bienintencionados cuyo desconocimiento de las leyes y situaciones especiales que se aplican al niño con discapacidades ha dañado, involuntariamente, el futuro de algún niño con síndrome de Down.

El testamento para designar tutor

Quizás usted ya ha pensado en las consecuencias del caso poco probable que usted, su cónyuge/pareja, o el otro progenitor no pudieran cuidar de su niño. Si usted no tiene un testamento designando un tutor, el juez lo designará por usted. Cualquiera, y más de uno, puede solicitarle al juez ser tutor. Esta situación se presta a conflictos familiares y a la posibilidad de ver nombrado a alguien que usted no hubiera elegido.

Al pensar en un tutor para su niño, debe considerar lo que para usted es importante. Debe pensar en las cualidades personales de cada candidato y en el hogar en que se criaría su niño. Es natural que muchas familias consideren a sus familiares cercanos (tíos y abuelos relativamente jóvenes) como posibles tutores, pero también podrían serlo otros parientes o amigos cercanos.

Para la selección de tutor, considere algunos de estos factores:

- ¿Compartimos la misma moral y valores?
- ¿Podrá mi hijo realizarse en el ambiente de su hogar?
- ¿Son sus niños de edad similar a los nuestros?
- ¿Se observará la religión de mi niño?
- ¿Alcanzarán sus recursos para cuidar de mi niño con síndrome de Down?
- ¿Vive en mi comunidad?

También es importante designar un tutor suplente por si el tutor principal no pudiera ejercer su función. Esto elimina la necesidad de modificar el testamento si surgiera la necesidad de un nuevo tutor.

Yo tengo un solo hermano, pero no somos muy unidos y no vive en nuestra comunidad. Mi esposo también tiene hermanos. Pero después de mucho pensarlo y aunque vive lejos, decidimos que una de mis primas sería la persona más adecuada como tutora porque comparte nuestra religión y tiene hijos de la misma edad.

Antes de tener hijos, hicimos testamento y designamos a mi hermana como tutora de los hijos que pudiéramos tener. Cuando nació nuestro bebé con síndrome de Down no le volvimos a preguntar si aún quería serlo. Sé que es un descuido de mi parte y que tengo que tratar este asunto con ella, pero lo he ido postergando.

❚❚ Carta de intención

Ahora que comprende la importancia de hacer testamento para designar tutor, pasemos a otro motivo de preocupación: ¿Cómo transmitir nuestros deseos e información sobre las necesidades de nuestro niño? Muchas familias anteriores a la suya se han preocupado por exactamente lo mismo. Algunas organizaciones e individuos han elaborado formularios donde es fácil incluir de todo: desde información médica básica hasta la rutina preferida para acostarse de su niño. Si bien cada autor le da su propio nombre, este tipo de documento generalmente se conoce como "Carta de Intención". En mi oficina también hemos elaborado un formulario de este tipo al que hemos llamado "Footprints for the Future"[13]. Lo puede obtener gratis en www.theemarc.org bajo "Resources."

---

13 *Huellas para el Futuro.*

El testamento y la distribución del patrimonio

Otro motivo importante para hacer testamento es la distribución del patrimonio. Nuevamente, si usted no hace testamento, el juez distribuirá sus bienes según las leyes vigentes en su estado. Es lo último que usted desea con un niño con síndrome de Down porque esto podría afectarlo considerablemente por mucho tiempo.

Esto nos lleva a uno de los conceptos que las nuevas familias tienen más dificultad en aceptar. Para que su niño tenga derecho a todos los beneficios y programas sociales que probablemente necesite de adulto, no puede poseer muchos recursos en su nombre. De hecho, y en términos generales, para cumplir con los requisitos para Medicaid a partir del 2007, los recursos de su niño deben totalizar menos de $1500, y para el SSI (Ingreso Suplementario del Seguro Social), menos de $2000. Por recursos se entienden: bienes raíces, cuentas corrientes, dinero en efectivo, certificados de acciones y bonos. También cuentan algunos ingresos. Con algunas excepciones, si en su testamento le deja dinero u otras propiedades directamente a su niño, lo más probable es que pierda su derecho a los beneficios sociales mientras posea esos recursos. Incluso con los menores de edad, es importante prestar atención a estos detalles.

Un buen abogado, entendido en el reglamento de los beneficios sociales, se asegurará de redactar el testamento de manera que su niño no pierda el derecho a todos los beneficios que pudieran corresponderle. Básicamente, las dos maneras de lograr eso en el testamento son:

1. Decidir no dejarle bienes a su niño con síndrome de Down, es decir, desheredarlo, lo cual requiere que usted declare que no le lega bienes. Para muchas familias esta opción es poco atractiva.

2. Solicitarle a su abogado que el testamento contenga un fideicomiso redactado específicamente para mantener los beneficios sociales y cubrir las necesidades adicionales de su niño. Ver "Fideicomisos para necesidades especiales" en la siguiente sección.

Desafortunadamente, para que nuestros niños no pierdan el derecho a la mayoría de los programas que los beneficien de adultos, se les debe mantener "pobres". El motivo es que estos programas fueron establecidos para asistir a los individuos con problemas económicos.

Algunas familias no se preocupan por estos asuntos, ya que poseen recursos económicos adecuados y no desean depender de beneficios sociales. Sin embargo, incluso en el caso poco frecuente de la familia muy acaudalada, conviene que establezcan algún tipo de arreglo financiero para su niño.

En este momento cuando su tiempo se va en pañales y malas noches, es difícil imaginarse a su bebé de adulto. Pero ese día llegará y para que su hijo no pierda el derecho a ciertos programas, deberá cumplir con determinados requisitos económicos.

Fideicomisos para necesidades especiales

Puede que piensen, como lo hacía yo, que sólo "los padres millonarios" establecen fideicomisos para sus bebés. No tardé en comprender que necesitaba establecer un "fideicomiso para necesidades especiales" que protegiera y cubriera las necesidades de mi hijo con síndrome de Down. Al principio, cuando nuestro hijo era bebé, el testamento fue suficiente, pero luego fue obvio que además necesitaría un fideicomiso para necesidades especiales. No se necesita dinero para establecerlo y, una vez establecido, está ahí para ser utilizado cuando se dispongan de fondos.

Un fideicomiso para necesidades especiales, bien diseñado por un abogado especializado, permite depositar fondos que puedan emplearse en beneficio de su niño. Su niño nunca podrá acceder a los bienes del fideicomiso o decidir su distribución, pues quien tomará esas decisiones en su nombre será el fideicomisario. De esta manera, y si el fideicomiso ha sido bien establecido, su niño no perderá su derecho a los beneficios sociales porque nunca tendrá control de los bienes del fideicomiso. Por consiguiente, el gobierno no considerará los bienes en fideicomiso como propiedad de su niño.

Al establecer un fideicomiso, debe usted nombrar un fideicomisario. En la mayoría de los casos, ese cargo lo ejercerán usted y su cónyuge. También debe designar un sucesor. Muchas familias eligen a uno de los abuelos más jóvenes y, más adelante, a uno de sus otros hijos. El fideicomiso también debe especificar la distribución del saldo en fideicomiso a la muerte de su hijo, denominado el beneficiario.

Es importante recordar que el fideicomisario será el administrador de los fondos. Debe estar consciente de que la persona a quien usted elija como sucesor sea capaz de resistir la tentación de posibles ganancias personales provenientes del fideicomiso. Conozco un caso en que los padres designaron como fideicomisario al hermano de su hija con síndrome de Down estipulando que el saldo en fideicomiso se distribuyera entre los hijos del hermano al fallecimiento de la hermana. Es probable que los padres confiaron en que el hermano atendería las necesidades de su hermana. Desafortunadamente, no ha sido así. El hermano casi no utiliza los fondos en fideicomiso en beneficio de su hermana. Creo que su razonamiento es no utilizar esos fondos para que sean sus hijos los que se beneficien en un futuro. No pretendo decir que esto sucede en todas las familias, pero el punto es que usted debe estar consciente del tipo de presiones económicas que podrían afectar al fideicomisario. Aun con esta información, he nombrado a mi hija como sucesora en el fideicomiso de nuestro hijo.

Al establecer un fideicomiso para necesidades especiales, es importante que se lo informe a los parientes que deseen obsequiarle dinero a su hijo con síndrome de Down. Déjeles saber que no deben obsequiarle dinero al niño, salvo cantidades pequeñas como para regalos de cumpleaños. Es preferible que depositen los fondos directamente en el fideicomiso. Me he reunido con los abogados de mis padres para gestionar que cualquier dinero para mi hijo Jonathan sea depositado directamente en su fideicomiso para necesidades especiales.

Seguro de vida

El seguro de vida es otro instrumento financiero que todo padre debe considerar al tener un bebé, pero si el bebé tiene síndrome de Down es aún más importante pensar sobre un seguro de vida y cómo pagarlo. Hay varios tipos de seguros de vida y aun cuando generalmente no se consideran la mejor inversión, podrían tener un lugar dentro de la planificación integral del futuro de su bebé.

Los dos tipos básicos de seguro de vida son:

1. Seguro de vida a plazo fijo: Con este tipo de seguro, se compra una póliza con un monto de protección (por ejemplo, $100,000, $200,000, $500,000) que cubra un plazo fijo (10, 20 o más años), y se distribuye el pago de las primas durante el período establecido. Si usted fallece durante ese plazo, los sobrevivientes reciben el valor nominal de la póliza. Pero si usted fallece después del plazo especificado, la póliza ya no tiene valor.

2. Seguro de vida a plazo abierto o seguro de vida universal: Es un tipo de seguro que incluye un componente de inversión. Es costoso y requiere pagos de tarifas y comisiones. Como estrategia de inversión, pueden haber mejores alternativas para la jubilación, pero este seguro le podría convenir a algunas familias.

Muchas familias jóvenes optan por seguros a plazo fijo de bajo costo para que, al fallecimiento de uno de los cónyuges, el otro cónyuge o el tutor emplee los fondos para solventar los gastos de su hijo. Debido a que la prima de esta póliza aumenta con la edad del asegurado, algunas familias prefieren seguros de vida universales cuyo valor en efectivo aumenta con el tiempo. Sea lo que elija, asegúrese de que nadie compre un seguro de vida a nombre de su bebé con síndrome de Down, incluidos los parientes con muy buenas intenciones. Esto complicaría el acceso de su niño a beneficios futuros ya que, salvo cuentas pequeñas para gastos funerales, los seguros de vida se consideran bienes. Además, es muy improbable que su niño con síndrome de Down necesite los beneficios de un seguro de vida.

Después de tener nuestros hijos, mi esposo y yo nos dedicamos a buscar los seguros de vida de mayor rendimiento. Es fácil hacerlo en la Internet y conseguimos una buena póliza sin necesidad de invertir mucho dinero. Hemos designado como beneficiario al tutor de nuestros hijos, y nos sentimos tranquilos de saber que nuestros hijos estarían bien cuidados si mi esposo y yo falleciéramos.

∷ Planificadores financieros

Muchas personas y empresas financieras ofrecen servicios de planificación financiera diseñados específicamente para la familia

del niño o niña con necesidades especiales, como el síndrome de Down. Estos profesionales se pueden dividir en dos grupos: los que trabajan a comisión por la venta de sus productos, y los que cobran una tarifa por sus servicios. Después de todo, ofrecen servicios especializados y se les debe compensar de alguna manera.

No todos necesitan un planificador financiero. Así como algunos prefieren preparar sus propios impuestos, a otros les acomoda planificar sus finanzas. Ésta es otra área en que conviene educarse asistiendo a talleres de planificadores financieros, por ejemplo.

Revise las credenciales de sus posibles planificadores financieros y, sobre todo, solicite referencias de otras familias, su grupo de padres de síndrome de Down o el Arc. Además, como con cualquier asesor, su planificador financiero debe inspirarle confianza.

Creo que asistí a cinco talleres de planificación financiera antes de concertar una cita con un planificador. Le pedí a mis padres que me acompañaran, ya que ellos iban a desempeñar un papel importante en asegurar el futuro de Jon. Finalmente, opté por una póliza "a deceso de ambos" sobre la vida de mis padres. Esta póliza asegura la vida de dos personas y paga al fallecimiento de la segunda. Es una alternativa menos costosa. Pude pagar esa póliza porque mis padres me "obsequiaron" dinero para el dividendo anual. Resulta que ha sido la peor inversión de mi vida. El futuro de Jon está asegurado y mis padres aún están vivos. Pude haber invertido y ganado más dinero en la bolsa, pero tener vivos a mis padres vale eso, y mucho más.

Una advertencia para los abuelos, otros parientes y amigos

Estas personas pueden darle a su bebé con síndrome de Down todo el cariño y atención que deseen. Sin embargo, en lo que se refiere a asuntos de dinero y otros bienes, no lo pueden tratar como a sus otros hijos. Algunos abuelos disponen de medios para comprar bonos de ahorro, abrir cuentas bancarias, establecer fideicomisos o transferir certificados de acciones a su niño con síndrome de Down. Incluso podrían querer establecer un fondo educativo. No deben hacerlo.

Cualquier persona que desee ayudar al mantenimiento de su bebé con síndrome de Down debe prestar la misma atención que usted a sus beneficios futuros.

Los abuelos corren gran riesgo de cometer errores involuntarios en la planificación financiera de su nieto o nieta con síndrome de Down. Usted debe intervenir para asegurar que esos maravillosos y bienintencionados parientes hagan testamentos que no comprometan el futuro económico de su niño.

:: Impuestos

Como padre de un niño con síndrome de Down, podrían corresponderle deducciones y créditos importantes en su declaración tributaria. Empiece por buen camino obteniendo una agenda.

Anote todas las citas médicas y servicios afines de su bebé y de los demás miembros de su familia. Anote toda consulta médica, terapéutica o de intervención temprana, aunque no las pague. Anote todas las consultas que atienda sin su bebé, así como las consultas de los demás miembros de su familia. Especifique el lugar de la consulta, distancia recorrida en millas, peajes y tarifas de estacionamiento. Esta información servirá como base para determinar si sus gastos anuales ascienden al mínimo necesario para obtener la "Deducción Médica y Dental".

Como sólo se puede deducir el monto que exceda el 7.5% del ingreso bruto después de ajustes, es importante que no omita un solo gasto permisible. Estos son algunos ejemplos de gastos deducibles:

- Primas y copagos del seguro de salud
- Transporte para obtener atención médica y servicios afines (tasas de millaje estándar)
- Medicamentos con receta médica
- Anteojos correctores y dispositivos auditivos
- Atención de enfermería
- Terapia
- Costo de alojamiento y comida relacionado con atención hospitalaria
- Clases tutoriales, bajo ciertas circunstancias
- Educación especial recomendada por un médico (por ejemplo, la matrícula de una escuela privada para niños con discapacidades)
- Conferencias médicas sobre el síndrome de Down

Si sus ingresos son escasos o moderados, es posible que cumpla con los requisitos para el Crédito Tributario por Ingresos Laborales[14],

---

14 *Earned Income Tax Credit.*

ya que las limitaciones por edad no se aplican a nuestros niños. Como todo padre, si paga por cuidado infantil para poder trabajar o buscar empleo y, dependiendo de su ingreso, podría cumplir con los requisitos para el Crédito por Cuidado de Niños o Dependientes[15]. Los padres adoptivos de bebés con síndrome de Down también pueden obtener créditos especiales.

Para información tributaria completa, visite www.irs.gov y busque el tema que le interese. También puede obtener asistencia llamando al 800-829-1040 o quizás desee consultar con un asesor tributario.

Siempre hemos preparado nuestras declaraciones tributarias. No nos parecía muy complicado y era un reto ver cuántas deducciones podíamos encontrar. Nos caía muy bien el dinero que dejábamos de pagarle a un asesor tributario.

Puede reducir aún más su carga tributaria si aprovecha el Plan 125 del empleador, también conocido como Plan Flexible para Gastos[16]. Estos planes, ofrecidos por el empleador y el gobierno, le permiten al empleado cubrir el cuidado infantil y gastos médicos de su niño mediante deducciones de planilla antes de impuestos. Obtenga mayor información comunicándose con su departamento de recursos humanos.

A nadie le gusta pagar impuestos. Sin embargo, los impuestos adquieren una nueva dimensión cuando se tiene un bebé con síndrome de Down. Es porque ese dinero se destina a muchos de los maravillosos programas que favorecen a nuestros niños, como la intervención temprana y el derecho a una educación apropiada y gratuita. También permite realizar investigaciones importantes para entender mejor cómo aprenden y se comportan nuestros niños, y para entender la influencia del cromosoma adicional con el fin de contrarrestar sus efectos. Gracias a los avances médicos financiados por nuestros impuestos, ha mejorado la vida de nuestros niños y tienen ahora la oportunidad de llevar vidas saludables y productivas. Además, cuando su niño sea adulto, tendrá derecho a muchos beneficios económicos, capacitación laboral, vivienda y otras ventajas que le proporcionen nuestros impuestos.

---

15 *Child or Dependent Tax Credit.*
16 *Flexible Spending Plan.*

▪▪ Leyes antidiscriminatorias

Existen importantes leyes decisivas que protegen de la discriminación al individuo con discapacidades. Aunque no fueron diseñadas específicamente para las personas con síndrome de Down, protegen a su niño por ser una persona con discapacidad. A continuación sigue un resumen de las leyes más importantes:

Sección 504 de la Ley de Rehabilitación de 1973[17]

La Sección 504 prohíbe que cualquier programa financiado con fondos federales discrimine al individuo con discapacidades, incluidas las escuelas y sus actividades. Aunque un niño con discapacidades no cumpla con los requisitos para recibir la asistencia de IDEA, esta ley garantiza igualdad de acceso a las actividades escolares. La ley no cubre ciertos servicios como terapias o tecnologías costeadas por la escuela, pero requiere que las escuelas adapten o modifiquen su ambiente, instrucción o materiales según fuera necesario para proporcionar igualdad de oportunidades de aprendizaje.

A veces, el "funcionamiento" del niño con síndrome de Down es tan alto que no cumple con los requisitos de IDEA. En este caso, las necesidades educativas de su niño serían satisfechas conforme dispone la Sección 504. Por ejemplo, si su niño sólo necesita acomodaciones en el aula, como tiempo adicional para completar las tareas o un asiento en la primera fila, la Sección 504 garantizaría dichas acomodaciones.

Debido a que la mayoría de los niños con síndrome de Down cumple con los requisitos de IDEA para la educación especial, la Sección 504 no aporta muchos derechos escolares adicionales. Sin embargo, le garantiza a su niño igualdad de oportunidades para participar en las actividades extracurriculares,

---

17 *Section 504 of The Rehabilitation Act of 1973.*

salvo que requirieran modificaciones desmedidas o "alteraciones fundamentales al programa". Si bien la interpretación de esta condición varía según el distrito escolar, permítame darle algunos ejemplos. Digamos que su niña con síndrome de Down quiere participar en el coro y necesita ayuda para bajar y subir las gradas; esto sería una acomodación razonable. Digamos que su hija quiere ser parte de un equipo intraescolar que no requiere pruebas de habilidad. Aunque a las demás chicas les fastidie la lentitud de su hija, la escuela la debe dejar participar. Por otro lado, si su hijo con síndrome de Down desea ser el administrador del primer equipo de básquetbol, pero requiere supervisión cuando viaja, no puede llevar las estadísticas, y sus reacciones tardías le impiden esquivar las jugadas, negarle el puesto no sería una violación de la Sección 504 debido a que, aun con acomodaciones, no sería capaz de atender sus obligaciones.

Nunca recurrí a la Sección 504 para mi hijo con síndrome de Down, pero sí para mi hija que tiene trastorno de déficit de la atención sin ninguna otra discapacidad. Apelé a la Sección 504 para que la sentaran en la primera fila. Así, ya no la distraen sus compañeros de clase y tiene tiempo adicional para completar los exámenes.

Ley para el Individuo con Discapacidades (ADA)

Hasta hace poco era rutinario discriminar a las personas con discapacidades en muchas áreas, como empleo, vivienda, transporte y establecimientos públicos. La Ley para el Individuo con Discapacidades de 1990 (ADA)[18] fue la primera ley integral a nivel nacional a favor de las personas con discapacidades y marcó un hito histórico en derecho civil. ADA protege a las personas con síndrome de Down.

ADA cubre cuatro categorías de accesibilidad:

- Título I – Empleo,
- Título II – Servicios públicos,
- Título III – Acomodaciones públicas,
- Título IV – Telecomunicaciones.

Título I – Empleo

Según esta sección, es ilegal que el empleador con 15 o más empleados discrimine al individuo con discapacidades *que, por lo demás, esté calificado*. Además, el empleador tiene la obligación de proveer acomodaciones razonables al empleado o aplicante calificado.

---

18 *The Americans with Disabilities Act of 1990 (ADA).*

Esta sección de ADA también lo protege a usted, como padre, del empleador que dejaría de contratarlo o ascenderlo por posibles ausencias excesivas al trabajo para atender a su niño (cláusula de asociación).

Como tiene un bebé con síndrome de Down, quizás esta sección de la ley no le sea de particular interés en este momento. Lo importante es saber que cuando su niño sea adulto y se incorpore a la fuerza laboral, usted podrá exigir que no se le discrimine.

Mi hijo consiguió su primer empleo en un supermercado local cuando tenía catorce años. Lo trataron como a cualquier otro aplicante. Le permitieron llevar un video a casa para reforzar el entrenamiento y le asignaron un asistente hasta que aprendió a desempeñarse sin ayuda.

Título II – Servicios públicos

Esta sección es relativamente sencilla. Bajo ADA, todos los edificios públicos deben ser accesibles. Además, los gobiernos estatales y locales no pueden discriminar al individuo con discapacidades. Es decir, las personas con discapacidades deben tener las mismas oportunidades para beneficiarse de todos los programas, servicios y actividades disponibles que el público en general. Estos incluyen: actividades y clases recreativas, servicios sociales, tribunales, recintos electorales, transporte, educación pública y reuniones.

Aunque parezca que esta sección no tiene aplicación para las familias del bebé con síndrome de Down, hemos ganado mucho con esta sección de la ley. Como es frecuente que nuestros niños tarden en aprender a caminar e ir al baño, las rampas en las escaleras y calzadas facilitan la tarea de empujar los coches para bebés. Además, la privacidad y el espacio que ofrecen los baños accesibles son muy convenientes para los padres con hijos pequeños.

Título III – Acomodaciones públicas

Esta sección es la que tiene mayor aplicación para las familias de bebés y niños con síndrome de Down. Bajo el Título III, los restaurantes, hoteles, teatros, centros comerciales, tiendas, bibliotecas, parques, escuelas privadas, guarderías y otros establecimientos públicos (todo edificio o actividad con acceso al público) no pueden discriminar por motivo de discapacidad.

Por ejemplo, el niño con síndrome de Down no puede ser excluido de ninguna guardería por motivo de su discapacidad. Al igual que en los ejemplos anteriores sobre acomodaciones públicas, las guarderías deben proporcionar "servicios y apoyos auxiliares" a la persona  discapacitada salvo que representaran una "modificación fundamental" de los servicios o impusieran una "carga excesiva". Por ejemplo, una guardería tiene la obligación de continuar cambiándole de pañal a su niño pasada la edad en que otros niños ya van al baño si la guardería proporciona ese servicio a otros niños y si cuenta con las instalaciones necesarias. Sin embargo, la guardería no está obligada a cambiarle de pañal a su niño si no ofrece ese servicio y si tuviera que contratar a personal adicional.

Cuando nació mi hijo con síndrome de Down, temí no poder regresar a trabajar, pero mis temores fueron infundados. La guardería lo aceptó a las doce semanas de edad, coordinó las visitas de los terapeutas de intervención temprana, y hasta el personal y los demás niños aprendieron lenguaje por señas.

ADA le garantiza a la familia del niño con síndrome de Down acceso a campamentos, albercas públicas, centros de boliche, cines y otros ambientes recreativos, y garantiza el derecho de su niño a participar en esos programas. Esto no significa que su niño no deba obedecer las reglas razonables relacionadas con la participación en esos programas. Por ejemplo, si se prohíbe el uso de la alberca a niños con pañales, su niño deberá observar esa regla. En este caso, se está tratando de igual manera a todas las personas con pañales y se está protegiendo la salud pública. Asimismo, si el parque de diversiones exige determinada talla para subir a la montaña rusa, usted y su niño deberán obedecer esa regla aunque otros niños de la misma edad puedan subir al juego por tener la talla reglamentaria.

Si algún niño necesita asistencia para participar en un campamento o clase de verano, y si se solicita con anticipación, el departamento de recreación de nuestro condado le designará un voluntario. Muchos son alumnos de secundaria que necesitan realizar servicios comunitarios para graduarse y que, de paso, se enteran del síndrome de Down.

Título IV – Telecomunicaciones

Esta sección requiere que las empresas telefónicas ofrezcan servicios de relevo las 24 horas del día a las personas con trastornos de lenguaje o de audición. El servicio de relevo permite que la persona con sordera o pérdida auditiva parcial se comunique por teléfono a través de un operador que le escriba las palabras en formato legible. Como algunas personas con síndrome de Down también tienen pérdida auditiva, esta sección de la ley podría algún día serle útil a su bebé.

Ley de Licencia Familiar y Médica de 1993

Con tanta cita médica e intervención temprana, es frecuente que la familia del bebé con síndrome de Down esté constantemente ocupada. No es de sorprender que tengan dificultad para reconciliar su trabajo y vida familiar con las necesidades de su bebé. Antes de promulgarse la Ley de Licencia Familiar y Médica, las familias a menudo tenían que tomar la angustiosa decisión de elegir entre el cuidado de su bebé y su empleo. Esta ley vela por las necesidades de los padres que trabajan otorgándoles licencia sin goce de haberes en caso de enfermedad propia o en su familia. Entre otras protecciones, la ley permite 12 semanas de licencia sin goce de haberes cada 12 semanas para atender a un recién nacido, realizar gestiones de adopción o tutelaje, o atender a un hijo, cónyuge o padre con mala salud.

Bajo esta ley, el empleado puede solicitar licencia sin temor a ser despedido o transferido a un puesto inferior al regresar a trabajar. Sin embargo, sólo están obligados a cumplir esta ley los empleadores que tengan 50 o más empleados, y el empleado debe haber trabajado en la empresa por un mínimo de 12 meses y por 1250 horas durante ese período.

Ley de Portabilidad y Responsabilidad del Seguro de Salud (HIPPA)

La mayoría de nosotros conoce la Ley de Portabilidad y Responsabilidad del Seguro de Salud (HIPPA)[19], ya que en los consultorios debemos firmar formularios declarando que comprendemos

---

19 *The Health Insurance Portability and Accountability Act (HIPPA).*

cómo se utilizará nuestra información médica personal y cómo se protegerá nuestra confidencialidad. Lo que quizás no sepa es que esta ley protege y amplía el alcance del seguro de salud de los trabajadores estadounidenses. La parte más importante para la familia del niño con síndrome de Down es que esta ley limita la posibilidad de que las compañías de seguros dejen de cubrir a las personas con condiciones médicas preexistentes.

Debe estar enterado de dos circunstancias. Primero, ningún seguro colectivo puede excluir la atención médica por más de 12 meses (18 meses para los inscritos posteriormente) por motivo de alguna condición médica preexistente. Segundo, si cambia de seguro, su nueva póliza deberá cubrir toda condición preexistente si la persona ha tenido cobertura médica continua por 12 meses como mínimo (18 meses para los inscritos posteriormente). Esto rige siempre que el nuevo seguro entre en vigencia dentro de 62 días de vencer el seguro anterior. Pero aun si se excediera este plazo, el plan de seguro médico colectivo no puede excluir una condición médica preexistente por más de 12 meses (18 meses para los inscritos posteriormente). Esta norma reduce o elimina el período de exclusión de la cobertura para condiciones médicas como los problemas cardíacos o la apnea del sueño que podría tener un bebé o un niño con síndrome de Down.

:: Seguro médico

Aparte de cariño, lo más importante que le puede dar a su bebé es un seguro médico adecuado. Todas las personas deberían tener seguro médico pero, a pesar de los progresos realizados, muchas personas en Estados Unidos no lo tienen. No se puede recalcar la importancia del seguro médico, ya que nuestros niños necesitan la atención médica de calidad y servicios afines que les proporciona un seguro. La familia no debe verse en la encrucijada de tomar decisiones profesionales en función a la disponibilidad de seguros médicos, ni deberían tener que pagar primas exorbitantes para obtenerlos.

La mayoría de las familias descubrirán que su bebé no ocasiona cambios en su seguro de salud, pero algunos planes de salud discriminan a las personas con condiciones preexistentes como el síndrome de Down bajo el supuesto de que podrían desarrollar condiciones médicas costosas.

Todos los estados ofrecen programas de asistencia a las familias que deseen obtener seguro médico para sus hijos, sobre todo a través del programa Medicaid. (Ver más adelante.) Los servicios de Medicaid están en función al ingreso familiar y cada estado determina sus propios criterios. Otra manera de obtener Medicaid es a través del Programa Estatal de Salud Infantil (SCHIP)[20]. Este programa le proporciona seguro de salud al niño cuya familia tiene ingresos superiores a los requeridos por Medicaid, pero que no puede solventar los seguros médicos convencionales. Los criterios y los beneficios, y los copagos (si los hubieren), varían en cada estado. Para averiguar los requisitos y los procedimientos para SCHIP, visite la página web del gobierno federal ¡Insure Kids Now![21] (www. insurekidsnow.gov ó 877-KIDS-NOW/543-7669).

El niño que cumple con los requisitos para Medicaid también los cumple para un importante programa para el niño con discapacidades denominado EPSDT[22] (Pruebas, Diagnóstico y Tratamiento Tempranos y Periódicos). Este programa proporciona tanto exámenes periódicos como atención física y mental completa desde el nacimiento hasta los 18 a 21 años de edad, dependiendo de las normas de cada estado.

◼◼ Beneficios gubernamentales

Si bien varían los beneficios que se pueden obtener a través del gobierno federal, los principios de los programas que examinaremos a continuación —Medicaid, Medicare, Ingreso Suplementario del Seguro Social (SSI)[23] e Ingreso por Discapacidad del Seguro Social (SSDI)[24]— normalmente no varían. Por ejemplo, por más que han variado las pautas generales sobre los ingresos y la cobertura, los requisitos básicos para las personas con síndrome de Down han permanecido relativamente estables.

---

20 *State Children's Health Insurance Program.*
21 *¡Asegure a Su Niño Hoy!*
22 *Early Periodic Screening, Diagnosis, and Treatment.*
23 *Supplemental Security Income (SSI).*
24 *Social Security Disability Income (SSDI).*

Las reglas de estos programas son muy complejas y confunden a la mayoría. Salvo el derecho a la educación apropiada y gratuita, la intención de todos los demás beneficios sociales es asistir a las personas con problemas económicos y servirles de red de seguridad. La mayoría de las veces se utiliza el ingreso, o "test de recursos económicos", como criterio para obtener los servicios. Mientras su niño tenga menos de 18 años, el gobierno casi siempre utilizará el ingreso de los padres como criterio para proveer los

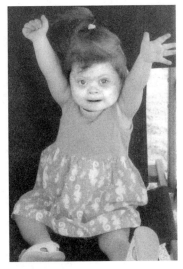

servicios. Sin embargo, hay excepciones a esta regla, por lo que siempre conviene investigar. Esto subraya la importancia de mantener "pobre" a su niño con síndrome de Down para que, de adulto, pueda "aprobar" el "test de recursos económicos" o cumplir con los criterios de ingresos de muchos de los programas.

Medicaid

Medicaid es un programa de salud para las personas que cumplan con sus requisitos, por lo general, personas con bajos ingresos. Si bien el gobierno federal establece las pautas generales para Medicaid, cada estado puede establecer sus propios requisitos, algunos de los cuales corresponden al individuo con discapacidades.

Mientras su niño sea menor de edad, es probable que no cumpla con los requisitos para Medicaid salvo que los ingresos de su familia estuvieran por debajo del límite estatal. La excepción la constituye el niño con discapacidades importantes y complejas, además de las del síndrome de Down. En ese caso, podría obtener Medicaid bajo un programa para niños con discapacidades graves que no utiliza el ingreso familiar como criterio. Este es un programa de exoneración que lleva el nombre de "Katie Beckett", una niña de Iowa que dependía de un respirador para vivir y que tenía que permanecer hospitalizada para que Medicaid cubriera sus elevadas cuentas médicas. Su madre entabló juicio con el gobierno federal y el tribunal falló a su favor, lo que le permitió llevar a su hija a casa, junto con todo el equipo especial necesario para atenderla. Esta decisión redujo considerablemente el costo de la atención médica.

Lo más probable es que, de adulto, su niño cumpla con los requisitos para Medicaid, ya que entonces el gobierno examinará su ingreso y bienes personales, no los de su familia. En este país Medicaid es el pagador primario de los beneficios de salud de los adultos con síndrome de Down. Será un beneficio esencial para cuando su hijo sea adulto. En términos generales, Medicaid es también el programa primario de seguro médico para las personas con bajos ingresos.

Desafortunadamente, este importante programa tiene sus fallas. La participación de médicos, dentistas y otros profesionales de la salud en este programa es opcional, es decir, pueden decidir no aceptar este programa como forma de pago. Medicaid se caracteriza por tarifas reducidas y por pagos atrasados, por lo que muchos profesionales de la salud no aceptan pacientes con Medicaid. Esto ha creado un sistema médico dual. El individuo con seguro médico privado puede ser atendido por todo profesional que acepte su seguro, pero el individuo con Medicaid está limitado a los profesionales que estén dispuestos a aceptar las tarifas reducidas y los pagos atrasados que caracterizan a Medicaid. Por lo tanto, muchos padres de niños con síndrome de Down se esfuerzan por suplementar el programa Medicaid de su niño con seguros privados.

Una manera de obtener acceso a atención médica es que la familia aproveche todo seguro médico que ofrezca el empleador. Casi todos los programas de seguros permiten asegurar al niño con discapacidades permanentes, aun si ha dejado de ser alumno a tiempo completo. Sin embargo, debe solicitar esta excepción ajustándose a las reglas de su compañía de seguros. Por lo general, este procedimiento será necesario cuando su niño cumpla 18 años de edad o cuando deje de ser alumno a tiempo completo.

El individuo que cumple con los requisitos para el Ingreso Suplementario del Seguro Social (SSI) también los cumple para Medicaid. (Ver más adelante.) Además, recuerde que su niño puede obtener acceso a Medicaid a través del programa SCHIP que ya vimos.

Si bien el acceso a la atención médica a través de Medicaid no es perfecto, es un programa básico para el adulto con síndrome de Down, ya que Medicaid financia la mayoría de los servicios para los adultos. Para más información sobre Medicaid, comuníquese con los Centros de Servicios de Medicare y Medicaid (ver Guía de Recursos).

Mi hijo sabía perfectamente bien que le habían obsequiado una buena cantidad de dinero por su Bar Mitzvah. Como un año después nos preguntó dónde estaba ese dinero. Fue difícil responderle porque ya lo habíamos "redistribuido" para que en un futuro no perdiera su derecho a los servicios.

:: Una observación sobre los servicios para los adultos

Quizás le sea difícil imaginarse a su lindo bebé como adulto, pero ese día llegará y su principal preocupación no serán los pañales ni sus primeras palabras. Quizás será asegurarle una vida plena a su hijo, con días productivos, vivienda adecuada, personas que lo apoyen, y buena atención médica.

Aunque los fondos que se destinan a los servicios y apoyos para las personas adultas varían en cada estado, todos utilizan Medicaid para cubrir algunos o, en muchos casos, todos los servicios del individuo con discapacidades como el síndrome de Down. En algunos casos, si un individuo no cumple con los requisitos para Medicaid, no podrá obtener los servicios. En otros casos, se le permitiría pagar por los servicios. Estos servicios y apoyos pueden ser muy costosos y sólo las personas con muchos recursos económicos podrían solventarlos con facilidad. Por este motivo, es fundamental asegurar que su niño pueda siempre obtener Medicaid.

Ingreso Suplementario del Seguro Social (SSI)

El programa de Ingreso Suplementario del Seguro Social (SSI) está administrado por la oficina del Seguro Social, pero no es parte de éste. Los fondos para este programa provienen del tesoro del gobierno federal, y no de los impuestos del Seguro Social. El Ingreso Suplementario del Seguro Social (SSI) otorga mensualidades a las personas de bajos ingresos mayores de 65 años, o a las personas de bajos ingresos con ceguera u otras discapacidades. Su niño con síndrome de Down podría tener derecho al SSI en función a los ingresos de su familia, o conforme se describe a continuación.

Programa SSI para Niños

Para propósitos del SSI, el menor de edad es una persona menor de 18 años de edad, o menor de 22 que asista a la escuela. Para cumplir con los requisitos del SSI, el menor debe tener una discapacidad permanente que cause limitaciones considerables. También se realiza un procedimiento denominado "atribución", que consiste en examinar los bienes y los recursos de los padres porque se supone que también están a disposición del niño. Hay excepciones para la atribución que, por lo general, no se aplican a la mayoría de las familias. Sin embargo, cuando su niño cumpla 18 años de edad, se examinarán los ingresos y recursos en su nombre para determinar si cumple con los requisitos para el SSI. Este es otro motivo importante para planificar estrategias financieras que mantengan "pobre" a su niño. Puede que su hijo recién sea bebé, pero apenas cumpla 18 años asegúrese de solicitar los beneficios del SSI en su nombre comunicándose con su oficina del Seguro Social o visitando www.socialsecurity.gov.

Ingreso por Discapacidad del Seguro Social (SSDI)

Este programa federal proporciona beneficios mensuales a las personas que cumplan con sus requisitos. Sus fondos provienen de los impuestos del Seguro Social. Cuando nuestros hijos sean adultos y mediante su trabajo hayan contribuido al Seguro Social, podrían beneficiarse del SSDI y del SSI. Además, su hijo con síndrome de Down podría tener derecho a esos beneficios al fallecimiento o jubilación de uno de sus padres. Si uno de los padres queda discapacitado, se jubila o fallece, su hijo adulto con discapacidades podría recibir mensualidades del SSDI de acuerdo a los beneficios del Seguro Social que recibía esa persona.

Medicare

Aunque Medicare es más conocido como un programa de seguro médico para las personas mayores de 65 años, algunas personas con

discapacidades menores de 65 tienen derecho a Medicare, por ejemplo, una persona con enfermedad renal en fase terminal. Si una persona con síndrome de Down cumple con los requisitos para el SSDI, también los cumple para Medicare. Este grupo de individuos goza de "duplicación de derechos" porque reciben Medicaid y Medicare.

Medicare es nuestro programa federal de seguro médico para personas mayores. Es un programa del Seguro Social, no un programa en función a las necesidades personales como lo es Medicaid. Debido a que toda persona mayor de 65 tiene derecho a Medicare, todos los proveedores de salud lo aceptan. Sin embargo, el alcance de los beneficios de Medicare es menor que el de Medicaid. Medicare consta de 4 partes:

1. Parte A: seguro de hospitalización.
2. Parte B: seguro médico.
3. Parte C: inscripción del participante en seguros médicos privados.
4. Parte D: seguro de medicamentos bajo receta médica.

Asistencia para vivienda

Uno de los retos en nuestro país es ofrecer viviendas económicas. Un individuo o una familia no debería gastar más del 30 por ciento de su ingreso bruto en vivienda. Sin embargo muchos estadounidenses destinan 50 por ciento, o más, a este rubro. Se considera que el individuo cuyos pagos para vivienda exceden el 30 por ciento de su ingreso tiene sobrecarga económica, y podría tener dificultad para cubrir otras necesidades, como alimentación, vestido, agua y electricidad.

El programa de viviendas públicas se estableció para satisfacer las necesidades de las familias con escasos recursos, de las personas mayores y de las personas con discapacidades. Las viviendas públicas pueden ser casas unifamiliares o apartamentos. Las autoridades locales del Departamento de Vivienda de Estados Unidos utilizan fondos del gobierno federal para administrar viviendas comúnmente conocidas como proyectos habitacionales subsidiados.

Las autoridades de vivienda también administran el programa federal de vales habitacionales. Las autoridades otorgan vales a quien los solicite, generalmente mediante un sistema de lotería. Este sistema es necesario porque los fondos no alcanzan para subsidiar viviendas a todo los que las necesitan. La familia o la persona que obtenga vales procede a ubicar una unidad habitacional cuyo propietario haya acordado recibir vales habitacionales como parte de pago por el alquiler. La autoridad de vivienda envía subsidios por el monto de los vales directamente al propietario, y la familia (o el individuo) cubre la diferencia del alquiler. Estos vales se conocen como vales de la Sección 8.

Algunas familias de niños con síndrome de Down utilizan este programa de vales si cumplen con los requisitos de ingresos. Sin embargo, los que más se benefician con este importante programa son los adultos con síndrome de Down. Le permite al individuo que vive de su SSI o SSDI alquilar o comprar casa propia destinando sólo el 30 por ciento de su ingreso.

Además de los programas federales de asistencia con el alquiler, explore programas locales y estatales, u otras organizaciones locales, que pudieran asistirlo con sus necesidades de vivienda.

Nuestra hija, ya adulta, quería vivir en un apartamento propio, pero no estábamos preparados a que se fuera lejos. Así que convertimos parte de nuestra casa en un apartmento para ella y cuando salió su nombre en la lista de la Sección 8, usó los vales para pagarnos el alquiler.

Sellos alimentarios

El objetivo del programa federal de Sellos Alimentarios es asegurar asistencia alimentaria a las familias de bajos ingresos. El individuo y la familia que cumplan con los requisitos pueden adquirir alimentos en establecimientos autorizados utilizando una tarjeta de Transferencia Electrónica de Beneficios (EBT)[25] cuyo funcionamiento es similar al de las tarjetas de débito. La tarjeta EBT se acredita mensualmente con un monto predeterminado y se van restando los fondos que se utilicen. Este programa ayuda a las familias de bajos ingresos y a las que estén pasando por una mala situación económica temporal, como la pérdida del empleo. Este beneficio puede también ser muy importante para nuestros niños cuando sean adultos. Cuando ya no vivan con su familia, la mayoría de los adultos con síndrome de Down podrá solicitar sellos alimentarios.

❚❚ Asistencia estatal

Además de los programas federales ya descritos, también existen programas estatales. A menudo, son ofrecidos por la entidad estatal encargada de las discapacidades del desarrollo. El nombre de esa entidad varía según el estado: Departamento de Retraso Mental, División de Discapacidades del Desarrollo, o algún otro nombre similar.

---

25 *Electronic Benefit Transfer.*

Los requisitos para los servicios y apoyos, y el tipo de servicios, varían en cada estado. Lo importante es averiguar de inmediato si su estado tiene programas de apoyo para su familia. A través de estos valiosos programas podría obtener subsidios en efectivo, atención suplente y toda una variedad de servicios. Si bien algunos de estos programas podrían estar financiados por Medicaid y, por lo tanto, sujetos a sus criterios, muchos de sus otros programas están financiados

con fondos estatales. Cuando utilizan fondos propios, el estado tiene la libertad de establecer sus propios requisitos.

Aunque todos los estados ofrecen programas de apoyo familiar, sus requisitos y beneficios varían en cada estado. Para averiguar los programas en su estado, comuníquese con la oficina estatal a cargo del individuo con retraso mental, discapacidades del desarrollo o discapacidades intelectuales. Para más información, también comuníquese con su oficina local de The Arc o con su grupo de apoyo de síndrome de Down.

▪▪ Conclusión

Espero que dentro de algunos meses vuelvan a leer este capítulo, ya sea que necesiten la información o deseen educarse en los temas expuestos. Es posible que se sientan abrumados, pero lo más importante en este momento es que amen a su lindo bebé, y lo disfruten. Ya se presentará la oportunidad para ampliar sus conocimientos sobre la planificación financiera, sus derechos a la educación, y las protecciones e impedimentos legales que surjan. Y van a surgir. No los pasen por alto. Edúquense y planifiquen. Todo esto forma parte de la maravillosa aventura en que acaban de embarcarse. Se los digo yo, que la he estado viviendo por mucho tiempo y que por ningún motivo me la hubiera querido perder.

Epílogo:
Bienvenidos a Holanda

Emily Perl Kingsley

A menudo me piden que describa la experiencia de criar a un niño con una discapacidad para que aquéllos que no han pasado por esa experiencia tan singular la puedan entender e imaginarse lo que sentirían. Es así…

Esperar un bebé es como planificar unas vacaciones fabulosas… a Italia. Te consigues toda clase de guías turísticas y organizas planes maravillosos. El Coliseo. El David de Miguel Ángel. Las góndolas en Venecia. Hasta aprendes una que otra frase en italiano. Es muy emocionante.

Después de anticiparlo por meses, finalmente llega el gran día. Preparas tus maletas y te embarcas. Varias horas después, el avión aterriza. El auxiliar de vuelo anuncia: "Bienvenidos a Holanda."

"¿¡Holanda!? ¿¡Cómo que Holanda!? ¡Yo creía que íbamos a Italia! Debería estar en Italia. Toda mi vida he soñado con ir a Italia."

Pero ha habido un cambio en el plan de vuelo. Han aterrizado en Holanda y allí debes permanecer.

Lo importante es que no te han llevado a un lugar horrible, repugnante y sucio, lleno de pestilencia, hambruna y enfermedad. Tan sólo es un lugar diferente.

Por lo tanto, tienes que salir y comprar nuevas guías. Tienes que aprender un idioma totalmente nuevo. Conocerás a un grupo de personas al que nunca ibas a conocer.

Tan sólo es un lugar diferente. La vida es más pausada y menos ostentosa que en Italia. Pero después de estar allí por un tiempo y de haber recobrado la calma, miras a tu alrededor... y empiezas a observar que Holanda tiene molinos de viento... que Holanda tiene tulipanes... y que incluso tiene a Rembrandt.

Pero todos los que tú conoces están ocupados yendo y viniendo de Italia... y haciendo alarde de lo maravilloso que lo pasaron allá. Y hasta el fin de tus días te dirás: "Sí, para allá es donde debí haber ido. Esos eran mis planes."

Y ese dolor nunca jamás se irá...porque dejar ir ese sueño es una pérdida muy importante.

Pero si te vas a pasar la vida lamentando que no fuiste a Italia, ese sentimiento podría impedirte gozar de las cosas tan especiales, tan hermosas... de Holanda.

GLOSARIO

Abstracciones—Conceptos, símbolos y principios que no se pueden experimentar directamente, como el tiempo y el espacio.

Ácido fólico—Vitamina hidrosoluble del grupo complejo B.

Acomodación—Cambios en la manera de presentar la información o en la reacción del alumno que no varíen el contenido o el grado de dificultad del contenido del aprendizaje. Ejemplos: tiempo adicional para completar los exámenes o las tareas; digitar en vez de escribir a mano; dictar las respuestas en vez de redactarlas; asistencia con los apuntes de clase.

Acomodación pública—Locales, tales como escuelas, restaurantes o teatros, generalmente abiertos al público. ADA prohíbe que los establecimientos públicos discriminen al individuo con discapacidades.

Acuidad—Grado de nitidez visual, de cerca y de lejos.

ADA—Americans with Disabilities Act/Ley para el Individuo con Discapacidades. Ley federal de derechos civiles que prohíbe que los empleadores, oficinas gubernamentales y establecimientos públicos discriminen al individuo con síndrome de Down.

Adenoides—*Ver* Vegetaciones.

ADN—Ácido desoxirribonucleico. Molécula en forma de espiral portadora de las características hereditarias.

Agarrar—Coger, retener o sujetar objetos.

Alfafetoproteína (AFP)—Proteína en la sangre de la mujer embarazada. La presencia de cantidades muy por debajo de lo normal podría indicar síndrome de Down en el feto.

Ambiente Menos Restrictivo—Least Restrictive Environment. *Ver* LRE.

Ambliopía—Pérdida de la visión causada por distintos trastornos oculares, como la miopía, la hipermetropía y el estrabismo. Lo típico es que la visión de un ojo sea mejor que la del otro, y que el ojo dominante compense la visión del ojo débil. También se conoce como ojo perezoso.

Americans with Disabilities Act—Ley para el Individuo con Discapacidades. *Ver* ADA.

Amígdalas—Las dos masas pequeñas de tejido linfoide, ubicadas en la parte posterior de la garganta, que ayudan a prevenir las enfermedadaes de las vías respiratorias.

Amniocentesis—Método para determinar posibles defectos genéticos mediante el examen de células fetales. Consiste en introducir una aguja en el abdomen materno para extraer muestras de líquido amniótico y analizar los cromosomas celulares.

Antibióticos—Grupo de fármacos que destruyen las bacterias que causan enfermedades.

Aparato auditivo—Dispositivo que usan las personas con pérdida auditiva para amplificar los sonidos.

Apnea del sueño—Suspensión momentánea de la respiración (por más de 5 segundos) durante el sueño. Puede deberse a obstrucciones en la boca, nariz o garganta (por ejemplo, amígdalas grandes) o a problemas neurológicos en el cerebro.

Articulaciones hiperflexibles—Articulaciones, como en las caderas o los hombros, más flexibles que lo normal.

Articular—La capacidad para mover y controlar los labios, lengua, mandíbulas y paladar para enunciar los sonidos de manera correcta y clara. Algunos sinónimos son enunciar y pronunciar.

Astigmatismo—Irregularidad del globo ocular que evita que los rayos de luz se enfoquen adecuadamente sobre la retina. El resultado es visión borrosa (generalmente se corrige con anteojos).

Atención suplente—Cuidado del niño con síndrome de Down, o con otras discapacidades, proporcionado por adultos capacitados a fin de darles un descanso a los padres.

Atresia de duodeno—Estrechez u obstrucción de la primera sección del intestino delgado.

Audiencia judicial—Parte de los procedimientos bajo IDEA para la protección de los derechos de los padres y los niños con discapacidades en el caso de litigios. Consiste en comparecer ante una persona imparcial para intentar resolver los litigios relacionados con la identificación, colocación, ubicación y servicios ofrecidos por la oficina educativa correspondiente.

Audiograma—Gráfico de la prueba de audición. El audiograma identifica las frecuencias (tonos) que el individuo puede oír, así como la intensidad (decibeles) que necesita para oír.

Audiólogo—Profesional capacitado para medir la audición y evaluar los trastornos de la audición; también coloca los aparatos auditivos.

Audiometría por potenciales evocados del tronco cerebral (ABR)—Prueba que mide electrónicamente la recepción del sonido por el cerebro. Se emplea para medir la audición en los bebés, ya que esta prueba no requiere la capacidad de emitir respuestas verbales o realizar gestos al oír los sonidos. Otros nombres para esta prueba son: potencial auditivo evocado, respuesta auditiva evocada y audiometría de respuesta evocada.

Auditivo—Relativo a los sonidos; la capacidad de oír.

Aurícula—Una de las dos cámaras superiores del corazón.

Balbuceo—Sonidos que producen los bebés al combinar una vocal con una consonante, y que repiten una y otra vez (por ejemplo, ba-ba-ba, ga-ga-ga).

Beneficiario—La persona designada en un contrato de fideicomiso o en una póliza de seguro para recibir cualquier pago exigible.

Bilateral—Relativo o que afecta a ambos lados del cuerpo del niño; factor importante en el desarrollo de las habilidades. Por ejemplo, sujetar una hoja de papel con una mano para cortarla con la otra es una habilidad bilateral.

Biopsia de las vellosidades coriónicas—Método para analizar los cromosomas del embrión entre las semanas novena y undécima del embarazo. Consiste en introducir un catéter en el útero a través del cuello uterino para extraer muestras de células fetales del corión (la envoltura de la placenta) a fin de analizarlas.

Braquicefalia—Condición anatómica en la cual la parte posterior del cráneo es más aplanada que lo usual.

Bronquitis—Inflamación de los bronquios, los dos conductos que se separan de la tráquea.

Caminar con apoyo—Pararse y moverse sobre los dos pies sujetándose de algo, como de una mesa, por ejemplo.

Cardíaco—Relativo al corazón.

Cardiólogo—Médico especializado en el diagnóstico y tratamiento de condiciones cardíacas.

Cardiólogo pediatra—Médico especializado en el diagnóstico y el tratamiento de los problemas al corazón en el niño.

Cariotipo—Representación de los cromosomas humanos obtenidos mediante el cultivo de las células del feto o de la persona. Puede revelar la presencia de anomalías cromosómicas como el síndrome de Down.

Cataratas—Enfermedad que ocasiona que el lente del ojo se vuelva opaco o nublado.

Catéter—Sonda que se emplea para introducir líquidos en el cuerpo, o sacarlos.

Cateterismo cardíaco—Técnica quirúrgica de diagnóstico que c onsiste en introducir un catéter en el corazón para medir y visualizar la presión sanguínea.

Causa y efecto—Concepto que para cada acción, hay una reacción.

Célula germinal—La célula que resulta de la unión del espermatozoide (célula masculina) con el óvulo (célula femenina).

Células hijas—Las dos células que se crean durante el proceso de la mitosis y que son copias exactas de la célula madre.

CI—*Ver* Cociente de inteligencia.

Cianosis—Tinte azulino que adquiere la piel como resultado de falta de oxígeno en la sangre. Puede manifestarse en el bebé con defectos al corazón.

Cirugía a corazón abierto—Procedimiento quirúrgico que consiste en abrir el tórax para reparar el corazón.

Cirujano cardíaco—Médico especializado en operaciones al corazón.

Citogenetista—Médico que estudia los cromosomas.

Cociente de inteligencia (CI)—Medida numérica (puntaje) de la inteligencia o capacidad cognitiva de la persona, determinada por tests estandarizados. Por lo general, un puntaje de 100 se considera exactamente "promedio"; de 85 a115, "rango promedio"; de 70 a 85, "debajo del promedio". El rango de discapacidad intelectual se sitúa debajo de 70.

Código genético—La distribución de las proteínas en el ADN humano que determina las características hereditarias.

Cognición—El proceso de percibir, pensar, razonar y analizar.

Cólico—Condición médica que afecta a algunos bebés y que consiste en dolor abdominal.

Colocación—La selección del programa educativo (escuela, aula) para el niño que necesita servicios educativos especiales.

Columna vertebral—Los huesos que forman la columna. La médula espinal recorre la columna en toda su longitud.

Comportamiento de adaptación—La capacidad para adecuarse a nuevas situaciones, tareas, objetos y personas, y la capacidad para aplicar las habilidades adquiridas a esas nuevas situaciones.

Comunicación interauricular (CIA)—Malformación, a menudo un orificio pequeño, en la pared que divide las dos cámaras superiores del corazón.

Comunicación interventricular (CIV)—Orificio en la pared que divide las dos cámaras cardíacas inferiores.

Conductos lacrimales—Glándulas sobre los ojos que secretan lágrimas.

Congénito—Condición médica presente al nacer.

Consecuencia—El resultado de una acción.

Convulsión—Pérdida súbita del conocimiento a causa de actividad eléctrica anormal en el cerebro.

Coordinación—Movimientos musculares armoniosos, balanceados o sincronizados.

Coordinación viso-motriz—Uso de los ojos para guiar los movimientos de las manos, como para levantar un objeto o atrapar una pelota.

Coordinador del caso—La persona responsable de coordinar las actividades de los miembros del equipo multidisciplinario (médico o educativo) del niño.

Corazón—El órgano ubicado en el centro de la cavidad torácica que bombea sangre por todo el cuerpo. Está formado por cuatro cámaras: dos aurículas en la parte superior y dos ventrículos en la parte inferior. Las válvulas son las aberturas entre las aurículas y los ventrículos.

Corriente principal—Término que describe la práctica de incorporar al niño con discapacidades a los ambientes de las preescuelas y escuelas generales. Este término (y su práctica) está cayendo en desuso y siendo reemplazado por "inclusión".

Costra de leche—*Ver* Seborrea del recién nacido.

Cromosomas—Estructuras en forma de bastoncillos microscópicos que contienen material genético y que se encuentran en el núcleo de todas las células del cuerpo humano.

Cromosoma X—Uno de los llamados "cromosomas del sexo" que determinan el sexo de la persona. El otro cromosoma del sexo es el cromosoma Y. Las mujeres tienen dos cromosomas X, mientras los hombres tienen un cromosoma X y un cromosoma Y.

Cromosoma Y—*Ver* Cromosoma X.

Cultivo—Medio que favorece el crecimiento de organismos microscópicos; por ejemplo, las muestras de sangre que se utilizan para determinar los cariotipos.

Curva de Bell—Gráfico que muestra la distribución de las características de una población. Estas curvas se emplean para mostrar los rangos de la inteligencia humana y la adquisición de destrezas del desarrollo, así como muchas otras características en una población.

Defecto cardíaco congénito—Defecto en el corazón presente al nacer.

Defecto de la almohadilla endocárdica—Defectos o malformaciones de las paredes que dividen las cámaras cardíacas.

Defecto del canal aurículoventricular (Canal AV)—Defecto en la estructura cardíaca que consiste en una posible deformidad de las paredes de las dos cámaras superiores y las dos cámaras inferiores.

Defectos del corazón—Anomalías en la estructura del corazón que obstruyen el flujo sanguíneo o que producen una circulación anormal en el corazón.

Defensa táctil—Reacción exagerada al tacto; evitamiento al tacto.

Desarrollo—Proceso de crecimiento y aprendizaje durante el cual el niño adquiere destrezas y habilidades.

Desarrollo motor fino—Relativo a los movimientos de los músculos pequeños, tales como los de las manos, pies y dedos.

Desarrollo motor grueso—Relativo a los movimientos de los músculos mayores, como los de las piernas, brazos y tronco.

Desarrollo motor oral—Referido al uso de los músculos de la boca y la cara. Importante para aprender y hablar bien.

Desarrollo temprano—Desarrollo que abarca los tres primeros años de vida.

Desheredar—Privar a una persona (por ejemplo, a una persona con discapacidades) de su herencia. Los padres del niño con discapacidades pueden recurrir a esta medida para evitar que el estado emplee los activos del niño para cubrir su atención.

Diagnóstico dual—Diagnóstico de dos trastornos en un individuo. En el campo del síndrome de Down, generalmente se refiere al síndrome de Down y al trastorno con espectro autista.

Discapacidad cognitiva—*Ver* Discapacidad intelectual.

Discapacidad del aprendizaje—En Estados Unidos este término se refiere a las dificultades de aprendizaje en una o más áreas académicas específicas (como las matemáticas o la lectura) que no se esperarían por no corresponder a la capacidad intelectual general. Es decir, el rendimiento del niño en una o más áreas del aprendizaje es mucho más bajo que en otras áreas del aprendizaje. Por lo general, pero no siempre, el término se aplica a las personas con inteligencia dentro del rango promedio. En otros países angloparlantes, este término es sinónimo de discapacidad intelectual (retraso mental).

Discapacidad del desarrollo—Discapacidad o deterioro que se inicia antes de los 18 años de edad y que causa una discapacidad sustancial con expectativa de duración indefinida.

Discapacidad Específica de Aprendizaje—Specific Learning Disability. *Ver* SLD.

Discapacidad intelectual—Condición que perjudica las habilidades cognitivas colocándolas debajo del promedio, así como dificultades considerables para adquirir habilidades que permitan funcionar independientemente. También se denomina discapacidad cognitiva o discapacidad del aprendizaje. En Estados Unidos está reemplazando al término "retraso mental".

Dislocación de la patela—Desplazamiento lateral del hueso de la rodilla.

Disyunción—Proceso por el cual los cromosomas se separan durante la meiosis.

Diuréticos—Fármacos que aumentan el flujo urinario con el fin de disminuir la cantidad de líquido en el cuerpo. Debido a que la acumulación de líquido tiende a aumentar el esfuerzo cardíaco, es común que se receten diuréticos al niño con defectos cardíacos para reducir la carga del corazón.

Duración de la atención—Tiempo que el niño dedica a ejecutar una tarea o concentrarse en una actividad (prestar atención).

Ecocardiografía—Prueba sin dolor que emplea ondas de sonido de alta frecuencia para formar imágenes del corazón.

Ecografía—Ondas sonoras de alta frecuencia que se emplean para crear imágenes de los órganos internos o del feto. Este procedimiento se emplea para examinar al bebé en el útero y para guiar los instrumentos médicos durante la amniocentesis y la biopsia de las vellosidades coriónicas.

Educación Apropiada Pública y Gratuita—*Ver* FAPE.

Educación especial—Término que generalmente se refiere a la educación del niño con discapacidades como el síndrome de Down. Incluye planes educativos individualizados que faciliten el proceso de aprendizaje del niño con discapacidades. Bajo IDEA, en Estados Unidos la educación especial es obligatoria.

Educador infantil—Maestro especializado en el desarrollo general del bebé y, específicamente, en el desarrollo cognitivo.

EEOC—Equal Employment Opportunity Commission/Oficina para Igualdad de Oportunidades de Empleo. Según ADA, organismo federal que se encarga de resolver las demandas por discriminación en el trabajo. Antes de entablar juicio, se deben presentar todas las reclamaciones a la EEOC.

Electrocardiograma (EKG)—Instrumento médico que mide los impulsos eléctricos del corazón. Estas mediciones le muestran al cardiólogo el funcionamiento del corazón y pueden revelar enfermedad cardíaca.

Electrodo—Dispositivo pequeño que se coloca sobre el cuerpo para transmitir determinados estímulos eléctricos del cuerpo a una máquina que registre e interprete los impulsos. Puede usarse, por ejemplo, para asistir en el diagnóstico de convulsiones, defectos al corazón o apnea del sueño.

Embrión—Bebé dentro del útero en las etapas más tempranas de su desarrollo.

Enfermedad de Hirschsprung—Condición que se caracteriza por la ausencia de células nerviosas en el colon (intestino grueso). Se manifiesta en la infancia y produce distensión del colon.

Epilepsia—Condición neurológica que se caracteriza por convulsiones recurrentes.

Equal Employment Opportunity Commission—Oficina para Igualdad de Oportunidades de Empleo. *Ver* EEOC.

Equilibrio—Balance.

Equipo multidisciplinario—Referido a la intervención temprana, equipo formado por dos o más profesionales de distintas disciplinas (por ejemplo, fisioterapia, patología del habla-lenguaje) para colaborar en la evaluación o el tratamiento del niño.

Escenificación—Juegos que requieren imaginación, dramatización e imitación. La capacidad de escenificación es una medida del desarrollo cognitivo y social.

Esotropía—*Ver* Estrabismo.

Espermatozoide—La célula reproductiva (sexual) masculina.

Estenosis de píloro—Estrechamiento de la abertura entre el estómago y el duodeno, la primera sección del intestino delgado.

Estímulo—Información que el niño recibe a través de cualquiera de sus sentidos, como la visión, la audición o el tacto, que lo ayuda a desarrollar nuevas habilidades o reaccionar a su entorno.

Estrabismo—Condición en la que un ojo enfoca de frente mientras el otro se desvía hacia adentro. También conocida como esotropía (los dos ojos se desvían hacia adentro) o exotropía (los dos ojos se desvían hacia afuera), esta condición puede causar visión doble. También se le conoce como vista cruzada o bizquera.

Evaluación—Proceso para determinar el nivel de desarrollo infantil. La evaluación se usa para determinar si el niño necesita servicios educativos y, en ese caso, los servicios que necesitaría.

Evaluación del comportamiento funcional—Functional behavior assessment. *Ver* FBA.

Extensión—Acción de estirar los músculos y las extremidades.

FAPE—Free Appropriate Public Education. Educación/Apropiada Pública y Gratuita. Según IDEA, el derecho básico a los servicios de la educación especial sin costo alguno para la familia.

FBA—Functional behavior assessment/Evaluación del comportamiento funcional. Manera sistemática de determinar la función del comportamiento del niño (por ejemplo, lo que hace para conseguir una galleta o evadir una tarea). La FBA implica la identificación de los antecedentes (lo que precede) del comportamiento y el estudio de sus consecuencias (lo que sigue, los beneficios que le reporta al niño) a fin de determinar lo que el comportamiento del niño pretende comunicar.

Fenotipo—Las características observables de la persona determinadas por sus genes y la interacción con su entorno. También *ver* Genotipo.

Fideicomiso de apoyo—Fideicomiso que requiere que los fondos del fideicomiso sean empleados para cubrir el costo de vida del beneficiario, como vivienda, alimentación y transporte.

Fideicomiso de lujo—Fideicomiso que describe los gastos en especie que se pueden deducir con el fin de excluir el costo de los servicios de los programas estatales y evitar la responsabilidad por el costo de los servicios.

Fideicomiso discrecional—Fideicomiso por el cual el fideicomisario (la persona responsable de administrar los fondos del fideicomiso) tiene la autoridad de emplear o no emplear los fondos del fideicomiso para cualquier propósito, siempre y cuando los fondos sean empleados solamente a favor del beneficiario.

Fideicomiso para necesidades especiales—Fideicomiso que consiste en depositar fondos para cubrir las necesidades de la persona con discapacidades, y que sean administrados por un fideicomisario en beneficio de la persona con discapacidades. Si el fideicomiso se prepara adecuadamente, el gobierno no podrá emplear sus fondos para cubrir el costo de la atención de la persona con discapacidades.

Fisioterapeuta—Terapeuta físico; especialista que ayuda al bebé o al niño a superar los problemas físicos, como la hipotonía muscular, que afectan al desarrollo de las habilidades motoras gruesas como sentarse, gatear, caminar, saltar o montar triciclo.

Fisuras palpebrales oblicuas—Término que describe la apariencia oblicua de los ojos del niño con síndrome de Down.

Flexión—La acción de doblar los músculos y las extremidades.

Fonología—Las reglas de combinación de sonidos de cada idioma (por ejemplo, "riesgo" es una combinación válida en español, pero "wrieste" no lo es).

Fontanelas— Lugares blandos del cráneo; el espacio entre los huesos craneales.

Free Appropriate Public Education—Educación Apropiada Pública y Gratuita. *Ver* FAPE.

Functional behavior assessment—Evaluación del comportamiento funcional. *Ver* FBA.

Gatear—La acción de usar los brazos y las piernas, sin el abdomen tocando el suelo, para movilizar el cuerpo. Andar a gatas.

Gen alfa-A del cristalino—Gen que controla la cantidad de proteínas en el lente ocular. Podría estar vinculado a las cataratas.

Gen de la proteína precursora de amiloide (APP)—Gen que controla la producción de ciertas proteínas en el cerebro. Podría estar vinculado a la enfermedad de Alzheimer.

Gen Ets-2—Gen en el cromosoma 21 que se considera oncógeno. Está vinculado al cáncer o a la leucemia.

Generalización—Aplicar la destreza aprendida en una situación a otra situación. Emplear la información sobre un objeto o concepto para llegar a conclusiones sobre otros objetos o conceptos similares.

Genes—Ubicados dentro de los cromosomas, los genes contienen el material hereditario de la persona y determinan sus características específicas, como el color de los ojos y la susceptibilidad a determinadas enfermedades.

Genética—El estudio de los genes, los cromosomas y la herencia.

Genetic Information Nondiscrimination Act—Ley de No Discriminación ante Información Genética. *Ver* GINA.

Genetista clínico—Médico especializado en el estudio y el diagnóstico de trastornos genéticos.

Genetista pediatra—Médico que estudia los genes y los efectos de las condiciones genéticas en el niño.

Genoma—El total de la información hereditaria del organismo codificada en su ADN. También, la secuencia genética completa de un cromosoma específico, es decir, el mapa y la ubicación de cada gen en el cromosoma.

Genotipo—El juego completo de genes de la persona, incluidos aquellos que no producen características observables. Es distinto del fenotipo, que se refiere a las características observables de la persona. Por ejemplo, es posible que un niño con ojos pardos tenga genes para ojos pardos y ojos azules. Su genotipo (no observable directamente) tiene genes para ojos pardos y ojos azules, pero lo observable (su fenotipo) son sus ojos pardos.

GINA—Genetic Information Nondiscrimination Act/Ley de No Discriminación ante Información Genética. Ley federal cuya intención es evitar que las compañías de seguros usen la información genética como criterio para sus servicios o primas de seguro, y prevenir que la información genética se emplee para discriminar al empleado.

Grupos de defensa de derechos—Organizaciones dedicadas a proteger los derechos y las oportunidades de los niños con discapacidades y de sus padres.

Habilidades de autoayuda—Destrezas para cuidarse de uno mismo, como comer sin ayuda, vestirse, bañarse y asearse.

Habilidades de la comunicación—En términos generales, la capacidad para recibir y expresar información y emociones, ya sea mediante la palabra oral o escrita, gestos, etc.

Habilidades sociales—La capacidad para funcionar en grupo o para interactuar con otras personas.

Hernia umbilical—Protuberancia del ombligo como resultado de un desarrollo incompleto de los músculos alrededor del ombligo. Las hernias umbilicales suelen cerrarse por sí solas.

Hipermetropía—Condición ocular en que los objetos cercanos se ven borrosos y los objetos lejanos se ven nítidos. También conocida como hiperopía, esta condición se corrige con anteojos.

Hipertensión pulmonar—Presión sanguínea elevada en las arterias pulmonares. Esta condición médica puede ser el resultado de defectos cardíacos que permiten el ingreso de volúmenes excesivos de sangre en los pulmones. Puede ser fatal si no se corrige.

Hipotiroidismo—Subproducción de hormona tiroidea por la glándula tiroides. Esta condición médica es más frecuente en el bebé con síndrome de Down que en los demás, pero su tratamiento es sencillo.

Hipotonía—Tono muscular disminuido. Tono muscular más relajado durante el reposo. *Ver* Tono muscular.

Hito del desarrollo—Meta del desarrollo que sirve como medida del progreso a lo largo del tiempo; por ejemplo, aprender a rodar entre los dos y cuatro meses de edad.

IDEA—Individuals with Disabilities Education Act/Ley para la Educación del Individuo con Discapacidades. Ley federal que establece el derecho del niño con síndrome de Down y con otras discapacidades a recibir una "enseñanza pública apropiada gratuita" (ver FAPE) y que especifica las responsabilidades del sistema público escolar con respecto a esta educación.

Identificación—La decisión de evaluar al bebé o al niño como posible candidato para los servicios educativos especiales.

IEP—Individualized Education Program/Programa Educativo Individualizado. Documento por escrito que detalla el programa de educación para el niño con discapacidades de más de tres años de edad. Este documento especifica metas de educación que se adecúen a las necesidades del alumno, los servicios para cumplir con esas metas, el ambiente para esos servicios, las acomodaciones y las modificaciones necesarias, etc. El IEP es obligatorio en virtud de IDEA.

IFSP—Individualized Family Service Plan/Plan Individualizado de Servicios Familiares. Informe por escrito que detalla los servicios de intervención temprana que deben proporcionarse a la familia y al bebé con síndrome de Down, o con cualquier otra discapacidad.

Imitación—La capacidad para observar y copiar las acciones de otros.

Impedidos por Otros Problemas de Salud—Other Health Impaired. *Ver* OHI.

Imperforación anal—Condición médica congénita que se caracteriza por la ausencia u obstrucción del orificio anal.

Inclusión—La práctica de proporcionar los apoyos y servicios necesarios al niño con discapacidades para que pueda asistir a las mismas aulas generales que los alumnos sin discapacidades.

Indicación—Estímulo (por ejemplo, palabras o gestos) que le muestre al niño que se comporte de determinada manera o realice determinada actividad.

Individualized Education Program—Programa Educativo Individualizado. *Ver* IEP.

Individualized Family Service Plan—Plan Individualizado de Servicios Familiares. *Ver* IFSP.

Individuals with Disabilities Education Act—Ley para la Educación del Individuo con Discapacidades. *Ver* IDEA.

Inestabilidad atlantoaxial (IAA)—Inestabilidad de las articulaciones de las vértebras superiores de la columna vertebral.

Infante—Bebé de recién nacido hasta los doce meses de edad.

Infección de las vías respiratorias—Infección nasal, laríngea, bronquial o pulmonar, generalmente viral o bacteriana.

Ingreso por Discapacidad del Seguro Social—Social Security Disability Insurance. *Ver* SSDI.

Ingreso Suplementario del Seguro Social—Supplemental Security Income. *Ver* SSI.

Inmunización—El proceso de vacunar contra determinadas enfermedades mediante inyecciones u otros métodos.

Insuficiencia cardíaca (IC)—Condición médica caracterizada por la imposibilidad del corazón para funcionar en su nivel óptimo y bombear suficiente cantidad de sangre a los pulmones y al resto del cuerpo.

Insuficiencia cardíaca congestiva—*Ver* Insuficiencia cardíaca (IC).

Insulina—Hormona producida por el páncreas que regula el metabolismo del azúcar en la sangre.

Inteligibilidad—Cualidad de inteligible. Susceptible de ser entendido; el grado de facilidad o dificultad para entender la palabra oral.

Intervención temprana—Terapias de eficacia comprobada y servicios especializados cuyo objetivo es aminorar los efectos de las condiciones como el síndrome de Down que pudieran retrasar el desarrollo temprano.

Juego interactivo—Juego entre niños.

Juego paralelo—Niños que juegan de manera similar uno junto al otro, pero sin interactuar.

LEA—Local Education Agency/Oficina Educativa Local. Entidad responsable por los servicios educativos a nivel local (ciudad, condado, distrito).

Least Restrictive Environment—Ambiente Menos Restrictivo. *Ver* LRE.

Lenguaje—Las palabras, o los símbolos verbales o escritos, que se emplean para expresar y entender la comunicación humana.

Lenguaje expresivo—La capacidad de usar gestos, palabras y símbolos escritos en la comunicación.

Lenguaje infantil—Lenguaje, a menudo difícil de entender, característico del bebé y del niño, y que constituye una etapa en el desarrollo del lenguaje expresivo total.

Lenguaje receptivo—La capacidad para entender la comunicación verbal o escrita, así como los gestos.

Leucemia—Tipo de cáncer que ataca a los glóbulos blancos. Su incidencia es algo más alta en el niño con síndrome de Down.

Ley de No Discriminación ante Información Genética—Genetic Information Nondiscrimination Act. *Ver* GINA.

Ley para el Individuo con Discapacidades—Americans with Disabilities Act. *Ver* ADA.

Ley para la Educación del Individuo con Discapacidades—Individuals with Disabilities Education Act. *Ver* IDEA.

Línea media corporal—El centro vertical del cuerpo. El desarrollo progresa desde la línea media (proximal) hacia las extremidades (distal). El terapeuta podría animar al bebé a realizar actividades en la zona de la línea media (por ejemplo, juntar las manos), ya que conducen a otros avances importantes del desarrollo.

Líquido amniótico—El líquido dentro del útero alrededor del embrión.

Local education agency—Oficina Educativa Local. *Ver* LEA.

LRE—Least Restrictive Environment / Ambiente Menos Restrictivo. Bajo IDEA, la integración del niño con discapacidades recibiendo educación especial en los programas generales de la escuela en la máxima medida de lo posible. Este requisito terminó con la práctica tradicional de aislar al niño con discapacidades.

Malformación intestinal—Condición en el intestino, como una obstrucción, que impide la función normal del tracto gastrointestinal (tracto GI).

Manchas de Brushfield—Manchas claras que rodean el iris; a menudo, una manifestación externa del síndrome de Down.

Medicaid—Programa federal que cubre el costo de la atención médica de las personas con derecho a los ingresos del Seguro Social

Medicare—Programa federal que cubre el costo de la atención médica de las personas que reciben pagos del Seguro Social.

Médula espinal—Tejido nervioso a lo largo de la columa vertebral.

Meiosis—El proceso del desarrollo de las células (sexuales) reproductivas (óvulo y espermatozoide) en que el número de cromosomas generalmente se divide en mitad hasta formar 23. En el momento de la concepción, lo usual es que el óvulo fertilizado contenga 46 cromosomas.

Metabolismo—Procesos químicos en las células del cuerpo, necesarios para la vida.

Metatarsus varus—Metatarso varo. Desviación hacia adentro del antepié.

Microcefalia—Tamaño de la cabeza por debajo del tercer percentil en las tablas de crecimiento "normales".

Miopía—Condición del ojo que ocasiona que los objetos distantes se enfoquen por delante de la retina, y no precisamente sobre ella. Causa visión borrosa, con los objetos lejanos más borrosos que los cercanos. Se corrige con anteojos o lentes de contacto. "Corto de vista" es un término que describe a la persona con miopía.

Miringotomía—Timpanostomía. Procedimiento quirúrgico que consiste en realizar una pequeña perforación en el tímpano que permita el drenaje de líquido fuera del oído medio. Se suelen colocar tubos de ventilación para evitar que se cierre la abertura.

Mitosis—El proceso de división celular en que las células producen copias exactas de sí mismas, incluido un conjunto por duplicado de los cromosomas.

Modificación—Cambio en el contenido del material de aprendizaje. Ejemplos: simplificación o reducción del material (por ejemplo, aprender sólo la mitad de las palabras del vocabulario).

Morfología—Término que describe la manera como el individuo emplea los morfemas en la comunicación. El morfema es la mínima forma en el lenguaje dotada de significación. Incluye partes de palabras, como las palabras radicales (raíz), prefijos, sufijos y terminaciones verbales. [¿Emplea su niño la terminación "aba" (terminación verbal) para formar el tiempo pasado de algunos verbos? ¿Entiende su niño cómo el prefijo "in" (invalidar, incapaz) transforma al verbo o al adjetivo?] La sintaxis y la morfología son parte importante de la gramática, y la unión de esas dos palabras forma el término "morfosintaxis". *Ver* Sintaxis.

Mosaicismo—Variante poco frecuente del síndrome de Down que ocurre como consecuencia de una división celular imperfecta durante las primeras etapas de la división celular después de la fertilización. Como resultado, sólo algunas células contienen material genético adicional.

Movimiento recíproco—Mover un lado del cuerpo, y luego el otro, de manera coordinada y alternada, como al golpear el tambor o pedalear.

Músculos mayores—Músculos como los de los brazos, piernas y abdomen.

Neuronas—Células nerviosas. Las células nerviosas liberan sustancias químicas, llamadas neurotransmisores, que le ordenan a las neuronas y a los órganos a realizar sus funciones.

No disyunción—Separación imperfecta de los cromosomas de la célula sexual (óvulo y espermatozoide) durante la meiosis. Puede ser una causa de la trisomía 21 por no disyunción.

Nucléotidos—Las piezas químicas elementales del ADN.

Nutricionista—Profesional titulado y certificado en nutrición o dietética y que pudiera tener licencia estatal. Ofrece consejos y asesoría sobre la mejora o modificación del consumo alimenticio para lograr una nutrición óptima.

Obesidad—Peso o grasa excesivos; exceso de 20 por ciento o más del peso ideal.

Obstrucción del conducto nasolacrimal—Conductos lacrimales bloqueados.

Oficina Educativa Local—Local Education Agency. *Ver* LEA.

Oficina para Igualdad de Oportunidades de Empleo— Equal Employment Opportunity Commission. *Ver* EEOC.

Oftalmólogo—Médico especializado en el diagnóstico y tratamiento de las enfermedades y condiciones oculares, y que también puede recetar anteojos y lentes de contacto.

Oftalmólogo pediatra—Médico especializado en el cuidado y tratamiento de las condiciones oculares en el niño.

OHI—Other Health Impaired/Impedidos por Otros Problemas de Salud. Bajo IDEA, categoría de discapacidad definida como: "...que limiten la fortaleza, vitalidad o atención, incluida la atención intesificada por estímulos medioambientales, y cuyo resultado sea una atención limitada dentro del entorno educativo." Esta categoría le podría dar acceso a los servicios educativos a algunos niños con síndrome de Down.

Oído medio—Parte del oído que transmite los sonidos desde el canal del oído externo hasta el oído interno, ubicado detrás de la membrana timpánica (tímpano). El oído medio está formado por el tímpano, los osículos o huesecillos auditivos (martillo, yunque y estribo), el nervio facial y la trompa de Eustaquio. Al examinar el oído, el médico se fija en la cantidad de líquido en el espacio del oído medio detrás del tímpano.

Oncógeno—Gen vinculado al cáncer.

Optometrista—Doctor en optometría (no es doctor en medicina) capacitado para medir la agudeza visual (miopía, hipermetropía, astigmatismo), medir los campos visuales (horizontal y vertical), y recetar anteojos y lentes de contacto.

Other Health Impaired—Individuos con Otros Impedimentos de Salud. *Ver* OHI.

Otitis media—Inflamación del oído medio.

Otitis media secretora—Inflamación del oído medio, complicada por la presencia de líquido, y signos y síntomas de infección. También se le conoce como otitis serosa.

Otorrinolaringólogo—Especialista en oído, nariz y garganta.

Oxigenar—Proceso por el cual los tejidos absorben el oxígeno que suministra la sangre.

Óvulo—La célula reproductiva (sexual) femenina.

Parche—Un tratamiento para la ambliopía que consiste en cubrir el ojo dominante o nublarlo con gotas para obligar al ojo perezoso a fortalecerse.

Parte C de IDEA—Disposiciones en IDEA que ponen los servicios de intervención temprana al alcance del bebé con síndrome de Down y con otras discapacidades.

Párvulo—Niño entre las edades de uno y tres, aproximadamente.

Pediatra del desarrollo—Médico que se especializa en el desarrollo infantil.

Pérdida auditiva—Sordera. Disminución de la capacidad para oir sonidos de distintos tonos e intensidades.

Pérdida auditiva de conducción—Agudeza auditiva disminuida como resultado de interferencias en la transmisión del sonido en el oído medio (a menudo, por acumulación de líquido en el oído medio).

Pérdida auditiva neurosensorial—Trastorno de la audición como resultado de daño permanente al oído interno o al nervio auditivo (que transmite los impulsos del sonido al cerebro).

Periodontitis—Enfermedad de las encías y de los huesos que soportan los dientes.

Permanencia de los objetos—El entendimiento cognitivo de que los objetos existen aunque no se les pueda ver. El bebé que ha aprendido los juegos de aparecer y desaparecer demuestra que entiende la permanencia de los objetos.

Pes planus—Pies planos.

Piel manchada—Pigmentación variable de la piel cuya manifestación son manchas o placas.

Plan Individualizado de Servicios Familiares—Individualized Family Service Plan. *Ver* IFSP.

Planificación del patrimonio—Trámites formales con instrucciones por escrito para administrar las propiedades y activos de la persona a su fallecimiento.

Plantillas ortopédicas—Artefactos que se colocan dentro de los zapatos para estabilizar los tobillos y los pies. Debido a la hipotonía muscular y a las articulaciones hiperflexibles, podrían ayudar al niño con síndrome de Down. También se les llama ortosis.

Pliegues epicánticos—Pequeños pliegues de la piel en las comisuras de los ojos, que son frecuentes en el bebé con síndrome de Down.

Pliegue palmar transverso—Pliegue que atraviesa la palma de algunos niños con síndrome de Down; una de las características físicas que se emplea para identificar el síndrome de Down.

Postura—La manera como la persona se para o se sostiene.

Pragmática—Los usos sociales e interaccionales del lenguaje en situaciones de comunicación de la vida real. Las habilidades pragmáticas incluyen las habilidades verbales y no verbales (como las expresiones faciales, contacto visual, gestos, peticiones) y las habilidades para la conversación (como alternarse para hablar y no cambiar de tema).

Precursores—Comportamientos o destrezas anteriores al desarrollo de comportamientos o habilidades perfeccionados.

Presión en pinza—Uso del pulgar y el dedo índice para sujetar objetos pequeños.

Presión sanguínea—La presión que el flujo de la sangre ejerce sobre las arterias.

Procedimientos para la resolución de litigios—Los procedimientos establecidos por IDEA y los reglamentos para la resolución justa de los litigios legales referentes a la educación especial del niño.

Procesamiento sensorial—La capacidad de procesar sensaciones, como las sensaciones táctiles, auditivas, visuales, olfativas y móviles.

Programa Educativo Individualizado—Individualized Education Program. *Ver* IEP.

Propiedad conjunta—Bienes que los cónyuges comparten por igual; en caso de fallecimiento de uno de ellos, el sobreviviente automáticamente se convierte en propietario único.

Protección y Defensa de Derechos—*Ver* Protection & Advocacy (P & A).

Protection & Advocacy (P & A)—Protección y Defensa de Derechos. Sistema nacional que presta servicios legales a las familias del niño con discapacidades, incluido el síndrome de Down.

Prueba cuádruple—Análisis prenatal que mide los niveles de cuatro sustancias en la sangre materna para estimar la probabilidad de síndrome de Down o espina bífida.

Prueba triple—Combinación de pruebas exploratorias prenatales que se realiza para identificar marcadores genéticos del síndrome de Down.

Puente nasal—La estructura ósea entre los ojos en la parte superior de la nariz, usualmente aplanada en el bebé con síndrome de Down.

Pulmonía—Inflamación pulmonar debido a infección.

Quimioterapia—Tratamiento para la leucemia (y otras enfermedades) que consiste en emplear agentes químicos para destruir las células cancerosas.

Radioterapia—Un tratamiento para la leucemia y otros tipos de cáncer.

Reflejo de búsqueda—Acción instintiva del bebé cuando tiene hambre, que consiste en buscar el pezón materno o el chupón del biberón.

Refracción—Cambio de dirección de los rayos de luz. Referida a la visión, el lente ocular dobla el haz de luz de manera que se enfoque sobre un punto en la retina.

Refuerzo—Reaccionar ante un comportamiento para estimularlo. El refuerzo positivo implica añadir algo al entorno (por ejemplo, darle un pretzel al niño, elogiarlo, dejarlo usar la computadora por más tiempo) mientras el refuerzo negativo implica sustraer algo del entorno (por ejemplo, reducir el número de las tareas del niño).

Región crítica—La sección del cromosoma 21 que podría explicar la mayoría de las diferencias que causa el síndrome de Down.

Regresión—La pérdida de habilidades previamente adquiridas.

Reptar—La acción de usar los brazos y las piernas, con el abdomen tocando el suelo, para movilizar el cuerpo.

Resonancia nuclear magnética (RNM)—Magnetic resonance imaging (MRI). Procedimiento para obtener imágenes del interior del cuerpo que emplea electroimanes para magnetizar el cuerpo y registrar las ondas de frecuencia emitidas. También se le conoce como tomografía por emisión de positrones (TEP/PET Scan).

Retina—La estructura interna del ojo, formada por millones de células especializadas, que actúan como receptoras de luz.

Retraso en el desarrollo—Clasificación admitida por IDEA para justificar los servicios de educación especial del niño de 3 a 9 años de edad. Esta clasificación se puede aplicar al niño con retrasos en las habilidades físicas, cognitivas, comunicativas, sociales y/o de autoayuda.

Retraso mental—Término obsoleto, sinónimo de discapacidad intelectual. Aunque las personas con discapacidad intelectual y sus familias rechazan el término "retraso mental", en Estados Unidos algunas leyes federales y muchos sistemas escolares lo siguen empleando y es uno de los prerrequisitos para recibir los servicios bajo IDEA.

Riesgo compartido—Práctica de los aseguradores que consiste en reunir a las personas en grupos numerosos para diluir los riesgos.

Rotación (externa)—Desviación hacia afuera de los pies, piernas, caderas o manos, frecuente en el niño con síndrome de Down debido a su propensión a la hipotonía muscular e hiperflexibilidad en las articulaciones.

Seborrea del recién nacido—También se le llama costra de leche; sección de piel seca y áspera que se forma en el cuero cabelludo del recién nacido y que se descama gradualmente. Esta condición es normal en el bebé.

Sección 504 de la Ley de Rehabilitación—Ley federal que prohíbe la discriminación, basada en las discapacidades, en los programas financiados por el gobierno federal.

Secreciones del oído medio—Líquido que se acumula en el oído medio detrás del tímpano, generalmente como consecuencia de infecciones, alergias y/o disfunción de la trompa de Eustaquio. Interfiere con la audición y, si permanece sin tratar, puede causar pérdida auditiva.

Servicios afines—El transporte y otros servicios de desarrollo, correctivos o de apoyo, como la fisioterapia o la terapia ocupacional, que faciliten el cumplimiento del plan educativo general del niño. Bajo IDEA, estos servicios forman parte del programa de educación especial que el niño tiene derecho a recibir.

Sinapsis—El espacio microscópico entre cada célula nerviosa en el cerebro; las señales se desplazan cuando una célula libera sustancias químicas (neurotransmisores), cruzan la sinapsis, y producen una descarga eléctrica en la célula contigua.

Síndrome—Conjunto de signos y síntomas que tienden a ocurrir conjuntamente, y que reflejan la presencia o alta probabilidad de desarrollar una condición médica en particular.

Síndrome de Down—Trastorno genético frecuente en el que la persona nace con cuarenta y siete cromosomas en vez de cuarenta y seis. Produce retrasos del desarrollo, hipotonía muscular, rasgos físicos característicos y otros efectos.

Síndrome de Down en mosaico—*Ver* Mosaicismo.

Sintaxis—Las reglas que rigen el ordenamiento de las palabras de manera que formen frases y oraciones con sentido; gramática. La sintaxis de "él es alta" es incorrecta, mientras que la sintaxis de "él es alto" es correcta. También *ver* Morfología.

Sistema gastrointestinal—El estómago y los intestinos en la digestión de los alimentos.

SLD—Specific Learning Disability/Discapacidad Específica de Aprendizaje. Bajo IDEA, el término para discapacidades del aprendizaje.

Social Security Disability Insurance—Ingreso por Discapacidad del Seguro Social. *Ver* SSDI.

Sociedad padres-profesionales—Equipo formado por los padres y los maestros (o los profesionales médicos, profesionales de enfermería u otros) que trabajan en conjunto para facilitar el desarrollo del bebé y el niño con necesidades especiales.

Specific Learning Disability—Discapacidad Específica de Aprendizaje. *Ver* SLD.

SSDI—Social Security Disability Insurance/Ingreso por Discapacidad del Seguro Social. Sistema de seguros federal que le proporciona asistencia económica al individuo con discapacidades que cumpla con sus requisitos.

SSI—Supplemental Security Income/Ingreso Suplementario del Seguro Social. Programa federal de asistencia pública que le proporciona fondos al individuo con discapacidades que cumpla con sus requisitos.

Supplemental Security Income—Ingreso Suplementario del Seguro Social. *Ver* SSI.

Tabique—Pared de tejido cardíaco que divide las cámaras del corazón.

Tabla de gratificación—Cuadro para registrar la conducta del niño y que forma parte de un programa de modificación del comportamiento. El niño va acumulando puntos o estrellas para merecer premios.

Táctil—Relativo al sentido del tacto.

Técnica de bandeado G—En genética, técnica de teñido de los cromosomas con una solución especial para obtener cariotipos. El tinte produce un patrón de bandas claras y oscuras sobre los cromosomas que le permite al genetista identificar cada cromosoma y cualquier estructura anormal en su interior.

Técnica de Giemsa—*Ver* Técnica de bandeado G.

Terapeuta—Profesional especializado en ayudar al niño y al adulto a superar los efectos de los problemas del desarrollo, o a dominar habilidades.

Terapeuta ocupacional—Terapeuta que se especializa en mejorar el desarrollo de las habilidades motoras finas y de adaptación, como para usar utensilios, escribir, dibujar, cortar con tijeras, usar los cierres de ropa y atarse los cordones de los zapatos.

Terapeuta (patólogo) del habla-lenguaje—Terapeuta especializado en el diagnóstico y tratamiento de las dificultades con el habla y el lenguaje. También podría ayudar con las dificultades para comer.

Test estandarizado—Prueba que compara el rendimiento de un niño con el rendimiento de otros niños de la misma edad que hayan tomado la misma prueba.

Timpanometría—Prueba para medir el líquido detrás del tímpano o detectar obstrucciones en la trompa de Eustaquio.

Tiroides—Glándula en el cuello que secreta la hormona tiroidea e interviene en el control del metabolismo.

Tono muscular—El grado de elasticidad o tensión de los músculos en reposo. Puede ser muy bajo (hipotonía muscular) o muy alto (hipertonía muscular); ambos casos causan problemas en el desarrollo, sobre todo en las áreas motoras. La hipotonía muscular es frecuente en el niño con síndrome de Down.

Transdisciplinario—Referido a los servicios de intervención temprana, uno de los enfoques en grupo para proporcionar terapias, instrucción y apoyo a la famila. Consiste en que un equipo, formado por especialistas en diferentes disciplinas, colaboren para proporcionar los servicios necesarios consultándose entre ellos. Si fuera necesario, algunos de ellos hasta podrían proporcionar servicios que no correspondieran a su área de especialización.

Trasplante de médula ósea—Tratamiento para la leucemia que consiste en trasplantar médula ósea normal para reemplazar la médula ósea cancerosa.

Trisomía—La presencia de un tercer cromosoma adicional en las células (por lo común, cada célula contiene dos copias de cada cromosoma, no tres).

Trisomía 21 parcial—Variante poco frecuente del síndrome de Down que se caracteriza por la ausencia parcial de material genético en el cromosoma 21 adicional, con dos cromosomas 21 completos y sólo la porción de un tercero. Las características del síndrome de Down que se manifiesten dependerán de la porción del cromosoma 21 que esté presente.

Trisomía 21 por no disyunción—La variante más frecuente del síndrome de Down, resultado de la no separación del cromosoma número 21 en el óvulo (femenino) o en el espermatozoide (masculino) durante la meiosis.

Trisomía 21 por translocación—Variante poco frecuente del síndrome de Down que ocurre cuando parte del cromosoma 21 adicional se separa durante la meiosis y se une a otro cromosoma.

Trompa de Eustaquio—Tubo pequeño entre la parte media del oído y la parte posterior de la garganta que regula la presión de aire dentro del oído y drena las secreciones. Si se obstruye debido a infecciones o alergias, puede producir pérdida temporal de la audición.

Tubos de timpanostomía—También conocidos como tubos de miringotomía, tubos de ventilación y tubos de drenaje. Tubos diminutos que se introducen en el tímpano para drenar las secreciones en el oído medio, y para ventilarlo.

Valoración—Evaluación del progreso del desarrollo infantil que incluye la identificación de los puntos fuertes y débiles. Las valoraciones se emplean para diseñar los servicios educativos en las escuelas públicas.

Válvulas cardíacas—Tejido cardíaco que sella las cámaras del corazón durante las contracciones para forzar la circulación de la sangre en una sola dirección.

Vegetaciones—Acumulación de tejido linfoideo en la parte posterior de la nariz y la cavidad nasal.

Ventrículos—Las cámaras inferiores del corazón.

Vértebras—Los huesos de la columna vertebral.

Vestibular—Relativo al sistema sensorial ubicado en el oído medio; permite mantener el equilibrio y disfrutar de los movimientos como columpiarse o dar vueltas.

Vocabulario receptivo—Las palabras que el niño puede entender.

Zigoto—La célula resultante de la fertilización del óvulo por el espermatozoide; cuando se empieza a dividir y multiplicar, se transforma en embrión.

Lista de Lectura

Esta Lista de Lectura ha sido especialmente diseñada para padres de bebés y niños con síndrome de Down. Las publicaciones, artículos en la Internet y DVD se dirigen expresamente a los padres o emplean lenguaje claro, comprensible y respetuoso. Hemos tratado de organizar esta lista de acuerdo a los temas en cada capítulo, pero el material de algunas de las obras cubre varios temas.

No pretendemos afirmar que ésta sea una lista completa. Puede encontrar más material de gran utilidad comunicándose con algunas de las organizaciones que se mencionan en la Guía de Recursos, explorando la Internet o solicitando recomendaciones a maestros, bibliotecarios y otros padres.

■ Prólogo: Libros por autores con síndrome de Down

Burke, Chris y McDaniel, Jo Beth. **A Special Kind of Hero**. Lincoln, NE: Backinprint. com, 2001.

Chris Burke, el primer actor con síndrome de Down en protagonizar una serie de televisión (*Life Goes On/Corky: La fuerza del cariño*), colaboró con tres capítulos de esta combinación de autobiografía con biografía que relata su vida y ambiciones, mientras que su coautora proporcionó la información de fondo.

Josephson, Gretchen. **Bus Girl**. Cambridge, MA: Brookline Books, 1997.

Gretchen Josephson, autora con síndrome de Down, escribió los poemas de esta colección en el transcurso de 25 años, desde su adolescencia hasta algo pasados los cuarenta años de edad. Algunos poemas son autobiográficos, mientras otros tratan temas universales como el amor, la naturaleza y la muerte.

Kingsley, Jason y Levitz, Mitchell. **Count Us In: Growing Up with Down Syndrome.** 2nd ed. New York, NY: Harvest Books, 2007.

En esta singular obra, Jason Kingsley y Mitchell Levitz, destacadas personas con síndrome de Down, nos relatan la historia de sus vidas y comparten sus sueños para el futuro. Kingsley y Levitz analizan una diversidad de asuntos que influyen en sus vidas, como la percepción de sociedad acerca de las personas con síndrome de Down, la política, la independencia y las relaciones personales. La versión original de este libro se publicó cuando los autores tenían 19 y 22 años, respectivamente, y fue actualizada unos quince años después.

▪▪ Capítulo 1: El síndrome de Down

Batshaw, Mark L., Pelligrino, Louis, y Roizen, Nancy, eds. **Children with Disabilities**. 6th ed. Baltimore: Brookes Publishing Co., 2007.

Libro de referencia general con capítulos sobre genética, el cerebro, el síndrome de Down, los retrasos en el desarrollo y la discapacidad intelectual, el síndrome de Down y la intervención temprana. Su precio es alto, pero su biblioteca podría tenerlo.

"Brain Basics: Know Your Brain." Bethesda, MD: National Institute of Neurological Disorders and Stroke, 2007.
www.ninds.nih.gov/disorders/brain_basics/know_your_brain.htm

Contiene explicaciones concisas sobre algunas partes y funciones del cerebro. Puede obtener este folleto descargándolo gratuitamente de la Internet o llamando al 800-352-9424 para solicitarlo (NIH Publication No. 01-3440a).

Centre for Genetics Education. **"Fact Sheets."** Sydney, NSW: Royal North Shore Hospital. www.genetics.com.au.

Útiles hojas de datos que pueden descargarse gratuitamente de la Internet. Incluye temas como: "Genes and Chromosomes" (genes y cromosomas); "Mosaicism" (mosaicismo); "Prenatal Testing" (pruebas prenatales); "Some Ethical Issues in Human Genetics" (algunas consideraciones éticas en la génetica humana).

Leshin, Len. **"Prenatal Screening for Down Syndrome."**
www.ds-health.com/prental.htm.

Examina las pruebas prenatales disponibles para detectar el síndrome de Down, sus riesgos y la interpretación de sus resultados.

National Institutes of Health. **"Research Plan on Down Syndrome."** Bethesda, MD: 2007.
www.nichd.nih.gov/publications/pubs/upload/NIH_Downsyndrome_plan.pdf

Este documento cubre en detalle los objetivos a corto, mediano y largo plazo de los organismos federales que están colaborando en un plan de investigación por diez años con el objetivo de entender mejor el síndrome de Down y acelerar el desarrollo de nuevos tratamientos.

National Library of Medicine. **"Genetics Home Reference: Your Guide to Understanding Genetic Conditions."** Bethesda, MD: NLM. http://ghr.nlm.nih.gov.

Contiene información de fácil lectura sobre temas como "Cells and DNA" (las células y el ADN); "How Genes Work" (cómo funcionan los genes); and "Genomic Research" (investigaciones sobre genomas).

Pueschel, Siegfried. **A Parent's Guide to Down Syndrome: Toward a Brighter Future.** 2ⁿᵈ edition. Baltimore: Paul Brookes Publishing Co., 2000.

Panorama de la crianza del niño con síndrome de Down, de recién nacido a adulto joven. Cada capítulo ha sido escrito por especialistas y contienen sugerencias para optimizar el desarrollo.

Schermerhorn, Will. **Down Syndrome: The First 18 Months.** Blueberry Shoes Productions, 2004.

Will Schermerhorn, padre de un niño con síndrome de Down, produjo este DVD para presentarle a otros padres una perspectiva positiva de los aspectos cruciales que surgen con el nacimiento de un bebé con esta condición. El DVD combina entrevistas a profesionales, así como cortometrajes de padres con sus bebés y niños con síndrome de Down, con el propósito de examinar las dudas más frecuentes relacionadas con el diagnóstico, la salud, la alimentación y la nutrición, las terapias y las expectativas.

Understanding Genetics: A Guide for Parents and Health Professionals. Washington, DC: Alliance of Genetic Support Groups, sin fecha.

Utilizando un lenguaje sencillo, este manual con ilustraciones cubre conceptos básicos de genética y pruebas genéticas. Se puede descargar gratuitamente de la Internet visitando www.geneticalliance.org (hacer clic en "Publications").

WikiGenetics
www.wikigenetics.org

Enciclopedia colaborativa de genética humana con sede en la Internet. Incluye explicaciones sencillas de temas como los cromosomas y los genes, las pruebas genéticas, la asesoría genética y el genoma humano.

Wilson, Pamela. **"Welcoming Babies with Down Syndrome."**
www.bellaonline.com/articles/art32534.asp (en inglés)
www.bellaonline.com/articles/art32537.asp (en español)
www.bellaonline.com/articles/art32538.asp (en francés)

Escrito por Pam Wilson, madre de un joven con síndrome de Down y directora de BellaOnline's Special Needs Children, este útil artículo es un resumen bueno y conciso sobre las alegrías y los desafíos relacionados con la crianza del bebé con síndrome de Down. Puede ser enviado por correo electrónico a aquellos parientes y amigos que requieran información sobre los asuntos principales que ustedes están enfrentando. En BellaOnline puede también obtener muchos otros artículos, igual de útiles y optimistas, visitando los enlaces al final de la página.

:: Capítulo 2: La noticia

Nota: Los recursos de especial interés para aquellos padres que han recibido un diagnóstico prenatal de síndrome de Down están marcados con *****.

Assimotos-McElwee, Sandra. **"What to Say."** http://leeworks.net/DDS/speech.html.

La autora, madre de un niño con síndrome de Down, ofrece consejos (desde una perspectiva cristiana) a amigos y familiares sobre lo que se debe decir, y no decir, a los padres de un recién nacido con síndrome de Down.

*Beck, Martha. **Expecting Adam: A True Story of Birth, Rebirth, and Everyday Magic.** New York, NY: Berkley, 2000.

En esta crónica autobiográfica la autora, destacada periodista y escritora, relata sus experiencias después de recibir la noticia del diagnóstico prenatal de síndrome de Down de su bebé. Durante su embarazo se vio obligada a cuestionar sus ideas de vincular inextricablemente la valía de la persona a sus capacidades intelectuales, y llegó a concluir que el hijo que llevaba en su vientre era el destinado para ella. Ciertas premoniciones y otros acontecimientos sobrenaturales durante su embarazo precipitaron, en parte, este cambio en su manera de pensar.

Beckham, Beverly. **"Columns."** www.grandparents.com.

Haga clic en "Columns", luego en "Beverly Beckham", y descubrirá algunos excelentes ensayos sobre lo que significa ser la abuela de una nietecita con síndrome de Down. Da la casualidad que la autora, además de abuela engreidora, es distinguida redactora del *Boston Globe*.

Berube, Michael. *Life As We Know It: A Father, a Family, and an Exceptional Child.* New York, NY: Vintage Books, 2006.

El autor, profesor universitario, cuenta la historia de los primeros cuatro años de su hijo con síndrome de Down entremezclando interesantes escenas familiares e instantáneas del desarrollo de su hijito con extensos pasajes que contienen sus reflexiones sobre la eugenesia, el aborto, y la manera como la sociedad trata a las personas con discapacidades.

Featherstone, Helen. **A Difference in the Family: Living with a Disabled Child.** New York, NY: Penguin Books, 1980.

Obra clásica donde la autora, madre de un niño con varias discapacidades, presenta una perspectiva compasiva de las emociones, propias y ajenas, relacionadas con la crianza del niño con discapacidades. Si bien el idioma de las discapacidades ha evolucionado mucho en los últimos años, muchas de las observaciones y vivencias de la autora no han perdido actualidad.

Gill, Barbara. **Changed by a Child: Companion Notes for Parents of a Child with a Disability.** New York, NY: Doubleday, 1997.

Este libro contiene meditaciones muy breves sobre temas que preocupan a muchos padres del niño con discapacidades, como Culpa, Etiquetas, Pérdida del Autocontrol, Pena Recurrente y Bromas. Algunas meditaciones terminan con una resolución ("Hoy voy a...."), pero la mayoría simplemente es material para reflexión de carácter provocativo y empático.

Groneburg, Jennifer Graf. **Road Map to Holland: How I Found My Way through My Son's First Two Years with Down Syndrome.** New York, NY: New American Library, 2008.

Cuando uno de los hijos mellizos de la autora nació con síndrome de Down, se echó la culpa por haber malogrado la vida idílica que, junto con su esposo, se había construido a las orillas de un lago en Montana. Este libro es la crónica del camino lento que la autora recorrió para aceptar sus sentimientos y los de los demás, perdonarse a sí misma, y encariñarse y aceptar a su hijo.

Kidder, Cynthia S. and Skotko, Brian. **Common Threads: Celebrating Life with Down Syndrome.** Rochester Hills, MI: Band of Angels Press, 2001.

Bello libro con minibiografías y fotografías de casi 60 niños y jóvenes con síndrome de Down. Algunos son individuos destacados y reconocidos en el área del síndrome de Down; los demás no serán tan famosos, pero su vida es interesante de todas maneras.

Klein, Stanley & Schive, Kim. **You Will Dream New Dreams: Inspiring Personal Stories by Parents of Children with Disabilities.** New York: Kensington, 2006.

Colección de ensayos por padres de niños con todo tipo de necesidades especiales, incluido el síndrome de Down. Los autores tienen hijos de todas las edades con todo tipo de diagnósticos.

✳ **"Light at the End of the Tunnel: Reflections from Parents Whose Child with Down Syndrome was Diagnosed before Birth."** www.dsaoc.org/programs/tunnelEnglish.pdf

Folleto en la Internet que contiene ilustraciones, reflexiones, consejos y palabras de ánimo de padres que recibieron diagnóstico prenatal de síndrome de Down.

Meyer, Donald. **Uncommon Fathers: Reflections on Raising a Child with a Disability.** Bethesda, MD: Woodbine House, 1995.

Colección de conmovedores ensayos escritos por padres de niños, adolescentes y jóvenes con una diversidad de discapacidades, incluido el síndrome de Down.

✳ Soper, Kathryn Lynn, ed. **Gifts: Mothers Reflect on How Children with Down Syndrome Enrich Their Lives.** Bethesda, MD: Woodbine House, 2007.

Esta es una colección de cautivadores y edificantes ensayos, desde el punto de vista de más de 60 madres de bebés con síndrome de Down, sobre los beneficios intangibles que obtuvieron de la crianza de sus bebés. Muchas de ellas se enteraron del diagnóstico de síndrome de Down durante su embarazo, y exponen de manera franca los pensamientos y las emociones anteriores a la decision de tener a su bebé. Algunas relatan el trauma de recibir la noticia del síndrome de Down recién al nacimiento de su bebé; otras, su decisión para adoptar un niño con síndrome de Down; y, las demás, algún otro aspecto del camino con su niño.

✳Zuckoff, Mitchell. **Choosing Naia: A Family's Journey.** Boston: Beacon Press, 2003.

El diagnóstico de síndrome de Down de Naia se confirmó mediante pruebas prenatales. Este libro relata cómo sus padres manejaron el diagnóstico, cómo llegaron a la decisión de continuar con el embarazo, y cómo se esforzaron por ofrecerle a su hija la ayuda médica y terapéutica que le permitiera realizar su potencial. Periodista de profesión, la autora entremezcla la historia de su familia con información sobre las pruebas prenatales, con antecedentes informativos y descripciones sobre el trato que históricamente han recibido las personas con discapacidades, y con otra información básica.

▮▮ Capítulo 3: Complicaciones médicas en el bebé con síndrome de Down

Down Syndrome: Health Issues: News and Information for Parents and Professionals
www.ds-health.com

El doctor Len Leshin, el autor del Capítulo 3, mantiene esta página web que es una mina de oro de información sobre el síndrome de Down en general, así como de asuntos médicos y de salud en particular. Incluye artículos del Dr. Leshin sobre problemas y controversias que se presentan con frecuencia en el área de la salud; artículos de otros especialistas; abstractos de investigaciones de interés para los padres; y enlaces a clínicas de síndrome de Down, grupos de apoyo, blogs y muchos recursos más.

Freeman, John, Vining, Eileen, and Pillas, Diana. **Seizures and Epilepsy in Children: A Guide.** Baltimore: Johns Hopkins Press, 2002.

Guía para padres sobre los tipos de convulsión, su diagnóstico y tratamiento, incluidos medicamentos, la dieta quetogénica y alternativas quirúrgicas.

"Health Care Guidelines for Individuals with Down Syndrome." (Sept. 1999). Down Syndrome Quarterly Vol. 4, No. 3. Available online at: www.ds-health.com/health99.htm

Estas pautas, recopiladas por profesionales médicos con experiencia en el cuidado de personas con síndrome de Down, ofrecen una visión general de las preocupaciones relacionadas con la salud y el desarrollo, pruebas médicas recomendadas, la nutrición, y mucho más. Las pautas han sido clasificadas por edad, de recién nacido hasta adulto. Es un recurso esencial que usted podría mostrarle al pediatra con poca experiencia en el tratamiento de pacientes con síndrome de Down.

Korn, Dana. **Kids with Celiac Disease: A Family Guide to Raising Happy, Healthy, Gluten-Free Children.** Bethesda, MD: Woodbine House, 2001.

Dirigida a padres de niños con diagnóstico de enfermedad celíaca, esta guía ofrece consejos útiles sobre cómo manejar la dieta del niño y cómo evitar, en casa y fuera de casa, los alimentos que contienen gluten.

Kramer, Gerri and Mauer, Shari. **The Parent's Guide to Congenital Heart Defects: What They Are, How to Treat Them, How to Cope with Them.** New York, NY: Three Rivers Press, 2001.

Escrita por dos madres de niños con defectos cardíacos congénitos, esta guía cubre los tipos y las causas de los defectos cardíacos infantiles más frecuentes, su diagnóstico, tratamiento, recuperación y la vida después de la cirugía. Incluye respuestas de médicos a las preguntas más frecuentes de los padres.

National Center of Medical Home Initiatives. **Build Your Own Care Notebook.** www.medicalhomeinfo.org/toos/care_notebook.html.

Esta página web le permite descargar cuadernos con formularios para anotar los datos médicos de su niño (o le permite llenar e imprimir los datos en línea). Contiene varios tipos de cuadernos, incluido uno en español y otro para padres de niños con necesidades especiales. Utilice los formularios para anotar datos como la talla y el peso de su niño, inmunizaciones, hospitalizaciones, terapias, información de seguros, patrones de alimentación y sueño, etc.

Neill, Catherine, Clark, Edward, and Clark, Carleen. **The Heart of a Child: What Families Need to Know about Heart Disorders in Children.** Baltimore: Johns Hopkins University Press, 2001.

Guía general de fácil lectura escrita por dos médicos y una enfermera. Incluye un capítulo sobre niños con discapacidades múltiples, que contiene una lista de los síndromes que con frecuencia vienen acompañados de defectos cardíacos, y un análisis de los factores que deben considerarse en la planificación del tratamiento y el cuidado a largo plazo.

Shelov, Steven, ed. **Caring for Your Baby and Young Child: Birth to Age 5.** New York: Bantam Books, 2004.

Guía general de la American Academy of Pediatrics para nuevos padres, que cubre muchos temas sobre la crianza y la salud infantil. Le será de utilidad para obtener información sobre algún síntoma en particular o para saber cuándo llamar al médico. También proporciona información y consejos sobre la alimentación, el cuidado del bebé, el comportamiento y el desarrollo infantil.

■■ Capítulo 4: El cuidado diario de su bebé

Anderson, Stephen et al. **Self-Help Skills for People with Autism: A Systematic Teaching Approach.** Bethesda, MD: Woodbine House, 2007.

Aunque su título es "habilidades de autoayuda para las personas con autismo", sus consejos pueden aplicarse a cualquier niño con retrasos en el aprendizaje. Los autores presentan un método sistemático para ayudar al niño a dominar las destrezas de comer, vestirse, usar el inodoro y asearse.

Baker, Bruce L. **Steps to Independence: Teaching Everyday Skills to Children with Special Needs.** 4th ed. Baltimore: Brookes Publishing Co., 2003.

Además de consejos para el manejo del comportamiento, este libro explica paso a paso cómo enseñarle al niño a usar el inodoro, vestirse y alimentarse. Incluye cuadros para el seguimiento y la evaluación del progreso.

Coucouvanis, Judith. **The Potty Journey: Guide to Toilet Training Children with Special Needs, Including Autism and Related Disorders.** Shawnee Mission, KS: Autism Asperger Publishing Company, 2008.

Guía que promueve un enfoque calmado para la enseñanza de la higiene del niño con retrasos en el lenguaje y problemas sensoriales. Los autores explican en detalle cómo reconocer si el niño está listo para aprender, cómo presentarle progresivamente la silla con bacinica, y cómo lograr que el proceso sea gratificante.

Durand, V. Mark. **Sleep Better! A Guide to Improving Sleep for Children with Special Needs.** Baltimore: Brookes Publishing Co., 1998.

Guía que explica cómo ayudar al niño con discapacidades a dormirse y quedarse dormido. Además, trata temas como problemas con las fases del sueño, pesadillas, enuresis nocturna (orinarse en la cama) y apnea. Contiene recomendaciones de métodos y medicamentos eficaces.

Faull, Jan. **Mommy! I Have to Go Potty!** Parenting Press, 1996.

Este libro presenta un enfoque progresivo para enseñarle al niño a usar el inodoro. Incluye información para reconocer si su niño está listo para aprender, consejos para convencerlo a participar en esta nueva rutina, recomendaciones para evitar las luchas de poder, el uso de recompensas y el manejo de los reveses.

Huggins, Kathleen. **The Nursing Mother's Companion.** Revised ed. Boston: Harvard Common Press, 2005.

Enfoque directo sobre cómo resolver los problemas de amamantamiento del bebé desde recién nacido hasta los dos años de edad. Dedica un capítulo al bebé con necesidades especiales.

"Is it Possible to Breastfeed My Baby Who Was Born with Down Syndrome?" Schaumberg, IL: La Leche League. www.lalecheleague.org/FAQ/down.html

Hoja de datos disponible en la Internet con consejos básicos sobre las posturas más eficientes para el amamantamiento del bebé con síndrome de Down. Incluye enlaces para información adicional.

KidsHealth

www.kidshealth.com

Sitio web para padres, que contiene una diversidad de artículos de fácil lectura sobre temas como la crianza infantil positiva, los ejercicios y la salud, las emociones y el comportamiento, la seguridad y los primeros auxilios, y los problemas médicos. La información está disponible en inglés y en español

Medlen, Joan Guthrie. **The Down Syndrome Nutrition Handbook: A Guide to Promoting Healthy Lifestyles.** Portland, OR: Phronesis Publishing, 2005.

Guía general de alimentación y nutrición para las personas con síndrome de Down, desde recién nacidos hasta adultos. Dirigida a padres de bebés y niños pequeños, contiene información útil sobre la lactancia materna o con fórmula, la presentación de alimentos de diferentes consistencias, pautas para que el niño aprenda a seleccionar sus alimentos, ideas para que la hora de comer sea placentera y maneras de lograr una nutrición adecuada.

Murphy, Jana. **The Secret Lives of Toddlers: A Parent's Guide to the Wonderful, Terrible, Fascinating Behavior of Children Ages 1 to 3.** New York, NY: Berkley, 2004.

¿Por qué le gusta al niño de 1 a 3 años de edad leer los mismos libros una y otra vez? ¿Por qué escupe la comida? ¿Por qué tiene que despertarse tan temprano? Si usted se ha estado haciendo este tipo de preguntas, este es el libro que necesita. Explica las razones de fondo de los típicos comportamientos en esa edad, explica cuándo pasarlos por alto o incluso incentivarlos, y cuándo y cómo desalentarlos.

Myrelid, A., Gustafsson, J., Ollars, B., and Anneren, G. (2002). **"Growth Charts for Down's syndrome from Birth to 18 years of Age."** Archives of Disease in Childhood. Vol. 87, No. 2 (2002), pp. 97-103.

Los autores recolectaron datos para producir cuadros de crecimiento específicos a los niños con síndrome de Down en Suecia. Puede ver el artículo y los cuadros en la Intenet en http://www.pubmedcentral.nih.gov/articlerender.fcgi?artid=1719180

Satter, Ellyn. **Child of Mine: Feeding with Love and Good Sense.** 3rd ed. Palo Alto, CA: Bull Publishing, 2000.

Escrito por una nutricionista, este libro ofrece consejos sobre la dieta y la nutrición del niño desde recién nacido hasta los cinco años. La autora explica los roles de los padres y del niño en el proceso de la alimentación. Además, presenta información básica sobre la lactancia materna, la lactancia con fórmula y la presentación de alimentos sólidos.

Styles, M., Cole, T., Dennis, J., and Preece, M. **"New Cross Sectional Stature, Weight, and Head Circumference References for Down's Syndrome in the UK and Republic of Ireland."** Archives of Disease in Childhood. Vol. 87, No. 2 (2002), pp. 104-108.

Los autores recolectaron datos para producir cuadros de crecimiento específicos a los niños con síndrome de Down en el Reino Unido. Puede ver el artículo y los cuadros en la Intenet en www.pubmedcentral.nih.gov/articlerender.fcgi?artid=1719181.

Wolraich, Mark and Tippins, Sherill (ed). **American Academy of Pediatrics Guide to Toilet Training.** New York: Bantam Books, 2003.

Este libro cubre todos los problemas típicos que surgen al aprender a usar el inodoro, incluidos cómo reconocer si el niño está listo para aprender y cómo manejar los reveses. Dedica un capítulo a los niños con necesidades especiales y a los niños mayores.

▪▪ Capítulo 5: La familia y su bebé

Nota: Al final de la Lista de Lectura se ha incluido una sección de libros apropiados para los hermanos y para el niño con síndrome de Down.

Fawcett, Heather and Baskin, Amy. **More Than a Mom: Living a Full and Balanced Life When Your Child Has Special Needs.** Bethesda, MD: Woodbine House, 2006.

More Than a Mom explora cómo la mujer puede tener una vida rica y plena aun con un niño que requiere más atención y tiempo que lo usual. Algunos de los temas que se cubren son: el empleo y la maternidad, la salud física y emocional, los cuidadores especializados, y los intereses y las metas personales.

Glasberg, Beth. **Functional Behavior Assessments for People with Autism: Making Sense of Seemingly Senseless Behavior.** Bethesda, MD: Woodbine House, 2006.

Aunque este libro se centra en el niño autista, también puede serles útil a los padres de niños con otras discapacidades, incluido el síndrome de Down. En este libro se delinea sistemáticamente un procedimiento que consiste en precisar las causas del comportamiento indeseado como el primer paso para modificarlo. Se recomienda de manera especial a las familias de niños que aún no hablan o que tienen dificultad para expresar sus sentimientos.

Marshak, Laura and Prezant, Fran. **Married with (Special-Needs) Children: A Couples' Guide to Keeping Connected.** Bethesda, MD: Woodbine House, 2006.

Basada en entrevistas a cientos de padres de niños con necesidades especiales o con problemas médicos de consideración, el propósito de esta guía es ayudar a los padres a fortalecer su matrimonio o a decidir si vale la pena mantenerlo. Algunos de los temas que se tratan son: el matrimonio y el romance, la comunicación, y la detección de posibles problemas maritales.

Meyer, Don. **The Sibling Slam Book: What It's Really Like to Have a Brother or Sister with Special Needs.** Bethesda, MD: Woodbine House, 2005.

Este libro está dirigido a los hermanos adolescentes del niño con necesidades especiales. Ochentiún jóvenes, muchos con un hermano o hermana con síndrome de Down, responden a preguntas relacionadas con ellos y el hermano, como: "¿Te frustra a veces tu hermano?", "¿Qué le espera a tu hermano en el futuro?", "¿Cómo le explicas a tus amigos la discapacidad de tu hermano?". La lectura de estas opiniones puede ayudar a los padres a entender los puntos de vista y las necesidades de sus otros hijos.

Pantley, Elizabeth. **The No-Cry Discipline Solution: Gentle Ways to Encourage Good Behavior without Whining, Tantrums & Tears.** New York, NY: McGraw-Hill, 2007.

Guía para manejar el comportamiento del niño de dos a ocho años, que enfatiza la disciplina como medio de enseñanza. El autor ofrece consejos específicos para muchos problemas frecuentes como morder o no querer salir de la tina. También le da a los padres sugerencias para mantener la calma.

Phelan, Thomas. **1-2-3 Magic: Effective Discipline for Children 2-12.** 3rd ed. Glen Ellyn, IL: Parentmagic, 2003.

El autor describe un método de disciplina bastante útil para manejar el comportamiento del niño con trastornos de déficit de la atención, pero que también da buenos resultados en niños con otras discapacidades.

Smith, Karen, and Gouze, Karen. **The Sensory-Sensitive Child: Practical Solutions for Out-of-Bounds Behavior.** New York, NY: Harper Collins, 2004.

Este libro explica cómo las sensibilidades sensoriales pueden contribuir a alterar la conducta y, además, presenta el punto de vista del niño. Ofrece soluciones (incluida la terapia ocupacional) para manejar y prevenir los comportamientos relacionados con los problemas sensoriales.

Strohm, Kate. **Being the Other One: Growing Up with a Brother or Sister Who Has Special Needs.** Boston: Shambhala Publications, 2005.

La autora, que tiene una hermana con parálisis cerebral, basó su libro en entrevistas a hermanos y hermanas de personas con discapacidades, incluido el síndrome de Down. Contiene información sobre los efectos de tener un hermano con discapacidades, así como consejos para los padres y los hermanos adultos sobre cómo manejar sus emociones.

:: Capítulo 6: El desarrollo del bebé con síndrome de Down

Acredolo, Linda and Goodwyn, Susan. **Baby Signs.** New York, NY: McGraw-Hill, 2002.

Los autores están convencidos en enseñarle el lenguaje por señas a todos los bebés que todavía no hablan a fin de disminuir su frustración. El libro explica las ventajas del lenguaje por señas en bebés con audición normal y contiene ilustraciones de unas 50 señas útiles.

Beyer, Monica. **Baby Talk: A Guide to Using Basic Sign Language to Communicate with Your Baby.** New York, NY: Jeremy Tarcher, 2006.

Otra popular guía para padres sobre cómo usar el lenguaje por señas para comunicarse con el bebé de audición normal que todavía no habla.

Bruni, Maryanne. **Fine Motor Skills for Children with Down Syndrome: A Guide for Parents and Professionals.** 2nd edition. Bethesda, MD: Woodbine House, 2006.

Maryanne Bruni es terapeuta ocupacional que se especializa en el diagnóstico y tratamiento de los retrasos motores finos en el niño con síndrome de Down y otras discapacidades. En esta guía para padres explica por qué el síndrome de Down puede afectar al desarrollo de las habilidades como señalar, agarrar, comer con los dedos, usar utensilios y tijeras, y escribir. Además, incluye sugerencias de actividades que las familias pueden hacer en el hogar para mejorar el control motor fino de los niños desde recién nacidos hasta adolescentes.

Couwenhoven, Terri. **Teaching Children with Down Syndrome about Their Bodies, Boundaries, and Sexuality: A Guide for Parents and Professionals.** Bethesda, MD: Woodbine House, 2007.

Terri Couwenhoven, educadora de la sexualidad que tiene un hijo con síndrome de Down, lo convencerá de que nunca es muy pronto para empezar a enseñarle al niño con síndrome de Down acerca de su cuerpo, los límites apropiados y la sexualidad. De pequeño, es importante que el niño aprenda a dejar saber cuándo quiere que se le toque, y cuándo no; a respetar el espacio personal y la privacidad; a expresar afecto adecuadamente; y a identificar y expresar las emociones. Al final de la niñez, es importante enseñarle sobre los cambios físicos y emocionales de la pubertud, las relaciones personales y otros asuntos propios de la adolescencia.

Development in Practice DVDs. Puede pedir estos DVD producidos por Down Syndrome Education International visitando su sitio web: www.downsed.org/practice.
- *Development in Practice - Activities for Babies with Down Syndrome:* DVD que enseña actividades prácticas para promover el desarrollo del bebé con síndrome de Down.
- *Development in Practice - Speech and Language Activities for Preschool Children with Down syndrome:* Película que explora actividades prácticas para promover la comunicación, el habla y el lenguaje del niño con síndrome de Down en edad preescolar.

Developmental Journal for Babies and Children with Down Syndrome. Obténgalo de www.earlysupport.org.uk.
    Diario especialmente diseñado para los padres del niño con síndrome de Down que permite registrar su progreso, anotar sus áreas débiles y celebrar sus logros. Fue desarrollado para el programa Early Support del Reino Unido por un grupo de expertos del Down Syndrome Education International. El diario se puede descargar gratuitamente, cortesía del gobierno del Reino Unido (en el Reino Unido se pueden solicitar copias impresas). Para hacerlo, haga clic en "Materials" y, luego, en "Developmental Journals".

Down Syndrome Issues and Information. Down Syndrome Education International (Portsmouth, UK) publica una serie de libros que pueden solicitarse en la Internet visitando www.downsed.org. A continuación sigue una lista de los libros que más podrían interesarle a los padres de bebés y niños pequeños:
- Buckley, S. (2000). Living with Down Syndrome.
- Buckley, S. & Sacks, B. (2001). An Overview of the Development of Infants with Down syndrome (0-5 años).
- Buckley, S. & Bird, G. (2001). Speech and Language Development for Infants with Down Syndrome (0-5 años).
- Bird, G. & Buckley, S. (2001). Reading and Writing for Infants with Down Syndrome (0-5 años).
- Bird, G. & Buckley, S. (2001). Number Skills Development for Children with Down Syndrome (0-5 años).
- Sacks, B. & Buckley, S. (2008). Motor Skills Development for Infants with Down Syndrome (0-5 años).
- Buckley, S., & Bird, G. (2008). Social Development for Infants with Down Syndrome (0-5 años).
- Bird, G., Buckley, S.J. & Sacks, B. (en preparación, otoño 2008). Strategies for Changing Behaviour and Developing Social Skills.

▪ Sacks, B. & Buckley, S.J. (en imprenta—otoño 2008). An Overview of Less Typical Development in Down syndrome.

▪ Buckley, S. & Bird, G. (2000). Education for Individuals with Down Syndrome—An Overview.

Healy, Jane. **Your Child's Growing Mind: Brain Development and Learning from Birth to Adolescence.** 3rd ed. New York: Broadway, 2004.

Este libro presenta una fascinante descripción del desarrollo de las habilidades de cognición del niño. Aunque está centrado en el desarrollo típico, entender la secuencia del desarrollo, la interdependencia de las habilidades y las diferencias en los estilos de aprendizaje puede serle de utilidad a todo padre que desee apoyar el desarrollo de su hijo.

Kranowitz, Carol S. **The Out of Sync Child: Recognizing and Coping with Sensory Processing Disorder.** Revised edition. New York: Perigee, 2006.

Excelente panorama del supuesto funcionamiento del procesamiento sensorial infantil, y de las posibles manifestaciones de las dificultades en el procesamiento sensorial. Incluye sugerencias para manejar los problemas sensoriales que afectan a las actividades cotidianas.

Kumin, Libby. **Early Communication Skills for Children with Down Syndrome: A Guide for Parents and Professionals.** Bethesda, MD: Woodbine House, 2003.

Libby Kumin es patóloga del habla/lenguaje que se especializa en la interpretación y tratamiento de los problemas de comunicación del niño con síndrome de Down. Esta práctica guía general se centra en problemas de la comunicación que el niño con síndrome de Down tiene desde recién nacido hasta los cinco o seis años (o hasta que emplee frases de dos a tres palabras). Incluye información sobre las dificultades típicas en el aprendizaje de la comunicación, los motivos de los retrasos y las dificultades, la colaboración con el terapeuta del habla/lenguaje, y muchas actividades y juegos para la casa para enseñar y reforzar las habilidades del habla y el lenguaje.

Schermerhorn, Will. **Discovery: Pathways to Better Speech for Children with Down Syndrome.** Blueberry Shoes Productions, 2005.

Producido por el padre de un niño con síndrome de Down, este DVD analiza los principales problemas que influyen en el desarrollo del habla del niño con síndrome de Down desde recién nacido hasta los 7 años. Mediante entrevistas a expertos como Libby Kumin y Sue Buckley, y conmovedores cortometrajes de niños con síndrome de Down comunicándose, este DVD ofrece un panorama de los problemas con la audición, las maneras como los padres y los terapeutas pueden promover el habla y aumentar el vocabulario, y la conexión entre la lectura y el habla.

Schwartz, Sue. **The New Language of Toys: Teaching Communication Skills to Children with Special Needs, a Guide for Parents and Teachers.** 3rd ed. Bethesda, MD: Woodbine House, 2004.

Guía clásica para padres que describe cómo usar los juegos y los juguetes (comerciales y caseros) para incentivar el desarrollo del habla y lenguaje de su niño.

Winders, Patricia. **Gross Motor Skills in Children with Down Syndrome.**
Bethesda, MD: Woodbine House, 1997.

Patricia Winders es fisioterapeuta con más de veinte años de experiencia
en el tratamiento de niños con síndrome de Down. En este libro, que contiene
útiles ilustraciones, comparte sus conocimientos enciclopédicos para mejorar
las habilidades motoras gruesas del niño con síndrome de Down, como sentarse,
gatear, pararse, caminar y saltar. Este libro es apropiado para padres de niños de
recién nacidos a cinco u ocho años de edad, dependiendo de las habilidades motoras
gruesas del niño.

■■ Capítulo 7: La intervención temprana

Anderson, Winifred, Chitwood, Stephen, Hayden, Deirdre, and Takemoto, Cherie.
Negotiating the Special Education Maze: A Guide for Parents and Teachers.
4th ed. Bethesda, MD: Woodbine House, 2008.

Este práctico manual, con un capítulo dedicado a la intervención temprana,
conduce paso a paso a los padres a través de todas las etapas que deben seguir para
obtener y mantener una educación apropiada para el niño con discapacidades. Si
bien enfatiza los derechos y los requisitos bajo IDEA, también contiene información
sobre la Sección 504 y la ADA.

Braaten, Ellen and Felopulos, Gretchen. **Straight Talk about Psychological Testing for Kids.** New York, NY: Guilford Press, 2004.

Aunque no se centra en el síndrome de Down, este libro describe las pruebas
que se emplean para medir la capacidad cognitiva y explica el significado de los
puntajes. Incluye capítulos sobre el diagnóstico de la dislexia, el autismo, los
trastornos del déficit de la atención y el retraso mental.

Coleman, Jeanine G. **Early Intervention Dictionary: A Multidisciplinary Guide
to Terminology.** 3rd ed. Bethesda, MD: Woodbine House, 2006.

Guía general con definiciones claras de los términos que los padres del niño
con discapacidades encontrarán al leer o al tratar con terapeutas, educadores,
sicólogos, médicos, etc.

Horstmeier, DeAnna. **Teaching Math to People with Down Syndrome and Other
Hands-On Learners, Book 1.** Bethesda, MD: Woodbine House, 2004.

Este libro proporciona información fundamental sobre las dificultades típicas
que enfrenta el niño con síndrome de Down para aprender las matemáticas y los
conceptos numéricos. Incluye muchas actividades y juegos para enseñarle al niño
(desde los dos años de edad hasta la escuela primaria) conceptos numéricos básicos,
a contar y a diferenciar las formas; y nociones sobre sumas, restas, relojes y dinero.

Jennings, Jessica (director). **Boy in the World.** Providence, RI: VisionWink Productions, 2007. (Available from the Rhode Island Parent Information Network at
www.ripin.org; 401-727-4144).

DVD que trata sobre la integración exitosa de un niño con síndrome de Down
en su preescuela y comunidad.

Oelwein, Patricia. **Teaching Reading to Children with Down Syndrome: A Guide for Parents and Teachers.** Bethesda, MD: Woodbine House, 1995.

Patricia Oelwein, una de las expertas más conocidas en técnicas pedagógicas para el niño con síndrome de Down, presenta un método vista-palabra para enseñar a leer que ha sido empleado con éxito por miles de padres y maestros. Incluye información básica sobre los estilos de aprendizaje del niño con síndrome de Down, sugerencias de actividades y juegos divertidos, y materiales didácticos fotocopiables.

❖ Capítulo 8: Derechos e impedimentos legales

Elias, Stephen. **Special Needs Trusts: Protect Your Child's Financial Future.** 2nd ed. Berkeley, CA: Nolo, 2007.

Empleando un lenguaje claro y directo, esta guía explica cómo los padres pueden dejarle dinero a su niño con discapacidades sin arriesgar sus beneficios sociales.

"**Medicare and You.**" Baltimore, MD: U.S. Dept. of Health and Human Services, 2007. www.medicare.gov/publications/pubs/pdf/10050.pdf

Puede solicitar esta guía oficial de Medicare, en inglés o en español, comunicándose con el Dept. of Health and Human Services al 800-633-4227 o escribiendo a 7500 Security Blvd., Baltimore, MD 21244-1850.

Morton, David. **Nolo's Guide to Social Security Disability: Getting and Keeping Your Benefits.** Berkeley, CA: Nolo Press, 2008.

Manual para entender, solicitar y apelar las decisiones del SSDI y el SSI. Dedica una sección a los beneficios que le corresponden al niño con discapacidades.

Nadworny, John and Haddad, Cynthia. **The Special Needs Planning Guide: How to Prepare for Every Stage in Your Child's Life.** Baltimore: Paul Brookes, 2007.

Este libro enfoca la planificación financiera desde dos puntos de vista explicando cómo los padres pueden planificar su propio bienestar económico al mismo tiempo que planifican el futuro económico del miembro de la familia con discapacidades.

Treeby, Graeme. **Removing the Mystery: An Estate Planning Guide for Families of People with Disabilities.** Toronto: Ontario Federation for Cerebral Palsy.

Disponible en CD o en copia impresa para el lector canadiense, esta guía cubre asuntos sobre la planificación de fideicomisos, testamentos y otros instrumentos financieros que pueda utilizar la familia del niño con discapacidades.

U.S. Department of Justice. **The Americans with Disabilities Act: Questions and Answers; A Guide to Disability Rights Laws; and Commonly Asked Questions about Childcare Centers and the Americans with Disabilities Act.** Para obtenerlo, llame a la línea de información de ADA, 800-514, 0301 o visite su sitio web, www.ada.gov.

Si llama a la línea de información, podrá descargar estos folletos gratuitamente de la Internet en formato de letra estándar o sobredimensionada, o en alfabeto Braille.

With Open Arms: Embracing a Bright Financial Future for You and Your Child. Chicago, IL: Easter Seals.

Puede descargar este folleto gratuitamente visitando www.easterseals.com (haga clic en "Support"; "Raising a Child with Special Needs") o solicitando una copia impresa (incluir $5 por costo de transporte) a Easter Seals, 230 W. Monroe, Suite 1800, Chicago, IL 60606. Cubre temas como la planificación financiera, los beneficios sociales y los seguros.

Wright, P.W.D. & Wright, P.D. **Wrightslaw: IDEA 2004.** Hartfield, VA: Harbor House Law Press, 2005.

Disponible en formato impreso o electrónico, esta guía contiene el texto completo de la Ley del 2004 para el Individuo con Discapacidades junto con útiles comentarios y anotaciones de los autores al margen de las páginas que le permitan a los padres obtener los máximos beneficios de la ley para su niño.

∷ Libros para niños

Bouwkamp, Julie. **Hi, I'm Ben … and I've Got a Secret.** Rochester Hills, MI: Band of Angels, 2006.

Ben cuenta de su vida, de sus preferencias y aversiones, y de cómo es igual a cualquier otro niño antes de revelarnos su secreto: Ben tiene síndrome de Down. Esta es una historia verdadera, ilustrada con fotografías a colores.

Cairo, Shelley. **Our Brother Has Down's Syndrome: An Introduction for Children.** Toronto: Annick Press, 1988.

Recomendado para niños pequeños, este libro con encantadoras fotos a colores trata sobre la vida de dos hermanas y su hermanito con síndrome de Down.

Dodds, Bill. **My Sister Annie.** Honesdale, PA: Boyds Mills Press, 1997.

Novela recomendada para lectores en la escuela intermedia. Charlie, un niño de once años lucha con sus sentimientos hacia su hermana mayor, Annie, que tiene síndrome de Down, así como con los típicos sentimientos por encajar en los grupos de su edad y con el sexo opuesto.

Gifaldi, David and Johnson, Layne. **Ben, King of the River.** Morton's Grove, IL: Albert Whitman, 2001.

Realista libro con ilustraciones que se centra en la interacción entre dos hermanos: Chad, de 8 años, y Ben, su hermanito que tiene una discapacidad del desarrollo y al que "no le gustan cosas nuevas". El relato y los alegres dibujos que lo acompañan capturan acertadamente la gama de emociones que Chad siente por su hermano en el primer día en una excursión con su familia.

Girnis, Margaret and Leamon Green, Shirley. **1 2 3 for You and Me.** Morton's Grove, IL: Albert Whitman, 2001.

Libro con fotografías de niños con síndrome de Down sonriendo y sujetando objetos que el pequeño lector cuente (números uno al veinte).

Girnis, Margaret and Leamon Green, Shirley. **ABC for You and Me.** Morton's Grove, IL: Albert Whitman, 2000.
Libro de fotografías de niños con síndrome de Down posando con objetos representativos de cada letra del alfabeto.

Hale, Natalie. **Oh, Brother! Growing Up with a Special Needs Sibling.** Washington, DC: Magination Press, 2004.
Dirigido al niño mayorcito en la escuela primaria, este cuento con ilustraciones trata de Becca, una niña que a veces tiene problemas con las rarezas de su hermano mayor Jonathan que tiene síndrome de Down. Pero se le ocurren algunas buenas estrategias para manejar esta situación y decide compartirlas con otros niños que también tienen hermanos.

Meyer, Donald. **The Sibling Slam Book: What It's Really Like to Have a Brother or Sister with Special Needs.** Bethesda, MD: Woodbine House, 2005.
Dirigido a adolescentes, este libro emplea la estructura "slam", que consiste en escribir una pregunta al principio de la página para que los participantes vayan garabateando sus respuestas debajo. Más de 80 adolescentes con hermanos o hermanas con discapacidades, incluido el síndrome de Down, contribuyeron a responder de manera franca las preguntas que les planteó el autor sobre las experiencias, pensamientos y sentimientos relacionados con su hermano, y a proveer información sobre sus esperanzas y sueños.

Meyer, Donald. **Views from Our Shoes.** Bethesda, MD: Woodbine House, 1997.
Colección de ensayos, concisos y optimistas, escritos por 48 niños que tienen un hermano o una hermana con discapacidades, incluido el síndrome de Down. Recomendado para lectores entre los grados 3 y 7.

Pitzer, Marjorie. **I Can, Can You?** Bethesda, MD: Woodbine House, 2004.
Este libro con páginas de pasta dura contiene fotos a colores de niños con síndrome de Down, de lo más adorables, demostrando lo que pueden hacer. Recomendado para todos los niños hasta los cinco años de edad.

Pitzer, Marjorie. **My Up and Down and All Around Book.** Bethesda, MD: Woodbine House, 2008.
Este libro con páginas de pasta dura contiene fotografías de niños con síndrome de Down que demuestran el significado de varios pronombres valiéndose de atractivos accesorios como juegos en el parque, casitas de juguete y perritos.

Siblings—Growing Up with Your Brother or Sister with Down Syndrome. Down's Syndrome Scotland. www.dsscotland.org.uk/brothers-and-sisters.
Recomendado para hermanos entre los 5 y 10 años, este conciso libro con ilustraciones examina las emociones que pueden provocar el hermano o la hermana con síndrome de Down. Se puede descargar gratuitamente de la Internet.

Stuve-Bodeen, Stephanie. **We'll Paint the Octopus Red.** Bethesda, MD: Woodbine House, 1998.

Emma, de seis años, piensa en por lo menos mil cosas que podrá hacer con el nuevo hermanito por venir. Pero cuando Isaac nace con síndrome de Down, le preocupa este cambio de planes. Mientras su papá le va explicando lo que significa "esto del Down", ambos recobran el optimismo y deciden que, con tiempo y paciencia, Isaac podrá hacer todo lo que es importante. Este libro, lleno de ilustraciones ocurrentes, concluye con una sección de Preguntas y Respuestas para niños de 3 a 8 años de edad.

Stuve-Bodeen, Stephanie. **The Best Worst Brother.** Bethesda, MD: Woodbine House, 2005.

En esta secuela de **We'll Paint the Octopus Red**, Isaac ya empezó a caminar y él y su hermana están frustrados con sus dificultades para comunicarse. Al final de la historia, gracias a la paciencia y la constancia, llegan a aprender algunas cosas que les dan mucha satisfacción.

Woloson, Eliza. **My Friend Isabelle.** Bethesda, MD: Woodbine House, 2003.

Escrito en un lenguaje sobrio, perfecto para el niño en edad preescolar, Charlie describe su amistad con Isabelle. No obstante las diferencias entre ellos, incluido el síndrome de Down de Isabelle, los dos amigos disfrutan balilando, comiendo, jugando en el parque e imaginándose ir de compras. Los colores audaces de las alegres ilustraciones contribuyen a subrayar el tema de este libro: "son las diferencias las que hacen tan maravilloso este mundo".

GUÍA DE RECURSOS

Las organizaciones, páginas web y demás recursos a continuación ofrecen una diversidad de servicios que podrían serles útiles a las familias de niños con síndrome de Down en Norteamérica y otros países angloparlantes. Para más información, llame, escriba o visite la página web de estas organizaciones, y solicite una copia de sus boletines informativos u otras publicaciones.

Es ahora posible encontrar miles de recursos en la Internet. Sin embargo, como es difícil determinar los que son de garantía, les recomendamos que primero consulten la información precisa y confiable que contienen las páginas web de las siguientes instituciones:

- **PubMed** (servicio ofrecido por la U.S. National Library of Medicine) en www.pubmed.gov – Página web que permite explorar revistas médicas especializadas y leer los "abstractos" (resúmenes) de la mayoría de los artículos, a veces, incluso el artículo completo. Visite esta página web para buscar información sobre el tema médico que le interese, como síndrome de Down, otitis media, alopecia areata, hipotiroidismo o estrabismo.
- **Google Scholar** en www.scholar.google.com – Motor de búsqueda en la Internet que explora temas de publicaciones académicas.
- **Education Resources Information Center (ERIC)** en www.eric. ed.gov –Esta página web, afiliada al U.S. Department of Education, le permite explorar más de un millón de artículos sobre temas educativos y, en muchos casos, obtener el texto completo del artículo original.

▪▪ Recursos específicos al síndrome de Down

Canadian Down Syndrome Society
811 14th St., NW
Calgary, Alberta T2N 2A4
Canada
403-270-8500; 800-883-5608
www.cdss.ca

CDSS aboga por las personas con síndrome de Down, le proporciona información a las familias y auspicia conferencias. Visite su página web para obtener publicaciones para padres y participar en foros sobre temas como medicina, salud, educación y viviendas comunitarias. Esta página web también contiene enlaces para todas sus sucursales en Canadá.

Center for Research and Treatment of Down Syndrome
Stanford University School of Medicine
http://dsresearch.stanford.edu
dsresearch@med.stanford.edu

Centro donde se realizan investigaciones sobre las causas de los problemas cognitivos del síndrome de Down para encontrar tratamientos. Visite esta página web para enterarse de los descubrimientos más recientes.

Down Syndrome Education International
The Sarah Duffen Centre
Belmont St.
Southsea, Hampshire PO5 INA
United Kingdom
www.downsed.org

Antes llamada Down Syndrome Educational Trust, esta organización benéfica sin fines de lucro fue fundada por Sue Buckley con el fin de realizar investigaciones que ayuden a las personas con síndrome de Down a seguir progresando. También se encarga de publicar *Down Syndrome Research and Practice*, una revista de vanguardia que puede obtenerse gratuitamente de la Internet; de ofrecer Down Syndrome Issues and Information, una serie de libros sobre el síndrome de Down; y de operar Down Syndrome Online (www.down-syndrome.org), una página web con acceso gratuito a muchos artículos sobre el síndrome de Down.

Down Syndrome Education USA
19900 MacArthur Blvd., Suite 1050
Irvine, CA 92612
www.downsed-usa.org

Esta organización, que se originó de la Down Syndrome Education International, fue establecida hace poco para mejorar las oportunidades educativas de las personas con síndrome de Down. Planifican publicaciones, paquetes con material didáctico y convenciones de apoyo pedagógico para padres y maestros.

Down Syndrome: Health Issues: News and Information for Parents and Professionals
www.ds-health.com

El doctor Len Leshin, el autor del Capítulo 3, mantiene esta página web que es una mina de oro de información sobre el síndrome de Down en general, así como de asuntos médicos y de salud en particular. Incluye artículos del Dr. Leshin sobre problemas y controversias que se presentan con frecuencia en el área de la salud; artículos de otros especialistas; abstractos de investigaciones de interés para los padres; y enlaces a clínicas de síndrome de Down, grupos de apoyo, blogs y muchos recursos más.

Down Syndrome Listserv
listserv@listserv.nodak.edu

Éste fue uno de los primeros grupos de información en la Internet para padres y otros familiares del niño con síndrome de Down. Sus miembros publican noticias sobre el síndrome de Down y la educación especial; plantean preguntas sobre educación, desarrollo, vida familiar y tratamientos médicos; buscan apoyarse mutuamente; comparten las buenas nuevas sobre sus hijos con síndrome de Down, y mucho más. Sus miembros tienen la opción de recibir resúmenes diarios de todas las noticias o de recibir cada uno de los mensajes. Para suscribirse, envíe un correo electrónico, escriba *subscribe down-syn [su nombre]* en el cuerpo del mensaje (no tiene que llenar la línea *subject*) y siga las instrucciones hasta completar el proceso.

Down Syndrome Research Foundation
1409 Sperling Ave.
Burnaby, BC V5B 4J8
694-444-3773; 888-464-3773 (toll-free in Canada only)
www.dsrf.org

DSRF conduce investigaciones para mejorar la calidad de vida de las personas con síndrome de Down y sus familias, y difunde información. Visite la Internet para obtener artículos y la revista trimestral *Down Syndrome Quarterly*.

Eleanor Roosevelt Institute
University of Denver
2101 E. Wesley Ave.
Denver, CO 80208
www.eri.du.edu

El Eleanor Roosevelt Institute auspicia programas de investigación de las causas y tratamientos del síndrome de Down y otras discapacidades cognitivas. Puede enterarse de sus últimos descubrimientos bajo "Research Programs" en su página web.

International Mosaic Down Syndrome Association
P.O. Box 1052
Franklin, TX 77856
www.imdsa.com

IMSDA es una organización sin fines de lucro que proporciona información y apoyo a las familias afectadas por el síndrome de Down en mosaico. Publica un boletín informativo y auspicia conferencias bianuales. Su página web también incluye enlaces a otros recursos, incluido un grupo de apoyo.

National Down Syndrome Congress
1370 Center Dr., Suite 102
Atlanta, GA 30338
770-604-9599; 800-232-6372
www.ndsccenter.org

NDSC es una organización nacional formada por padres y profesionales dedicados a mejorar la vida de las personas con síndrome de Down y sus familias. Provee información y referencias médicas por teléfono o Internet; celebra conferencias anuales para familias y profesionales; y aboga por los asuntos de interés a sus miembros. Para obtener información sobre la sucursal en su zona llame al NDSC, o visite su página web y haga clic en "Expectant Parents" y luego en "Directory of Organizations." Puede obtener un paquete con información para futuros padres ("New Parent Package") llamando a su línea gratuita o visitando su página web y haciendo clic en "Parent Resources".

National Down Syndrome Cytogenic Registry
www.wolfson.qmul.ac.uk.ndscr

Esta página web incluye las cifras oficiales para el Reino Unido de los diagnósticos prenatales de síndrome de Down y de los nacimientos de bebés con síndrome de Down. También incluye otras estadísticas, como el riesgo de síndrome de Down en función a la edad materna.

National Down Syndrome Society
666 Broadway, 8th floor
New York, NY 10012
212-460-9330; 800-221-4602
www.ndss.org

NDSS es una organización nacional cuyo objetivo es promover un mejor entendimiento del síndrome de Down. Auspicia investigaciones científicas y educativas, proporciona publicaciones impresas o en línea; organiza caminatas ("Buddy Walks") para recaudar fondos y dar a conocer el síndrome de Down; y opera una página web con muchos enlaces a otros sitios. Para obtener información sobre la oficina en su zona, llame a la NDSS o visite su página web.

Yahoo! Groups
http://groups.yahoo.com

Los grupos Yahoo son foros en línea para los padres y las personas que tengan interés en intercambiar información y apoyo relacionados con la crianza del niño con síndrome de Down. Algunos de estos grupos son: Dads Appreciating Down Syndrome (para los papás); Downs-Heart (para las familias del niño con defectos cardíacos); down-syndrome-adoption (adopción); padres canadienses de hijos con síndrome de Down; Homeschooling and *Down Syndrome* (educación en casa); Down Syndrome and Autistic Spectrum (síndrome de Down y trastornos del espectro autista). Para la lista completa de grupos, visite su página web y escriba Down syndrome en la casilla "Find a Yahoo! Group".

:: Adopción

Child Welfare Information Gateway
Children's Bureau/ACYF
1250 Maryland Ave., SW
Washington, DC 20024
703-385-7565; 800-394-3366
www.childwelfare.gov
    Entre otros servicios, CWIG provee información detallada sobre la adopción y hogares de guarda, incluida información sobre los estatutos de cada estado. Esta organización se fusionó con The National Adoption Information Clearinghouse.

Down Syndrome Association of Greater Cincinnati
Adoption Awareness Program
644 Linn St., Ste. 1128
Cincinnati, OH 45203
513-761-5400; 888-796-5504
www.dsagc.com
    Además de proporcionar información y apoyo a las familias de niños con síndrome de Down en Cincinnati, DSAGC opera Adoption Awareness Program, un programa a nivel nacional para personas que deseen adoptar niños con síndrome de Down. Además, provee información y apoyo a las familias que estén pensando en dar en adopción a su bebé con síndrome de Down.

Reece's Rainbow
www.reecesrainbow.com
    Reece's Rainbow procura ayudar a posibles familias adoptivas a ubicar huérfanos con síndrome de Down alrededor del mundo y a proporcionar ayuda económica que facilite la adopción de estos niños. Visite su página web para realizar donaciones monetarias o ubicar niños de determinados países.

:: Cuidado infantil y atención suplente

ChildCareAware
3101 Wilson Blvd., Suite 350
Arlington, VA 22201
800-424-2246
www.childcareaware.org
    Esta organización provee información de cuidadores infantiles en general, así como de cuidadores especializados en niños con necesidades especiales. Opera centros de cuidado infantil y servicios de referencias médicas en todo Estados Unidos.

ARCH National Respite Network
Chapel Hill Training-Outreach Project
800 Eastowne Dr., Ste. 105
Chapel Hill, NC 27514
919-490-5577
www.chtop.org/ARCH.html
Los Respite Locator Services de ARCH ayudan a las familias a encontrar servicios de atención suplente en cada estado de EEUU y en cada provincia de Canadá. También tienen hojas con información sobre la atención suplente.

▪▪ Educación y terapias

American Physical Therapy Association
1111 North Fairfax Street
Alexandria, VA 22314
703-684-APTA (2782) or 800-999-APTA (2782); 703-684-7343 (fax)
www.apta.org
Esta organización profesional para fisioterapeutas ofrece publicaciones de interés a padres y educadores, y mantiene una base de datos en la Internet que facilita la búsqueda de fisioterapeutas.

American Speech-Language-Hearing Association
2200 Research Blvd.
Rockville, MD 20850
800-498-2071
www.asha.org
ASHA tiene información de los terapeutas del habla/lenguaje y los audiólogos en su zona. También distribuye folletos sobre trastornos del habla y la audición.

CAST
40 Harvard Mills Square
Suite 3
Wakefield, MA 01880
781-245-2212
www.cast.org
Antes denominada Center for Applied Special Technology, esta organización es una excelente fuente de información sobre el diseño universal para el aprendizaje (UDL), una manera de diseñar los programas de estudios que reduce las barreras al aprendizaje que enfrentan las personas con discapacidades. También ofrece pautas, conferencias y publicaciones sobre UDL.

Center on Education Policy
1001 Connecticut Ave., NW
Suite 522
Washington, DC 20036
202-822-8065
www.cep-dc.org

Organización independiente a nivel nacional que aboga por la educación pública y las mejoras en las escuelas públicas. Visite su página web para encontrar información sobre la educación especial, la ley NCLB, tests, programas bajo el Título 1, y mucho más.

The Council for Exceptional Children (CEC)
1110 North Glebe Road, Suite 300
Arlington, VA 22201
703-620-3660; 703-264-9494 (fax)
www.cec.sped.org

Organización donde pueden afiliarse los educadores en Estados Unidos y Canadá con interés en las necesidades del niño con discapacidades o con talentos. Publican un catálogo con información de libros y otros materiales educativos.

IDEA Website
U.S. Dept. of Education
Office of Special Education Programs
http://IDEA.ed.gov

Esta página web del gobierno federal contiene toda la información que existe sobre IDEA, incluido el texto completo de la ley y sus reglamentos.

Inclusion Network
www.inclusion.com/inclusionnetwork.html

Visite esta página web para descargar artículos sobre la inclusión. También tiene una lista de muchos otros recursos, como enlaces a otras páginas web, libros, DVD y materiales escolares.

LD Online website
www.ldonline.com

Esta página web con artículos, recursos y foros para padres, maestros y personas con discapacidades u otros problemas de aprendizaje ofrece estrategias e información para superar los problemas de aprendizaje en el hogar, escuela y empleo.

National Early Childhood Technical Assistance Center
Campus Box 8040, UNC-CH
Chapel Hill, NC 27599-8040
919-962-2001
www.nectac.org

Información para asegurar que el niño de corta edad con discapacidades (0-5 años) y su familia obtengan servicios de calidad óptima. Su página web es un centro de distribución de información y otros recursos, algunos en español. Si no tiene acceso a la Internet, comuníquese por teléfono para solicitar copias de sus publicaciones.

U.S. Department of Education
Clearinghouse on Disability Information
400 Maryland Ave., SW
Washington, DC 20202
800-USA-LEARN; 202-205-8245www.ed.gov/index/html

Encontrará útiles enlaces y artículos bajo "My Child's Special Needs". También ofrece información sobre temas como aprestamiento escolar, la importancia de la lectura, "la brecha del rendimiento" y la ley No Child Left Behind (Ningún Niño Rezagado).

Zero to Three
National Center for Infants, Toddlers, and Families
2000 M St. NW, Suite 200
Washington, DC 20036
202-638-1144
www.zerotothree.org
    Esta organización educa y apoya a los adultos que tienen influencia en la vida de los bebés y niños pequeños. Visite su página web para obtener hojas informativas sobre la crianza infantil, el desarrollo del bebé, la nutrición, etc.

■■ Apoyo familiar

Abiding Hearts
abidinghearts@yahoo.com
    Abiding Hearts es una organización sin fines de lucro dedicada a proveer apoyo e información a los padres que decidan continuar con su embarazo no obstante diagnóstico prenatal de defectos congénitos, incluidos algunos con potencial mortal. Además, mantiene una red con datos de padres en muchas zonas de Estados Unidos; aboga por el paciente; provee referencias médicas y otros servicios a grupos de apoyo; y ofrece materiales didácticos y de apoyo.

Parent to Parent—USA (P2P USA)
www.p2pusa.org
    Parent to Parent es una organización a nivel nacional sin fines de lucro que empareja a nuevos padres con padres experimentados de niños con necesidades especiales para que puedan obtener apoyo emocional e información. Visite su página web para encontrar el programa Parent to Parent en su estado o comunidad.

Sibling Support Project
www.siblingsupport.org
    Esta página web contiene muchos enlaces de utilidad para la familia, como calendarios de eventos para los hermanos y las hermanas del individuo con discapacidades de toda edad, listservs para los hermanos de cada edad, y reflexiones sobre lo que significa tener un hermano o hermana con necesidades especiales.

Technical Assistance Alliance for Parent Centers
c/o Pacer Center
8161 Normandale Blvd.
Minneapolis, MN 55437
888-248-0822
www.taalliance.org

Sus centros para padres asisten a las familias de individuos con discapacidades de recién nacidos a 22 años de edad proporcionando educación y servicios, ofreciendo capacitación parental, conectando a las familias con los recursos en su comunidad, y resolviendo problemas entre las familias y las escuelas u otras entidades. Comuníquese con la sede del National Technical Assistance (o visite su página web) para información sobre el centro en su zona.

▪▪ Información sobre las discapacidades en general

Autism Society of America
7910 Woodmont Ave., Suite 300
Bethesda, MD 20814
800-328-8476; 301-657-0881
www.autism-society.org

ASA es una organización nacional formada por padres y profesionales que promueve un mejor entendimiento de los trastornos del espectro autista. Además, es un centro de distribución de información sobre el autismo y los servicios para las personas con autismo..

Canadian Abilities Foundation
340 College Street, Suite 401
Toronto, ON M5T 3A9
CANADA
416-923-1885
www.abilities.ca

Esta página web contiene enlaces a organizaciones para discapacidades en Canadá y el resto del mundo, así como cuadros con información y mensajes. También puede subscribirse a su revista *Abilities*.

Canadian Association for Community Living
Kinsmen Building, York University
4700 Keele Street
Toronto, Ontario M3J 1P3
Canada
416-661-9611; 416-661-5701 (fax)
www.cacl.ca

Asociación de familiares y otras personas interesadas en trabajar en beneficio de los canadienses con discapacidades intelectuales. Ofrece un boletín informativo y otras publicaciones.

ClinicalTrials.gov
www.clinicaltrials.gov

Como parte de los servicios de The U.S. National Institutes of Health, esta página web contiene los registros de los ensayos clínicos en curso en Estados Unidos y el resto del mundo. Incluye el objetivo de cada ensayo, los requisitos para participar, y los datos de contacto. Permite buscar el tema que le interese (por ejemplo, síndrome de Down o alopecia) para enterarse de las investigaciones clínicas en curso, ya sean privadas o federales. Algunas familias están dispuestas a participar en ensayos clínicos a fin de colaborar con la investigación de la condición de su niño, obtener tratamiento gratuito, u otros motivos.

DisabilityInfo.Gov
www.disabilityinfo.gov

DisabilityInfo.gov es la página web del gobierno y contiene información de veintidós entidades federales. Se centra en las personas con discapacidades y cubre importantes temas como educación, empleo, beneficios, vivienda, transporte, salud, tecnología, vida comunitaria y derechos civiles.

Disability News
www.patriciaebauer.com

Patricia Bauer, periodista y madre de un joven con síndrome de Down, fundó esta página web para condensar todas las noticias relacionadas con las discapacidades. Contiene resúmenes de noticias publicadas en periódicos, revistas y otras publicaciones, con enlaces a la noticia original completa y una sección para comentarios.

Family Village
www.familyvillage.wisc.edu

Esta página web se autodescribe como "el pueblo global de recursos para las discapacidades". Incluye artículos completos sobre diversas discapacidades, educación, asuntos legales, amenidades, y más. Provee oportunidades para comunicarse con otras personas, además de enlaces a otras fuentes de información, productos y recursos.

National Disability Rights Network
900 Second St., NE, Ste. 211
Washington, DC 20002
202-408-9514
www.ndrn.org

Organización sin fines de lucro que refuerza y amplía los derechos de las personas con discapacidades mediante capacitación y asistencia técnica, apoyo legal y protección jurídica. Visite su página web para ubicar la oficina de Protection and Advocacy en su estado, así como para leer artículos sobre "lo último" en discapacidades.

National Dissemination Center for Children with Disabilities (NICHCY)
P.O. Box 1492
Washington, DC 20013-1492
800-695-0285
www.nichcy.org

Este centro proporciona información sobre leyes, programas educativos y otros asuntos de interés para la familia del niño con discapacidades. Puede solicitar copias impresas de sus publicaciones (generalmente sin costo alguno) o descargarlas de la Internet. De especial interés son sus "Hojas Estatales" con listas de organizaciones estatales, incluidas organizaciones de apoyo.

National Easter Seal Society
230 W. Monroe
Suite 1800
Chicago, IL 60606
800-221-6827; 312-726-1494 (fax)
www.easterseals.com
Easter Seals apoya a las familias del niño con discapacidades ofreciendo servicios para pruebas médicas y terapias a través de sus sucursales, educación pública y defensoría. Algunas de sus sucursales proporcionan cuidado infantil y auspician campamentos de verano.

National Rehabilitation Information Center (NARIC)
4200 Forbes Blvd., Suite 202
Lanham, MD 20706
800-346-2742; 301-459-5900
www.naric.com
Fuente de información para las personas con discapacidades, sus familias e investigadores, que está orientada hacia las discapacidades y la rehabilitación. Trata temas sobre educación, defensa de derechos, asistencia económica, beneficios sociales y otros recursos.

TASH
29 W. Susquehanna Avenue, Suite 210
Baltimore, MD 21204
410-828-8274; 410-828-6706 (fax)
www.tash.org
TASH es una asociación a nivel internacional formada por individuos con discapacidades, familiares, defensores de derechos y profesionales cuyo objetivo común es luchar por una sociedad donde la norma sea la inclusión de todas las personas dentro de todos sus ámbitos. Publica un boletín informativo y auspicia conferencias.

The Arc
1010 Wayne Ave., Ste. 650
Silver Spring, MD 20910
301-565-3842; 800-433-5255
www.thearc.org
The Arc es una organización nacional que aboga por los derechos del individuo con discapacidades del desarrollo, incluido el síndrome de Down. Para obtener sus publicaciones e intercambiar ideas en la Internet, comuníquese con su oficina central. Muchas de sus oficinas locales ofrecen capacitación parental, libros, apoyo e información, y otros servicios. Visite su página web para ubicar la sucursal en su zona.

▪▪ Asuntos médicos y de salud

American Academy of Otolaryngology—Head and Neck Surgery
1 Prince St.
Alexandria, VA 22314
703-836-4444
www.entnet.org

AAO es una organización donde pueden afiliarse los especialistas en trastornos del oído, nariz y garganta. Su página web ofrece muchas hojas informativas y artículos para padres (algunos en español) sobre estos trastornos y sus tratamientos. También mantiene una base de datos de otorrinolaringólogos en Estados Unidos.

American Academy of Pediatrics
141 Northwest Point Blvd.
Elk Grove Village, IL 60007
847-434-4000
www.aap.org

AAP es una organización para pediatras afiliados. Su página web oficial incluye servicios de remisión médica (Pediatrician Referral Service), así como una diversidad de artículos y enlaces relacionados con la salud y la seguridad infantil.

American Heart Association
7272 Greenville Ave.
Dallas, TX 75231
800-242-8721

La American Heart Association proporciona información sobre defectos cardíacos congénitos, su diagnóstico y tratamiento, a través de artículos en la Internet (algunos en español) y folletos que se pueden solicitar por teléfono. También contiene enlaces a páginas web con información de ejercicios y nutrición infantil.

American Sleep Apnea Association
1424 K St., NW
Washington, DC 20005
202-293-3650
www.sleepapnea.org

Organización sin fines de lucro que disemina información sobre la apnea del sueño y procura mejorar el bienestar de las personas con ese trastorno. Ofrece publicaciones impresas y en línea, y auspicia un foro en la Internet.

Celiac Disease and Kids
www.celiackids.com

celiac.com, su página web central, dedica una sección a la enfermedad celíaca en niños.

Celiac Disease Foundation
13251 Ventura Blvd., Ste. 1
Studio City, CA 91604
818-990-2354
www.celiac.org
Organización sin fines de lucro dedicada a proporcionar servicios y apoyo a las personas con enfermedad celíaca. CDF contiene artículos sobre cómo interpretar las etiquetas en los paquetes de comida, qué alimentos comprar, y qué pedir en los restaurantes. Visite su página web para descargar "Quick Start Guide", su guía para una dieta sin gluten. Auspicia oficinas locales.

Epilepsy Canada
2255B Queen Street
Suite 336
Toronto, Ontario M4E 1G3
877-734-0873; 905-764-1231 (fax)
www.epilepsy.ca
Dedicada a mejorar la calidad de vida del individuo con epilepsia y su familia, Epilepsy Canada proporciona hojas informativas y folletos en inglés y francés, y mantiene una lista de los centros de tratamiento en Canadá.

Epilepsy Foundation of America
4351 Garden City Drive
Landover, MD 20785-7223
800-332-1000; 301-577-2684 (fax)
www.efa.org
Organización nacional dedicada a la prevención y cura de los trastornos epilépticos, así como a la promoción de la autonomía y la mejora de la calidad de vida de las personas con epilepsia. Sus sucursales proporcionan servicios de información y referencias, asesoría profesional, protección de los derechos del paciente y su familia, alerta escolar, educación de la comunidad, grupos de apoyo y campamentos infantiles.

Families USA—The Voice for Health Care Consumers
1201 New York Ave NW, Ste 1100
Washington, DC 20005
202-628-3030; 202-347-2417 (fax)
www.familiesusa.org/index.html
Esta organización no partidista sin fines de lucro proporciona información y recursos relacionados con las normas de salud pública y monitorea el progreso en las leyes que afectan al manejo de la salud, Medicaid y SCHIP. Puede solicitar sus publicaciones, por correo o por Internet, que contienen información sobre seguros médicos (sobre todo Medicaid) y medicamentos con recetas. Presentan información pertinente para cada estado.

Healthfinder.gov
U.S. Department of Health and Human Services
www.healthfinder.gov
    Página web diseñada a ayudarlo a encontrar información médica confiable en la Internet. "Consumer Guides" lo conduce a enlaces de fácil lectura con información sobre Medicare, Medicaid, seguros médicos y medicamentos con receta.

Heart and Stroke Foundation of Canada
222 Queen St., Suite 1402
Ottawa, ONT K1P 5V9
Canada
613-569-4361
www.heartandstroke.com
    Fundación canadiense que ofrece información actualizada sobre la enfermedad cardíaca, pruebas médicas y tratamientos. Visite su página web para descargar su publicación *Heart & Soul: A Guide to a Guide to Living with Congenital Heart Disease.*

Insure Kids Now!
U.S. Dept. of Health and Human Services
877-KIDS-NOW (543-7669)
www.insurekidsnow
    Fuente con información simplificada sobre el programa de salud SCHIP, con enlaces a programas estatales.

KidsHealth website
www.kidshealth.org
    Esta página web contiene artículos con asuntos de interés para todo padre como las visitas al médico, la nutrición y los problemas médicos en la infancia. También tiene algunos artículos relacionados con las discapacidades.

Lotsa Helping Hands
www.lotsahelpinghands.com
    Esta página web permite formar una comunidad virtual de amigos y familiares que puedan ayudar durante momentos de crisis, incluidas las crisis médicas. Le permite a usted (o al "coordinador designado") preparar un calendario de tareas para su grupo, enumerar las tareas diarias, y enviar correos electrónicos a las personas que estarían interesadas. Hecho esto, cada miembro del grupo marca las tareas que estaría dispuesto a hacer. Además, permite diseñar cuadros para mensajes y galerías para fotos que permitan a todos seguir el progreso del necesitado.

MedCalc Interactive Growth Charts
www.medcalc.com/growth
    Esta página web le permite ingresar el peso y talla de su hijo (en unidades métricas o inglesas) para determinar su ubicación en los cuadros de crecimiento (de EEUU) para el síndrome de Down. También puede hacerlo en los cuadros de crecimiento de CDC.

National Alopecia Areata Foundation
14 Mitchell Blvd.
San Rafael, CA 94903
415-472-3780
www.naaf.org
NAAF proporciona información y apoyo, y financia investigaciones para la cura y el tratamiento de la alopecia areata. Tienen paquetes con información, así como un foro para niños con esta condición.

National Health Information Center
P.O. Box 1133
Washington, DC 20013-1133
800-336-4797; 301-565-4167; 301-984-4256 (fax)
www.health.gov/nhic
NHIC ofrece servicios de referencias médicas conectando a consumidores y profesionales con las organizaciones más adecuadas para resolver sus dudas y preguntas.

State Children's Health Insurance Program (SCHIP)
Centers for Medicare & Medicaid Services
7500 Security Blvd.
Baltimore, MD 21244
877-543-7669
www.cms.hhs.gov/home/schip.asp
Comuníquese con esta entidad para obtener información sobre el programa SCHIP, incluida información sobre los programas estatales y los beneficios para el niño con derecho a este programa.

U.S. Department of Labor
Employee Benefits Security Administration
200 Constitution Ave., NW
Washington, DC 20210
866-444-EBSA
www.dol.gov/ebsa/newsroom/fsmain/html
DOL (Departamento Laboral de EEUU) proporciona información sobre las reglas y leyes que se aplican a los seguros de salud, HIPPA, y los beneficios para los empleados. Visite su página web para obtener hojas informativas.

:: Asuntos legales y económicos

Canada Benefits
www.canadabenefits.ca
800-622-6232
Información completa sobre los beneficios y servicios sociales en Canadá, incluidos aquéllos específicos al individuo con discapacidades.

Canadian Life and Health Insurance Association
1 Queen St., East, Suite 1700
Toronto, ON M5C 2X9
Canada
800-268-8099
www.clhia.ca

CLHIA ayuda al consumidor canadiense a través de publicaciones impresas y en línea sobre los seguros de vida y los seguros suplementarios de salud.

Centers for Medicare & Medicaid Services
7500 Security Blvd.
Baltimore, MD 21244
800-633-4227 (Medicare Service Center)
800-772-1213 (Social Security or SSI questions)
www.cms.hhs.gov

Fuente informativa oficial del gobierno sobre Medicare, Medicaid, requisitos para SCHIP, cobertura, reclamaciones, etc.

Internal Revenue Service (IRS)
800-829-1040
www.irs.gov

Los residentes estadounidenses pueden solicitar publicaciones con información tributaria [como "Tax Highlights for Persons with Disabilities" (#907)] para determinar los gastos (médicos, cuidado infantil, etc.) deducibles que se aplican al niño con síndrome de Down; o pueden consultar con funcionarios del IRS llamando a su línea gratuita. Visite su página web para descargar formularios de impuestos.

Office of the Americans with Disabilities Act
U.S. Department of Justice
950 Pennsylvania Avenue, NW
Disability Rights Section—NYAV
Washington, DC 20530
800-514-0301; 800-514-0383 (TDD)
202-307-1198 (fax)
www.ada.gov

El Departamento de Justicia de EEUU proporciona material gratuito sobre IDEA. Para solicitar sus publicaciones, llame por teléfono a cualquier hora y, si fuera necesario, deje un mensaje grabado.

PAS Center for Personal Assistance Services
www.pascenter.org

Podría interesarle a algunas familias de niños con síndrome de Down en Estados Unidos. Esta organización proporciona información sobre la exoneración de pagos de Medicaid para cada estado, además de enlaces para información adicional. Haga clic en "State Information".

Senate Printing and Document Services
B-04, Hart Senate Office Building
Washington, DC 20510-7106
9:00 a.m.—5:30 p.m., Monday—Friday
202-224-7701 (availability inquiries only); 202-228-2815 (fax)
E-mail: orders@sec.senate.gov

El salón para archivo de documentos del Senado proporciona copias de todas las publicaciones que han sido generadas por el Senado, como anteproyectos y resoluciones; informes judiciales y ejecutivos, incluidos informes de conferencias; documentos; y listas de miembros de comités (pdf). También provee copias de leyes públicas y tratados. Sólo los miembros del Congreso actual tienen acceso a los anteproyectos, resoluciones y listas de miembros de comités. Los demás materiales se retienen por 10 años, o más. Para obtener los documentos que le interesen, solicítelos en persona o por teléfono, correo electrónico o fax.

Social Security Administration
Office of Public Inquiries
6401 Security Boulevard
Room 4-C-5 Annex
Baltimore, MD 21235-6401
800-777-1213; 800-325-0778
www.ssa.gov

El Seguro Social es un programa federal que ofrece protección económica a los jubilados, a las personas con discapacidades, y a sus sobrevivientes. Visite su página web para llenar las solicitudes de SSI y Medicare, descargar formularios y otras publicaciones, y obtener explicaciones de los informes del Seguro Social. Para obtener información grabada, llame a su línea gratuita o hable con uno de sus representantes.

United Healthcare Children's Foundation
MN012-S286
P.O. Box 41
Minneapolis, MN 55440-0041
800-328-5979, ext. 24459
www.uhccf.org

Esta fundación para niños estadounidenses menores de 16 años, cuyas familias cumplan con los criterios de ingreso y otros requisitos, ofrece ayuda económica para servicios médicos. Incluye aquellos servicios que tengan "el potencial de realzar de manera considerable la condición médica o la calidad de vida del niño".

Wrightslaw
877-529-4332
www.wrightslaw.com

Visite esta página web para obtener artículos gratis sobre la educación especial, la intervención temprana y legislación pertinente. Sus fundadores Pete y Pam Wright han escrito muchos libros a favor de la educación especial que se pueden solicitar visitando su página web.

❚❚ Otros recursos útiles

Babycenter
www.babycenter.com

Esta página web proporciona información de interés a todo nuevo padre (como consejos sobre el baño, la alimentación o los cólicos del bebé), además de información básica sobre el síndrome de Down. También tiene cuadros para mensajes que permiten intercambiar ideas e información con otros padres de niños con síndrome de Down (haga clic en "boards" y luego busque *Down syndrome*).

ABLEDATA
8630 Fenton Street, Suite 930
Silver Spring, MD 20910
800-227-0216; 301-608-8958 (fax)
www.abledata.com

ABLEDATA ofrece información sin fines comerciales sobre productos nacionales e internacionales de tecnología de apoyo (dispositivos de comunicación, teclados, pantallas táctiles, etc.) y equipos de rehabilitación. ABLEDATA no vende los productos, pero cuenta con los recursos para ubicar a los fabricantes o distribuidores.

AblePlay
www.ableplay.org

El diseño de esta página web le permite a los padres del niño con discapacidades encontrar juguetes adecuados para las habilidades de su niño, y juguetes para mejorar las habilidades de determinadas áreas del desarrollo.

National Human Genome Research Institute
National Institutes of Health
Building 31, Room 4B09
31 Center Dr., MSC2152
Bethesda, MD 20892-2152
301-402-2218
www.genome.gov

Esta organización se encargó del proyecto del genoma humano de The National Institutes of Health (NIH). Para más información sobre este proyecto, visite la sección "Educational Resources" en su página web. También contiene explicaciones sencillas sobre el ADN, los cromosomas y otros interesantes temas genéticos.

COLABORADORES

Sue Buckley, OBE, BA, CPsychol, AFBPsS, psicóloga colegiada, tiene 40 años de experiencia en el tratamiento de niños y adultos con discapacidades intelectuales. Realizó su entrenamiento y ejerció psicología clínica en el *National Health Service of Great Britain.* Durante 25 años a partir de 1975 enseñó sicología en la Universidad de Portsmouth, y en 1980 formó un equipo científico para investigar las necesidades de desarrollo y de educación del niño con síndrome de Down. Actualmente es directora de ciencia e investigación en el *Down Syndrome Education International,* Portsmouth, Inglaterra. La profesora Buckley ha escrito una variedad de libros, capítulos y artículos sobre el síndrome de Down, y dicta conferencias alrededor del mundo sobre todos los aspectos de la intervención temprana y la educación del niño con síndrome de Down. Junto con sus colegas, ha publicado muchos trabajos de investigación, pero su prioridad siempre ha sido la difusión de información para padres y profesionales. Fue fundadora y es la directora de la revista internacional especializada *Down Syndrome Research and Practice.* En el 2004 fue distinguida con el premio OBE (*Officer of the Order of the British Empire*) como reconocimiento a sus aportes a la educación especial. Sue tiene tres hijos, ya adultos, incluida una hija adoptiva con síndrome de Down.

Jean Nelson Farley, MSN, RN, CPNP, CRRN, es instructora clínica en *Georgetown University School of Nursing & Health Studies.* Además, es profesora de enfermería en *The HSC Pediatric Center* (antes, *The Hospital for Sick Children*), Washington, DC. La señora Farley ha ejercido enfermería pediátrica durante 35 años siendo sus áreas de interés y especialización las discapacidades del desarrollo, los trastornos genéticos y los cuidados paliativos pediátricos.

Marian H. Jarrett, Ed.D., Ed.D. es profesora auxiliar de educación especial en *The George Washington University*, Washington, DC.

Emily Perl Kingsley se unió al equipo del *Children's Television Workshop* en 1970. Desde entonces, ha escrito libretos y compuesto canciones para el programa de televisión Sesame Street. Ha publicado unos 20 libros y vídeos para niños, incluidos *Elmo Learns to Share* y varias ediciones de *Elmo's World*. Su labor en *Sesame Street* la ha hecho merecedora a 17 premios Emmy. Madre de un niño con síndrome de Down, la señora Kingsley da charlas sobre ese tema y sobre los derechos de las personas con discapacidades. En 1976 fue elegida miembro de la junta directiva del *National Down Syndrome Congress*, cargo que mantuvo durante 9 años. En 1977 la historia de su hijo Jason fue el tema de *This Is My Son*, un especial de NBC-TV. Desde entonces, Jason y su madre han aparecido en otros programas de televisión como *Good Morning America, Dateline NBC*, la telenovela *All My Children*, Hour *Magazine*, *CBS Sunday, CNN News*, y muchos más. (Además, Jason y su amigo Mitchell Levitz han relatado su historia en el libro *Count Us In: Growing Up with Down Syndrome*.) La señora Kingsley y Allan Sloane fueron coautores de un teleteatro para la película Kids Like These, que trata de las experiencias de la familia Kingsley. La película se transmitió en CBS-TV en 1987 y 1988, ha merecido muchos premios, y se transmite a menudo por cable. En 1994, la señora Kingsley obtuvo el premio EDI (el primero de tres) de la *National Easter Seal Society* en reconocimiento a los libretos para *Sesame Street* que han tratado sobre las discapacidades y han realzado "la igualdad, la dignidad y la independencia" de los individuos con discapacidades. En julio de 1990 la fundación Joseph P. Kennedy, Jr. distinguió a la señora Kingsley, a su esposo Charles y a su hijo Jason otorgándoles el premio *Special Achievement Award for Families* por "contribuir de manera extraordinaria a la mejora de la calidad de vida de las personas con retraso mental". En el 2006 en Los Ángeles, la señora Kingsley fue honrada con el premio *Lifetime Achievement* en reconocimiento a sus décadas de labor promoviendo el entendimiento y la inclusión en los medios de prensa de las personas con discapacidades. En el 2008 su vídeo *Learning Is Everywhere* obtuvo una medalla de oro en el Festival de Cine/Vídeo de Nueva York.

El ensayo de la señora Kingsley titulado "Bienvenidos a Holanda" ha sido impreso alrededor del mundo en muchos idiomas y formatos. *Dear Abby* lo publica anualmente en octubre, el mes de la toma de conciencia del síndrome de Down. También ha sido publicado en *Chicken Soup for the Mother's Soul* y en docenas de otros libros.

La doctora **Chahira Kozma** es profesora asociada de pediatría de *Georgetown University Medical Center*, Washington, DC. La Dra. Kozma está especializada (*board certified*)[1] en pediatría y genética clínica. Ha publicado una variedad de trabajos y dictado charlas sobre temas como condiciones genéticas; las implicancias sociales, legales y éticas del Proyecto del Genoma Humano; y el síndrome alcohólico fetal.

El doctor **Len Leshin es** pediatra (*board certified*) y reside en Corpus Christi, Texas. Ejerce pediatría general, pero cuando tuvo un hijo con síndrome de Down se interesó

---

1 *Board certified es el título que le otorga una junta especial al médico que complete un proceso y un examen de evaluación para su especialidad.*

en esta condición. Es miembro del *Down Syndrome Medical Interest Group* y asesor clínico para la *National Down Syndrome Society*. Además, escribe y dirige el sitio web *"Down Syndrome: Health Issues"*, www.ds-health.com.

Mitchell Levitz es especialista en discapacidades para el *Westchester Institute for Human Development/University Center for Excellence in Disabilities*, además de intermediario administrativo para la *New York State Self-Advocacy Association*. Ha sido coautor de *Count Us In: Growing Up with Down Syndrome*, junto con Jason Kingsley. También ha colaborado en otros ocho libros, incluido un capítulo titulado *"Voices of Self-Advocates"*, que fue publicado en *Human Rights of Persons with Intellectual Disabilities: Different but Equal*. Es miembro de la junta directiva de la *National Down Syndrome Society (NDSS)* y del comité de iniciativas del *Council on Community Advocacy (COCA)* para la *Association of University Centers on Disabilities (AUCD)*. Su trabajo actual abarca áreas de capacitación para la salud y el bienestar, liderazgo para la autodefensa de los derechos, autodeterminación y apoyos individualizados, un proyecto nacional de servicios de inclusión y un programa de preparación para situaciones de emergencia.

Joan B. Riley, MS, MSN, CFNP, es profesora asistente en *Georgetown University School of Nursing & Health Studies*. Además, es enfermera titulada en el departamento de medicina familiar de *Georgetown University Hospital*. Entre los intereses de Joan, se cuentan la promoción y los servicios informativos de la salud. Es madre de dos hijas adultas, la mayor con síndrome de Down.

Jo Ann Simons, MSW, es madre/profesional reconocida en el área de las discapacidades intelectuales. Se pone a prueba constantemente, y a los que la rodean, buscándole soluciones a problemas y convirtiendo los desafíos en oportunidades. Actualmente es presidenta/gerente de las escuelas *St. Coletta* y *Cardinal Cushing* de Massachusetts, miembro de la junta directiva de la *National Down Syndrome Society* y directora de *LIFE, Inc.* en Cape Cod. Además, Jo Ann es asesora de *Special Olympics, Inc.*, y dicta charlas alrededor del mundo sobre los temas de la transición y la planificación. También fue gerente de *Arc of East Middlesex*, superintendente adjunta de *Walter E. Fernald State School*, directora de normas del *Massachusetts Department of Mental Retardation*, presidenta del *National Down Syndrome Congress* (1983-1991) y miembro de la junta directiva de *Special Olympics International*. Jo Ann tiene dos hijos adultos: Jonathan y Emily. Jonathan, que tiene síndrome de Down, es graduado de la escuela secundaria de Swampscott (MA), del programa de posgrado *GROW* de *Riverview School*, y de *Cape Cod Community College*. Jon vive independientemente en una casa propia y llena su vida con un empleo útil, trabajos de voluntariado, pasatiempos y amigos. Y Emily, que le recuerda a su madre que ser "típica" también es especial, es graduada de la facultad de derecho de la Universidad de Cornell.

Susan J. Skallerup es escritora y redactora en la zona suburbana de Washington, D.C. Obtuvo una maestría en redacción creativa de la *American University*. En un pasado distante, antes de tener hijos (AH), su ambición era ser flautista profesional. Ha escrito críticas musicales para *Las Vegas Sun* y trabajado como lingüista de idioma ruso en el ejército. Tiene dos hijas, una con síndrome de Down, que comparten su afición por la música.

Marilyn Trainer es madre de cuatro hijos adultos, uno de ellos con síndrome de Down. Participó durante muchos años en *The Arc* y fue cofundadora de un grupo de apoyo para padres de niños con síndrome de Down en Maryland. Obtuvo su título en inglés de la *American University* y es autora de Differences in Common (Woodbine House, 1991), una colección de ensayos sobre el síndrome de Down. Sus escritos han aparecido en el *Washington Post* y en otras publicaciones. Los Trainer son los orgullosos abuelos de cuatro nietos. La menor, Alexandra, nació cuatro meses antes de tiempo. Los desafíos que enfrentan los padres de una criatura tan frágil se parecen a los que enfrentan los padres del bebé con síndrome de Down. Aun teniendo las de perder, Alexandra se aferró tenazmente a la vida con la fuerza formidable de un luchador. Al igual que sucedió con su tío Ben años antes, su nacimiento fue motivo de alegría templada por pena (su melliza Helen falleció a los 17 días de nacida), de esperanza templada por temor, de momentos de calma templados por una ansiedad debilitante. Hoy, Alexa es una niñita vivaz, la "hada encantadora" de sus padres y, como su tío Ben, ocupa un lugar muy especial dentro de su círculo familiar.

Mary Wilt tiene muchos años de experiencia en administración de casos y coordinación de servicios para niños con necesidades especiales, y durante siete años fue coordinadora de servicios de intervención temprana. Al momento de la redacción de este capítulo, Mary era coordinadora del programa para niños y jóvenes con necesidades especiales de salud del estado de Virginia, además de miembro del equipo de capacitación de nuevos coordinadores de intervención temprana en ese mismo estado. Mary es madre de tres hijas maravillosas; Emily, la menor (de 17 años), tiene síndrome de Down.

ÍNDICE